水の生活誌

愛知大学文學会叢書VII

水の生活誌

印 南 敏 秀 著

八坂書房

●追悼

平田和太郎翁・ツネヨさん御夫妻、大屋甚四郎翁、木村米吉翁をはじめ御教示いただいた多くの方々は、すでに黄泉の国に旅だたれた。私の怠慢で生前にお見せできなかったことを、心よりお詫びし、御冥福をお祈りしたい。あわせて、私の調査研究を支援しつつ昨年秋亡くなった、亡父印南修の冥福と、母トメ子の健康を祈りたい。

水の生活誌　目　次

第五章　和太郎翁の知恵をたどる

エピローグ

同時代に生きた人々

共同調査から

水と生活文化の発見 ―――――― 319

●『水の生活誌』を読むために

一、文章表記について

［民俗語彙］

・和太郎翁の語りに出てくる地方呼称と判断できる名詞・動作等は初出をカタカナ表記にした。

・標準名詞・動作等でも、地方呼称と対応関係にある場合は初出をカタカナ表記にした。

・水についての地方呼称や、特別な意味、漢字が明確でない用語などはカタカナ表記にした。

［例］ニゴリミズ・スミズ・クロニゴリ・シロニゴリ等

［文章表記］

・論述部分に比べて和太郎翁の語りは、雰囲気と文章の流れを考慮してカタカナ表記を多くしている。

・語り文は二字下げで表記した。

・唄の部分は、〽を歌詞の頭につけた。

［ふりがな］

・地名と常用漢字外の漢字、および難読と思われる漢字には適宜ふりがなを付けた。

［民具抄録］

・平田和太郎家所蔵民具のほか、広島県立歴史民俗資料館所蔵の国指定重要有形民俗文化財で補足した。

［魚類標準和名］

・『重要有形民俗文化財　江の川流域の漁労用具』などを参考にした。

二、写真・地図・スケッチについて

・印南撮影以外の写真には、写真提供・撮影者を記した。桜江町・三次市の個人のほか、桜江町役場、江津市教育委員会、広島県立歴史民俗資料館の協力をえた。

・写真キャプションの括弧（　）内は撮影年を西暦で記した。

・水系図・河川図・地形図は地図ソフトを利用して、佐藤正之氏が作成した。流域の行政区分図は編集部にて作成した。

・民具スケッチは書き直しによる誤りがないよう、野帳の裏面に鉛筆書きしたものをコピーして掲載した。

・話の途中で書いた説明スケッチは、野帳の罫線が見にくいためトレースして掲載した。

仲睦まじい、和太郎翁とツネヨさん夫婦（1992）

プロローグ

1　和太郎翁との出会い

平田和太郎《ひらたわたろう》翁とはじめて会ったのは、平成元年（一九八九）の夏休みだった。このとき、私は愛知大学生四人と島根県邑智《おおち》郡桜江《さくらえ》町を訪ね、水と生活文化の関わりをはじめて調査した。最初の二日間で桜江町を一巡したあと、川漁に詳しい伝承者として紹介されたのが和太郎翁だった。

江川《ごうがわ》支流の八戸川《やとがわ》沿いのお宅に訪ねると、奥さんのツネヨさんといっしょに待っていてくださった。小柄なうえに少し腰が曲がり、奥さんのツネヨさんよりも小さく見えた。その体格で力仕事の多い船頭もしていたと聞かされ驚いたが、見せてもらった手は大きくてたくましかった。八六歳（明治三六年生）と高齢で健康状態が気になったが、いたって元気で奥さんと畑仕事に出ているという。

この日は午前中だけ話を聞いて帰ったが、川漁や船頭などの川仕事をしていただけに水についての知識は確かである。また、川だけでなく山や里についての知識も豊富で、地名・人名・期日まで正確に話す記憶力も抜群である。さらに、優れた伝承者に共通する私見をはさまない語りにも魅了された。

和太郎翁との調査は長くなりそうだと、最初の出会いで私は直感した。

学生との共同調査は二回で終わるが、「共同調査から」にあるように水と生活文化の多様な関わりを知る多くの優れた伝承者と会うことができた。近代化のなかで大きく変化する伝承文化を、体験を通して生きいきと語れる伝承者である。「同時代に生きた人々」の江川船の船頭大屋《おおや》甚四郎《じんしろう》翁と山仕事の木村《きむら》米吉《こめきち》翁は、その後私一人で継続した調査のなかで出会った、和太郎翁と同時代に生きた人々である。三人の語りは内容的にも関連する部分が多く、伝統的な世界観を教えてくれるのである。

和太郎翁との調査は予想通り継続し、五年間で一七回におよんだ。和太郎翁の語りは、私がある程度答えを予想して切り出す問いかけに対して、予想を超える広がりと深さがあった。あらかじめ用意した問いかけなど、すぐに色褪せてしまう。そのあとは、水を生活文化のなかに発見し、意味づけることを目標とする二人の相互的作業、つまり対話がはじまるのである。私は和太郎翁と対話しながら過ごす時間の濃厚さに喜びを感じながらも、表層的で画一化した体験や知識に、焦りと苦痛を感じることがたびたびあった。

さらに、和太郎翁の語りには、常に生活実感がともない、語り伝える力があった。最初にはじめた川船の調査では、和太郎翁の語りを私なりに解釈して記述した。それが、対話を続けるうちに和太郎翁の語りをテープ起こしした口述表現を中心とした記述へと変わっていった。また、和太郎翁の語りのなかに内容を的確にあらわす言葉がふくまれ、この言葉をキーワードにして構成すると、テーマ全体を的確に表現できることもわかってきた。本巻各章の記述方法の違いは、和太郎翁の語りに対する私の意味づけの変化を、各章の配列は、モノや技術から家や地域社会へという調査手順を示しているのである。

ただし、私の意図など気にせず、興味がある項目から読んでいただきたい。どこからでも読めるように配慮したつもりである。私がそうであったように、和太郎翁の語りから何かを感じとってほしいと思うのである。

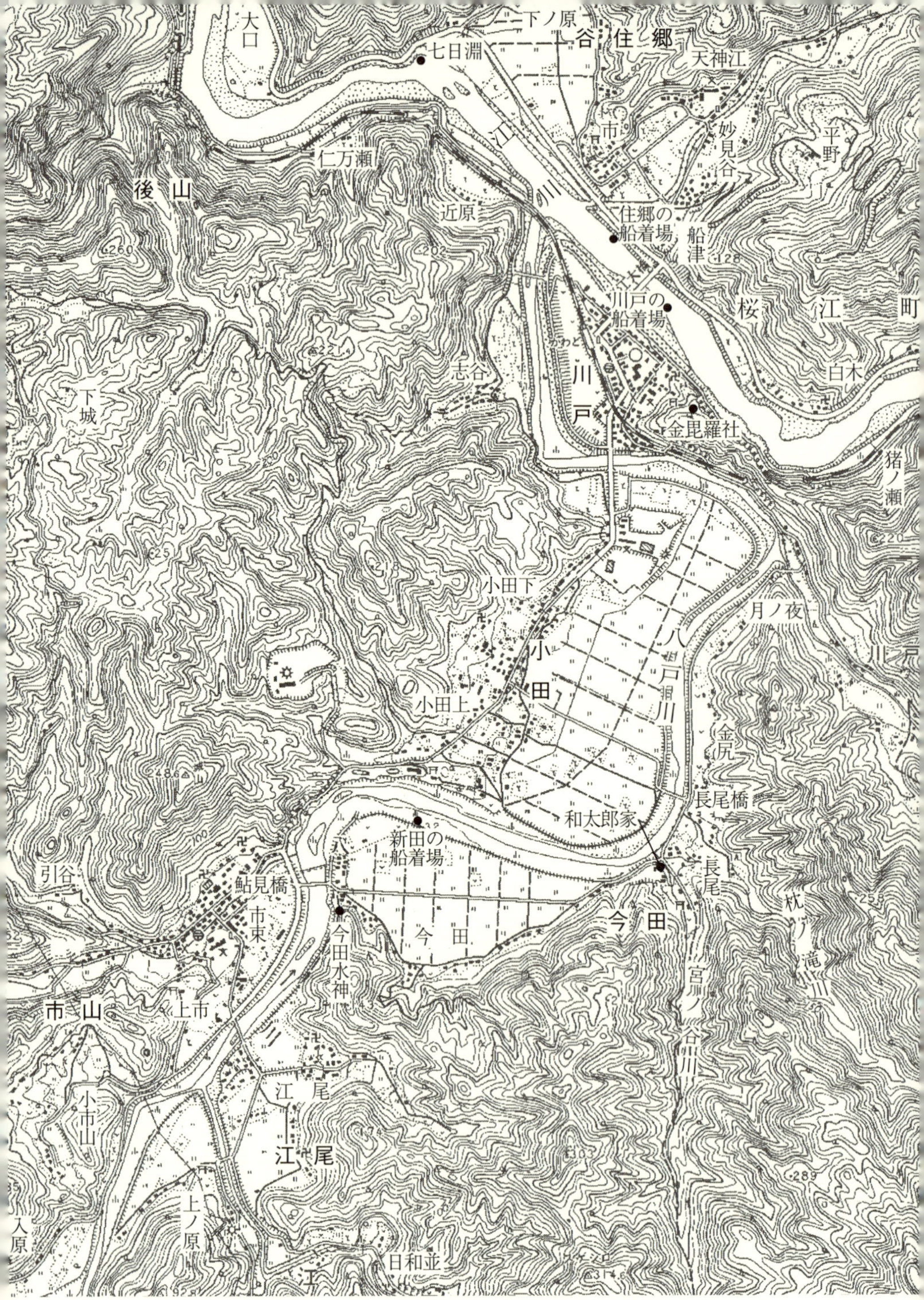

地図1　和太郎翁が活躍した世界
（国土地理院承認「桜江町全図」２万５千分の１の地形図を改変）

和太郎翁が活躍した世界
（航空写真提供：桜江町役場）

第一章　和太郎翁の川の世界1・船頭

1　江川と海の接点江津港

●ゴウガワブネとは何か

平田《ひらた》和太郎《わたろう》翁（明治三六年生）が外洋船の船乗りをやめ、徴兵検査を期に郷里の島根県邑智《おおち》郡桜江《さくらえ》町今《いま》田《だ》字長尾《ながを》に帰ってきたのは、大正一二年の春だった。以来、和太郎翁は中国地方一の大河である江川《ごうがわ》（江の川）と、その支流である八戸川《やとがわ》の船運にたずさわる。

江川は本流の長さ一九四キロ、支流数は三五五あり、流域面積は埼玉県よりも広い。広島県北部を源流に、中国山地を貫流し、島根県東部を流れ、島根県江津《ごうつ》市で日本海にそそぐ。

その広大な流域で生産された物資を集め、生活物質を流域に供給したのが、ゴウガワブネ（江川船）による内陸水運で、河口の江津と上流の広島県三次《みよし》間一五三キロメートルを中心とする。

江戸時代は、石見銀山《いわみぎんざん》やタタラ製鉄の生産物、年貢米や石見炭なども江川船で江津に集まった。江川船

高野町
西城町
比和町
口和町
田村
西城川
庄原
庄原市
三次
馬洗川
総領町
三良坂町
三次市
吉舎町
甲奴町
三和町
世羅西町

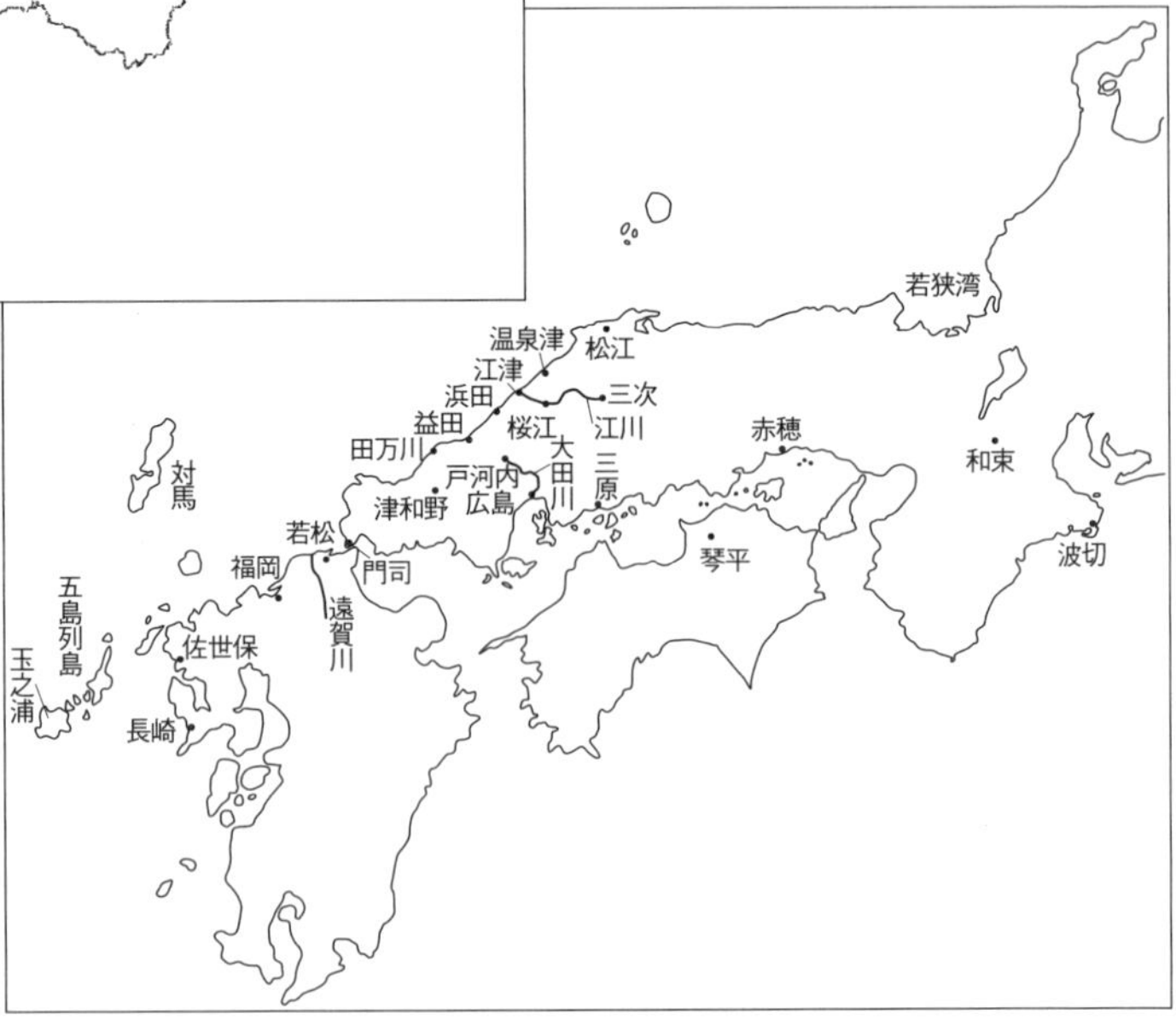
若狭湾
温泉津
松江
江津
浜田
三次
益田
桜江
江川
赤穂
田万川
大田川
三原
和束
戸河内
広島
津和野
対馬
若松
福岡
門司
琴平
波切
遠賀川
五島列島
佐世保
玉之浦
長崎

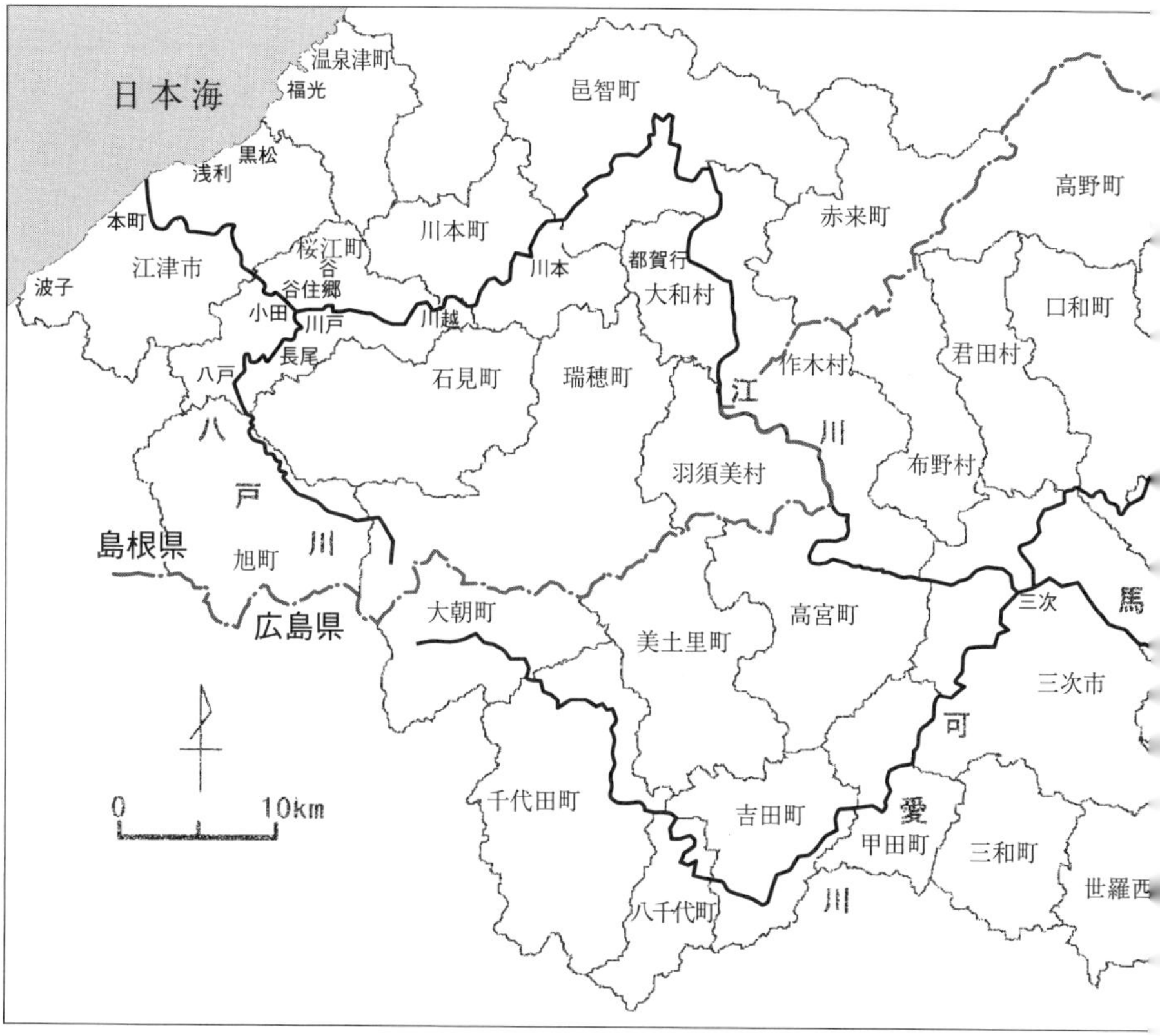

地図２　江川水系流域と行政区分

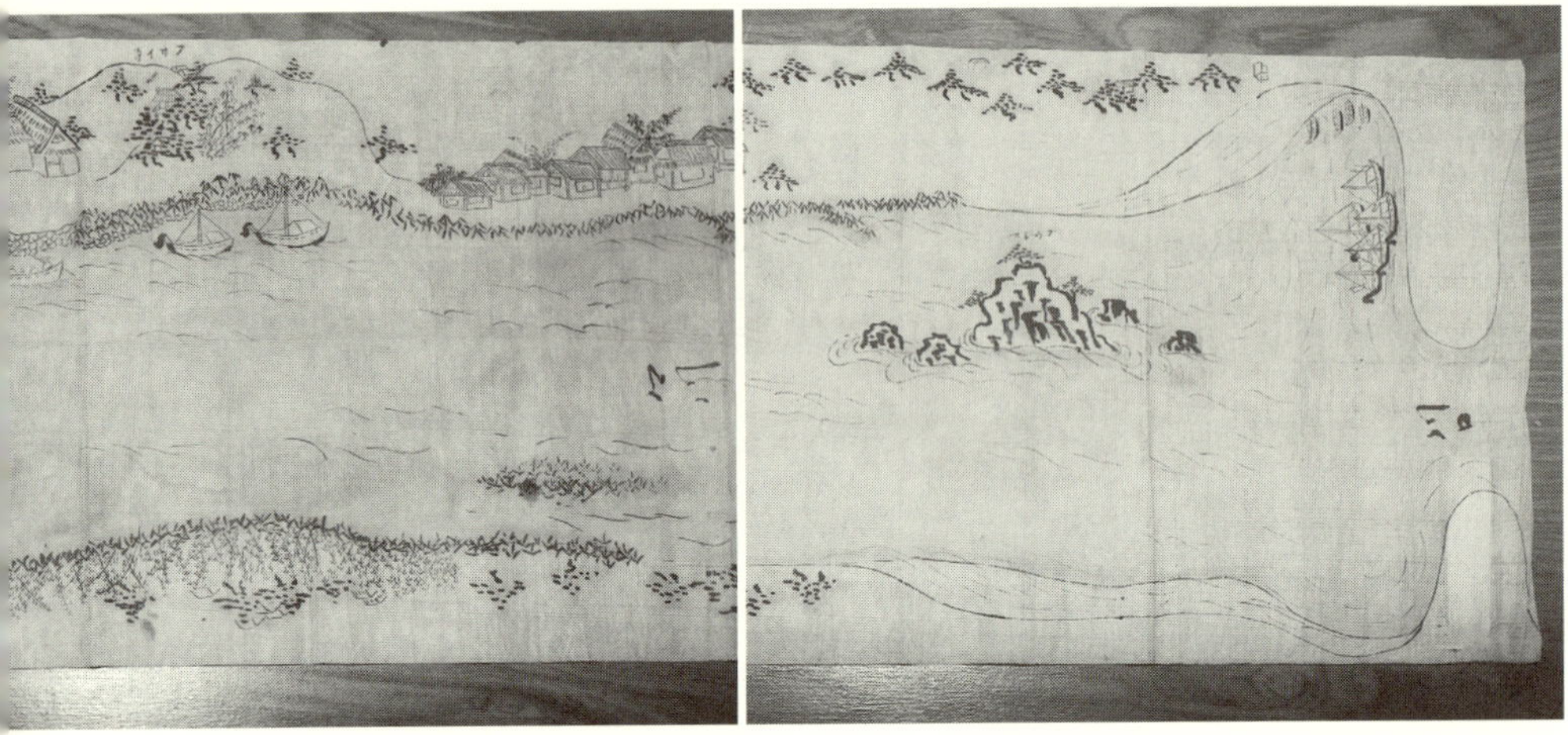

で運ばれた物質は、江津で日本海の外海航路へと受け継がれた。日本海の海運は寛文一二年（一六七二）に西廻り航路が開かれ、日本海沿岸と大阪、江戸を結ぶ北前船《きたまえぶね》が活躍する。江津港から、銑鉄や炭は上方へ、地元のマルモノ（丸物・陶器類）は北陸へと西廻り航路で運ばれた。反対に、江津まで海運で運ばれてきた塩・干魚・茶などの生活物資は、江川船で上流地域に運ばれた。江津港は江川船と北前船を結ぶ、海・川・陸の接点だったのである。

天保一五年（一八四四）の「江川出入一件」という史料には、江津に諸国往来の廻船五〇艘を持つ有力な問屋が十数軒あり、浜蔵三〇カ所あまりが建ち並んでいたと記されている。当時の水運と海運の役割の重要性と、積換中継港である江津の繁栄がうかがえる。

●忘れられゆくゴウガワブネ

ただし、日本の川や海を利しての水上輸送は、地域により年代差はあるもの近代に入って衰退に向かう。江津では汽船の大

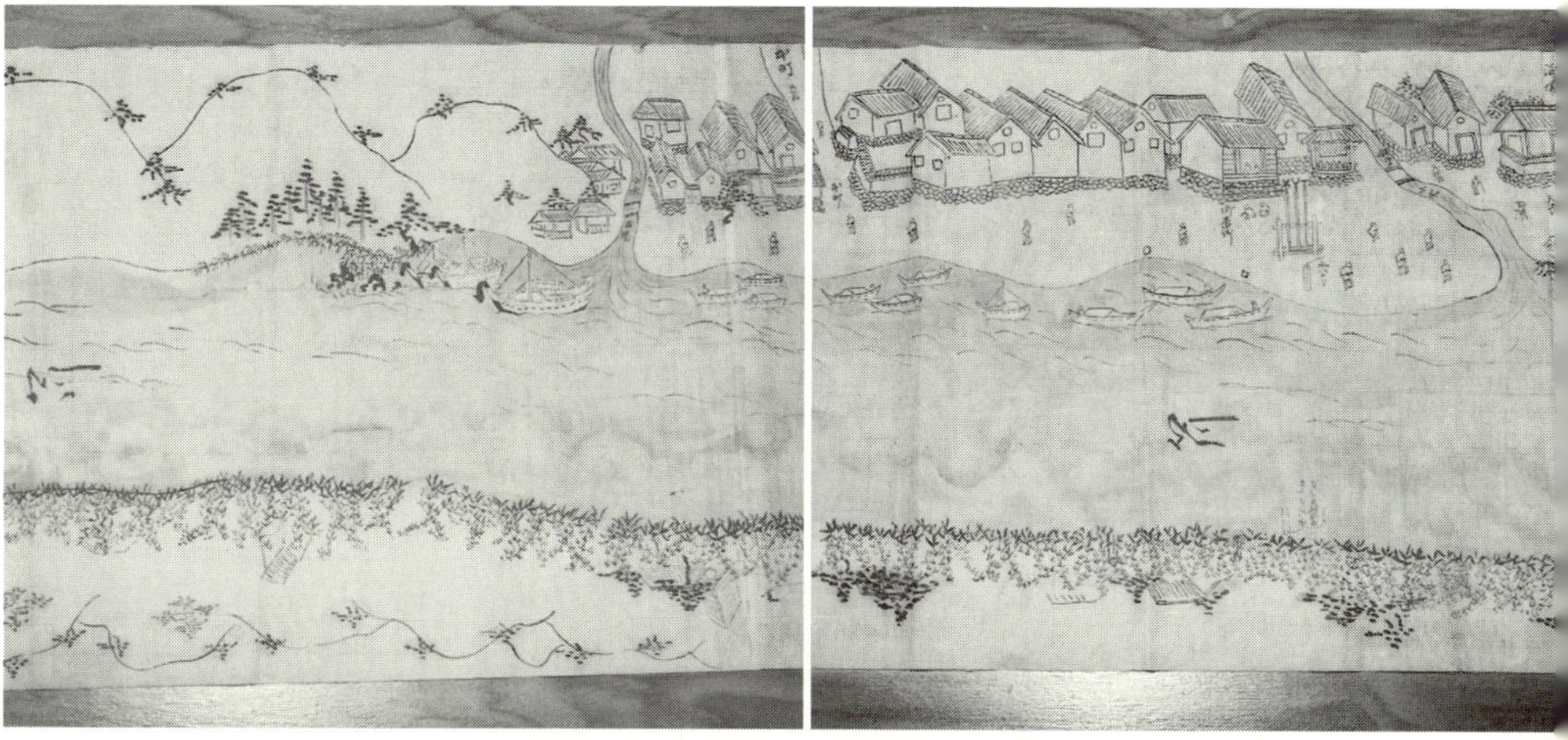

天保年間（1830～44）の江川河口絵図（山藤健五氏所蔵）は、河口の砂州の内側に停泊する大型和船（弁財船）、本町（左岸）に建ち並ぶ浜蔵と岸辺に停泊する小型和船と江川船を描いている（写真提供：江津市教育委員会）

型化による海上輸送に影響があらわれた。

江津の近世以来の中心は郷田、現在の本町である。江川は河口が広がり、上流からの堆砂と沿岸流が寄せる漂砂《ひょうさ》で水深が浅かった。大型廻船は河口までで、上流の本町港とは小さい荷船で積荷を運び、沖荷役されていた。そのため、大正時代にはじまる大阪商船の境航路に就航した定期汽船は、近くの温泉津《ゆのつ》や浜田などの西廻り航路の寄港地には寄港したが、江津には寄港できなかった。

そして、海から陸へと輸送の中心が大きく変化する出来事が起こる。大正九年一二月二五日の江津までの山陰線の開通で、河口港に面した本町から駅前通りへと輸送拠点が移っていく。

さらに、大正一三年には江津と三次を結ぶ、三江線《さんこうせん》工事が着工された。三江線は江川沿いの難工事で、全通は昭和五〇年と遅れる。ただし、江津から今回の舞台となる桜江町（川戸駅）までの三江線

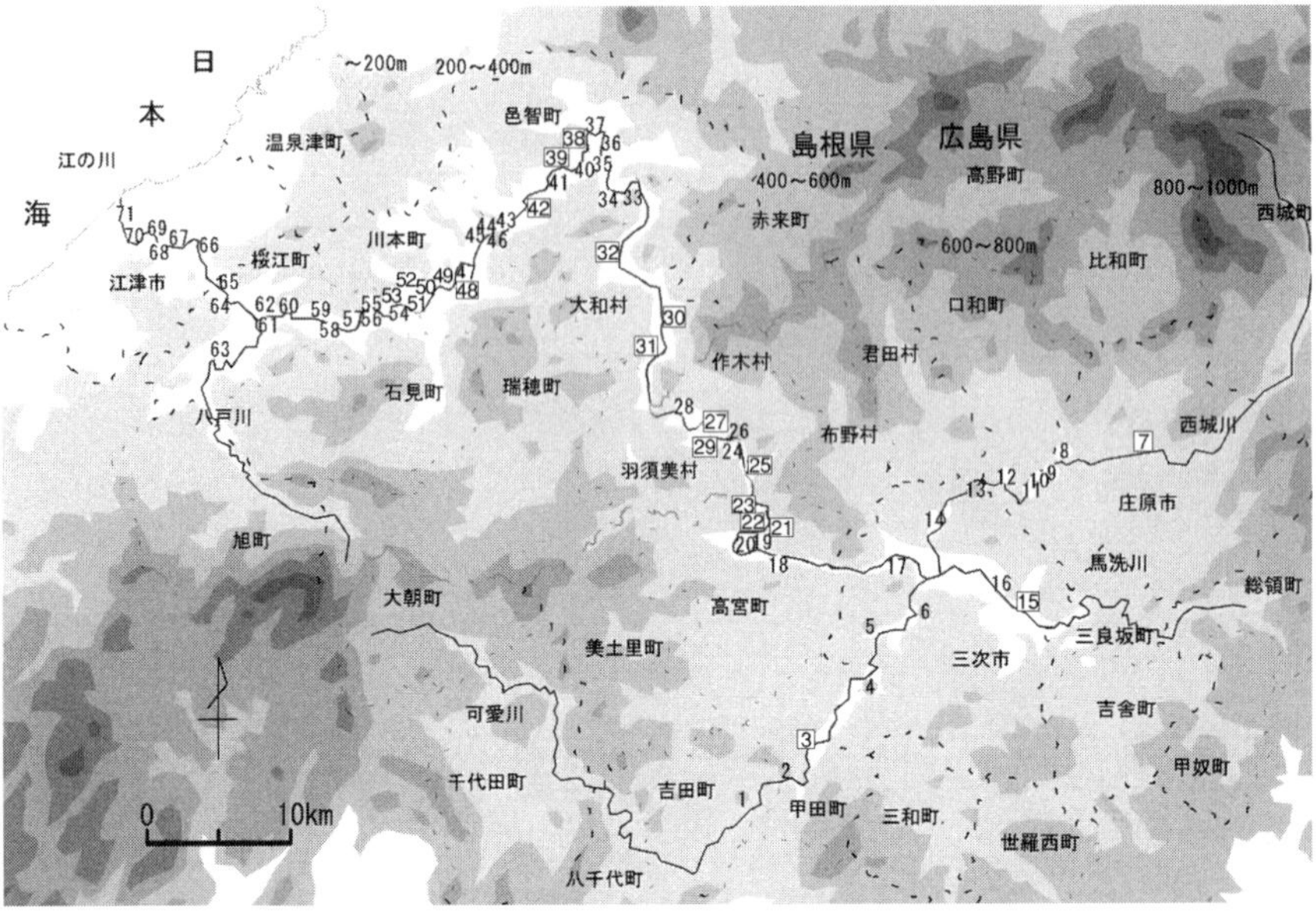

地図３　江川船が基地にした船着場（山口覚「江川船と船乗りたち」を改変）

（数字は、船着場の船の数を示す。船数の多いところは、枠で囲んだ）

表１　江川船が基地にした船着場と船数。左端の番号は地図３と対応

（表の下に、吉田から江津までの下りと上りの所要時間を示した）

					艘	18	江の川	広島県	作木	信木	2	36	江の川	島根県	邑智	浜原	3	54	江の川	島根県	桜江	鹿賀	1
1	可愛川	広島県	吉田	吉田組	7	19				川毛	4	37				粕淵	2	55				坂本＊	
2			甲田	小原組	6	20				門田	2	38				高畑	25	56				渡田＊	
3				甲立組	13	21				川根	20	39				吾郷	10	57				上大貫＊	
4			三次	志和地	8	22				香淀	10	40				明塚	2	58				田津	
5				上村組	8	23				青山	10	41				簗瀬	3	59				和田＊	
6				中野村	6	24				江平	4	42				乙原	10	60				堂本＊	
7	西城川		庄原	門田	10	25				作木湊	16	43				市井原	1	61				川戸	
8				高茂	4	26				式	6	44			川本	多田	1	62				住郷	
9			口和	高瀬	4	27				大津	15	45				久座仁	2	63				仁万瀬	
10				幸良家	1	28				柳原	3	46				鑪原	5	64				大口	
11				中古家	1	29		島根県	羽須美	口羽	10	47				町	3	65			江津	長良	
12				下金田	2	30			大和	都賀	20	48				向原	15	66				久坪	
13			三次	穴笠	5	31				都賀西	20	49				三島	2	67				川平	
14				西河内	2	32				都賀行	16	50				木谷	3	68				市村	
15	馬洗川			向江田	10	33			邑智	信喜	6	51				尾原	2	69				八神	3
16				山家	3	34				石見	2	52				久料谷	3	70				渡津	
17				落岩	2	35				滝原	2	53				松ヶ崎	2	71				江津	

本論文には、1～54番までしか地名と船数が掲載されていない。＊印の港は『桜江町誌上巻』によった。64～71番までは分布図の位置に合わせた。

下り：　吉田1.5→下小原2.0→川地4.0→三次4.0→川根1.2→下作木2.5→下口羽2.3→都賀西1.2→都賀行1.5→浜原0.3→粕淵2.2→乙原0.8→川本2.6→田津2.2→川戸2.8→江津

上り：　吉田←2.0下小原←3.0川地←6.0三次←6.0川根←2.0下作木←5.0下口羽←4.5都賀西←2.7都賀行←3.5浜原←0.8粕淵←4.0乙原←1.5川本←6.0田津←4.2川戸←6.3江津

は昭和五年五月五日に開通し、桜江町の江川船は転換期を迎える。昭和六、七年には江津までの下り荷の中心だった炭の大半が鉄道輸送に変わる。江津からの上り荷はさらに少なく、町内の江川船は急激に衰退し、多くの船頭は船を降りたのである。

今日、江津の街を歩くと、水運から鉄道、鉄道から車利用の国道へと、輸送の中心が移ったことは明らかである。港町で栄えた本町の町並みは、落ちついたたたずまいは見せるが活気は感じられない。その静けさは、廻船で栄えた日本海の港町や川津でにぎわった港町に共通し、歴史の中で大きな役割を終えたあとの深い沈黙に似ている。江川に目をやれば、高い堤防にさえぎられ、川面《かわも》すらが人々の視界から遠のいている。江川船が並び停泊した往時を思い描くことは無論、その存在すらが不思議に感じられるのである。

江川船が近世から近代前期まで、江川流域ではたした経済・社会・文化における大きな役割を知ることは難しくなっている。それは、桜江町や江川流域の人々にとどまらず、海や川と長く共存してきた歴史をもつ日本人にとっても不幸なことといえよう。

昭和５年に江津から川戸まで開通する三江線工事で、八戸川と江川合流点に建設中の鉄橋。川に3杯の荷船が浮かんでいる（写真提供：山崎晏邦氏）

和太郎翁は、江川が大動脈として機能した最後を知る、江川船の船頭である。江川船の活躍と、船頭の暮らしと知恵を生き生きと蘇らせてくれる、最後の語り部なのである。

2　江川船終焉期の江津

●山陰線開通直後の江津

わしらがいく頃には、本町には船問屋はありませんだったねえ。駅通りの江津駅から川端へかけてありました。船問屋ゆうても運送店みたいな。

何軒ありましたかいなあ。井上運送店に、丸通《まるつう》に、それから平下《ひらした》の三軒ありましたかなあ。

和太郎翁が江津通いの船頭をはじめた大正一二年、本町はまだ江津の中心的町場としてにぎわっていた。ただし、港の繁栄を偲《しの》ばせる船問屋はなく、料理屋「五階楼」と船荷の積み降ろしに使った幅広い石の雁木《がんぎ》、今の上江津橋のたもとにあった林さんともう一軒の江川船の船頭を相手にする食料店が残るだけだった。

かわって問屋店が集まっていたのは、駅通りだった。船問屋は、船荷とともに江津駅の鉄道荷物も取り扱い、運送店も兼ねていた。また、船問屋のほか、福原屋など七、八軒の薪炭《しんたん》問屋も駅通りにあった。

薪炭問屋は炭とダイソク（ザイソク・薪と柴を束ねたもの）を扱い、炭問屋は炭だけ、薪問屋はダイソクだけを扱っていた。川上から運ばれるダイソクは焼き物を焼くのに使うマツダイソクと、家庭で煮炊きに使うノギダイソク（野木で、雑木をいう）があった。都野津《つのづ》にはカワラバ（瓦場・瓦屋）が、現在の江津市役所から本町の奥には壺・甕《かめ》・擂鉢《すりばち》などのマルモノヤ（丸物・陶器を焼く）が多かった。海上輸送は減ってはいたが、荷を積み替えなくてよいため、北海道や東北など遠くへ運ぶ丸物は当時も船で運んでいた。

駅通り付近に問屋は集まっていたが、鉄道開通からまだ日が浅く、問屋以外は小店や小さな民家がまばらに建つぐらいで、寂しいものであった。

●ゴウガワブネの港の条件

川船は薪炭問屋や運送店が駅通りにある関係で、荷物の積み降ろしに便がよい高浜《たかはま》に停泊した。今の江川橋から少し上流の山陰線江川鉄橋あたりまでの高浜の川沿いには、船頭相手に食事や酒を飲ませ、泊めたりもする弁当宿や、船道具屋、釣道具屋などが並んでいた。和太郎翁など江川下流の船頭は泊まらないが、上流の船頭はオカの弁当宿に泊まることもあった。

江津本町の南町の烏帽子川沿いには船主や地主が軒を並べていた。屋敷の前には年貢米などを運んできた牛をつないだ、穴のあいた鼻繰り石が今も残る（2001）

本町の千代延酒店の看板（2001）

和太郎翁は仁科《にしな》の弁当宿が馴染みであった。店は奥さんが切り盛りし、親父の仁科藤登さんが船大工で、船の修理をしてもらうのにも便利だった。当時は対岸の渡津《わたづ》にも一軒の弁当宿があり、船大工の青木直市さんがいた。

料理屋も高浜に「松月《しょうげつ》」など二軒あり、弁当宿でも裏に座敷があって、芸者を呼んで酒を飲み、ドンチャン騒ぎをした。本町の「五階楼」や「松月」などの料理屋では、女とも遊べた。

古くからの本町や高浜側が江川船の港に利用されたのは、江川河口が対岸の渡津側に比べ本町側が深かったからである。浅い渡津側ではシジミがよくとれた。和太郎翁は上り荷の都合で江津に泊まるとき、はじめの頃は本町の林さんで夕方の弁当を食べ、そのまま本町岸に停泊し、翌日帆拵《ほごしら》えして風を待って上った。江川鉄橋の橋脚が帆柱より低く、高浜から出ても本町まで帆を立てられなかったからである。

それが江津に泊まる船は、高浜に停泊することが多くなる。前日のうちに荷を積み終えていればよいが、朝から上り荷を探したり積むには、高浜で泊る方が便利だったからである。

和太郎翁は本町の千代延《ちよのぶ》酒店と竹田酒店に、地元の今田や奥の石見町でとれた酒米を運び、酒を積んで上ることもあった。この辺でとれる雄町米《おまちまい》は吟醸酒用の酒米で、普通の米より高く売れた。当時もこうした特別な物資の輸送は本町とあったが、駅前を中心とした物資輸送の流れは如何《いかん》ともしがたく、和太郎翁も高浜で泊まることが多くなる。高浜ではトモヅナを岸の石垣にボルトなどで固定し、錨《いかり》を下ろした。夏になると岸辺は蚊がいるので、沖に船を出して泊まることが多かった。

江川河口は広いため、一一月から二月の冬期は北風や西風が強く吹いた。凪《なぎ》のときは高浜につないだが、風の強いときは高浜から本町に避難した。本町は昔からのよい船溜りで、西風やニシアナゼ（西北西の風）のときは荷を積んで上り、本町少し上の、今の本町駅下の藪《やぶ》付近に避難して泊まった。風が吹いても安心して停泊できる本町上の船溜りの存在は、本町が江川船の港として栄えた地理的な理由を教えている。

風がホンギタやキタアナゼ（北北西の風）のときは渡津側に避難することもあった。当時の渡津の川端は一面に竹が繁り、よい避難場所となっていた。避難中に風向きが変わると、夜中でも避難場所を変えるなど、船頭は常に船の安全に意を注いでいたのである。

3　江川船の文化

●カワカミブネとカワシモブネ

江津通いの江川船は、上流と下流で大きく違った。川上の三次を中心とした荷船はカワカミブネ（川上船）、川本《かわもと》あたりから下流域の荷船をカワシモブネ（川下船）と呼び分けた。

江川上流は川幅が狭く、流れも急で、岩も多く、波の高いところもある。川上船は、瀬がひどくて波の高い川を下るときにも水が入らないよう、オモテが反り上がっていた。船体も小回りがきくよう幅が狭く、川下船と比べ六分程しか荷が積めなかった（表2）。川上船は、江津から三次まで上るのに、五〜七日かかったという。

川上船と川下船の移行地帯に、ツガユキブネ（都賀行船）という船もあった。川本から上流の大和《だいわ》村付近の船で、川上船と似ているが、川上船よりは少し荷を多く積めた。

大和村付近にはまた、夫婦で乗るミョウトブネ（夫婦船）が多かった。夫婦船は、川本にも一杯いたが、浜原《はまはら》上流や三次に多かった。夫婦船には、子供を乗せる船もあった。

川下船はオオブネ（大船）と呼ばれ、最大で一〇〇〇貫（約三、七五トン）は積める荷船だった。桜江町ではオオブネ以外の荷船として、アイノコとイシブネ（石船）があった。

表2　川上船と川下船の積荷の比較（山口覚「江川船と船乗りたち」の表に地名を追加）

地名 話者	川上船 下り荷	 上り荷	川下船 下り荷	 上り荷
邑智町久保 市原良之助	25駄	5駄	33駄	10駄
邑智町滝原 福間環	22〜23駄 後30駄	5駄	昔25〜27	10駄以内 2駄の時も
邑智町吾郷 竹内杢之助	25駄 鉄なら1500貫	5〜7駄	30〜33駄	5〜6駄、 2船協力・ハマビキ2条で 15〜16駄
大和村都賀 大野イツ	22〜23駄	浜原まで4駄 上流は空船		
川本町座仁 沢井兵二	30〜35駄	ほとんど不積み	40駄	15駄
作木村大津 末広福市	18〜20駄	5駄		

●桜江町域のさまざまな船

アイノコはオオブネと同形で、オオブネとコブネ（アイトリブネ）の中間の大きさがあり、六〇〇～七〇〇貫積めた。桜江町から下流にあった、おもに一人で乗る荷船である。

桜江町では川戸《かわど》の今田生田さんが、アイノコに炭を積んで江津に運んだ。一人乗りだから上るときは、二人乗りのオオブネのように一人が船を降りて浜伝いに船をヒキヅナでハマビキして上れない。風を待って帆走するか、棹《さお》で上るか、瀬ではオモテをカシの棒で担って上るしかなかった。オオブネのようにトマヤネ（苫屋根）の施設がないため船には泊まれず、江津では船宿か知り合いの家に泊まった。

わしらあ上りよると、おじさん（今田さん）が一人でマツダイソクを積んで、瀬に引っ掛けてねえ、船が横しになっとる。操作が一人じゃあけえ、川の増減で変わりますけえなあ。

「テゴ（手伝い）しょうかのお」

「ええわの、手子してもらわんでも。船がめげり

絵葉書にもなっていた三次に停泊する川上船
（写真提供：広島県立歴史民俗資料館）

ゃあ、船大工がおるだけえ」

いうけえ、かまいやしませんでした。

一人では、船を操るときの制約だけでなく、事故のときも対処できなかった。こうした制約はあってもアイノコは、運賃をオオブネのように二人で分けなくてもよかった。川平《かわひら》まで下ると、あと危ないのは入道の瀬だけで、川平から下はオオブネすら一人で操る人がいたのである。それで、下流にいくほど、アイノコが多かったのである。

アイノコはオオブネより小さいので操作しやすく、大水のときの避難船にも使われた。

長尾橋のたもとに保管している避難船はアイノコ型で、明治二〇年代に水害避難専用につくられた。今は消えかかっているが、免税の焼印が船尾に押してある。長尾のお宮の門《かど》で、江津の船大工が来てつくったという。

川戸の水神祭り（エンコウ祭り）に出る渡御船《とぎょぶね》はアイノコに似るが、少し小さく、ウワダナも低いという。

石船は、和太郎翁が鉄道工事や護岸工事用の間知石《けんちいし》の輸送を請負ったときつくった専用船で、川戸などのほかの船頭は間知石をオオブネやアイノコで運んでいたから、特別な船といえる。大きさはアイノコと同じだが、石があたると削れるので船板を厚くして丈夫にした。また石の積み降ろしの荷役が楽なようにウワダナも低くつくった。重さ一六、七貫のインゴ（長さ一尺五寸）の間知石を五〇個は積めた。

そのほかに、ワタシブネ（渡し船）もあった。渡し船は船足が遅くても安定するように、底のカワラ

左＝長尾橋のたもとの覆屋の下に保管されている長尾の避難船。
下＝船尾にかすかに残る免税の焼印（2001）

（船底材）を広くつくった（表3）。

●流域による呼び名

船体の形態的特色による区分のほかに、桜江町では支流の八戸川にも荷船が通い、オオカワブネ（大川船）、コガワブネ（小川船）、ヤトブネ（八戸船）の三つの呼び分けがあった。

大川船はオオカワ（江川）を中心に活躍し、小川船は八戸川沿いの今田の新田《しんた》の船着場から江津へ通う、ともにオオブネだった。八戸川は江川に比べ、川幅が狭くて浅いコガワであることからついた呼び名である。コガワでオオブネに乗ったことから、小川船は後述のようにさまざまな制約と苦労が伴った。

八戸船は、新田の船着場からさらに上流の八戸との間を通った荷船で、アユトリブネより少し大きい程度の小船だった。

●オオカワブネ

桜江町域の大川船はさらに、カワドブネ（川戸船）、ジュウゴウブネ（住郷船）、カワゴエブネ（川越船）と三つに呼び分けられていた。

川戸船は今の桜江大橋の上に船着場があり、川に張り出して船の長さに合わせてつくっていた。そこは

表3　桜江町の五種類の船

種類	積荷の重さ	全長
オオブネ（ニブネ）	1000貫	45尺
イシブネ	800貫	38尺
アイノコブネ	600～700貫	38尺
ワタシブネ	（アイノコからコブネまで大きさに幅がある）	
アイトリブネ（コブネ）		28～32尺

渡し船も通り、渡し船とオオブネが船着場をいっしょに使っていた。美川さんが船問屋で、荷船は五杯あった。

住郷船は桜江大橋の下手に船着場があり、護岸用のネマキを利用していた。大石繁一さんが船問屋で、すぐの川岸に倉庫が建ち、荷船は三杯あった。

川越船については、和太郎翁は川戸より先に上ることが少なかったのではっきりしない。坂本《さかもと》、田津《たづ》、堂ノ本《どうのもと》に船問屋の倉庫があり、荷船が五、六杯あったという。

昭和34年頃に撮影された住郷と川戸（前方）を結んだ渡し船。昭和35年に竣工した桜江大橋が建設中である（写真提供：安原薫氏）

オオブネは、船頭とフナカタの二人が乗った。

船頭には二つの意味がある。一般に船乗りを丁寧に呼ぶ言い方と、同船する二人のうちの責任者を呼ぶ場合とである。船乗りはフナコともいい、後者の船頭の相方をフナカタといった。

川戸船の船頭には大屋甚四郎さん、その兄の大石理一さん、日和田師郎さんと、近原《きんばら》の大場栄さん、堀亀一さんがいた。住郷船の船頭には下ノ原《しものはら》（谷住郷）の小林徳一さん、船津《ふなつ》（谷住郷）の橋野九一さん、大口《おおぐち》（谷住郷）の大場昇さんがいた。

船着場は、生産地からの物産の集荷に便利で、倉庫は水害などにあわない場所が選ばれていた。堤防が築かれる前の川岸は、護岸のために石積みでネマキしてあり、ネマキをそのまま利用する船着場もあった。ネマキとフナバリの間に歩板を渡して、荷物の積み降ろしをした。

和太郎翁がよく知る川戸から下流には、たいていの集落に荷船があり、船頭がいたという。それは、山口覚氏の「江川船と船乗りたち」に記載された上流域の状況を見ても似ている（地図3・表1参照）。江川は、かつての鉄道、今の国道と同じように大動脈として機能していたのである。

●コガワブネ

和太郎翁が乗った小川船は、今田の新田に船着場があった。船着場には、山中さんという老夫婦が茶店を開いていた。酒好きの船頭に酒を飲ませたほか、酒や煙草、菓子などを売っていた。長尾や金尻《かなしり》などから市山《いちやま》の町に買物にいく途中にあるため、茶店で買物をすませる人も多かった。

新田の船着場は石積みの護岸の一部を利用し、オオブネの長さより短かった。短いので荷を積むときは少しずつ船を前方移動させた。最初はオモテノマ、次に中央のドウノマ、最後にトモノマの順に荷積みした。オモテノマから積んだのは、船を前傾させて船底に溜まったアカ（水）をアカトリ（「水の民具抄録」参照）で汲み出すためである。アカを汲むアカトリバが、オモテノマのドウノマ寄りに開いていた。オモテノマに荷物を積むときもアカトリバは避けて、荷尻《にじり》をひかえて積んだ。積荷を降ろすときは反対にトモノマ、ドウノマ、オモテノマの順に降ろし、オモテノマにアカが溜まると汲み出した。船頭はアカをいつでも汲み出せるよう気をつけていたのである。

　小川船の船問屋は、江尾《えのお》の長谷川角太さんと井上鍋太郎さんの二軒で、それぞれが倉庫を二棟ずつ船着場の横に持っていた。四棟とも倉庫は瓦葺《かわらぶ》きで、大きい倉庫は四間と五間、小さい倉庫は二間と三間あった。倉庫内には、荷の荷敷として、角材や丸太を敷いていた。倉庫があっても、春先になって一度に山から炭が運ばれてくると収まりきらず、野外に積んでシートを掛けて雨を防ぐこともあった。

　倉庫は自然堤防上の、中でも水に浸からない高い場所を選んで建てられていた。昭和一八年の大水害で少し上の自然堤防上の民家が何軒も流されたが、倉庫は水にも浸からなかった。すでに船運の時代は終わり、倉庫として使っていなかったので、水害被災者の住まいとして再利用された。

　船問屋は、荷主の依頼で自分の倉庫に荷を集め、船で荷と送状《おくりじょう》を江津の問屋に運ぶのが仕事である。小川船では船問屋が二軒あり、船頭はいずれかの問屋に所属して仕事をした。船問屋が二軒あったことから、まれに問屋同士で荷を取りあって争うこともあった。船

八戸川右岸には今田の水田が広がり、川沿いの
自然堤防上に新田の船着場があった（1990）

問屋自身の利潤とともに、所属する船頭の仕事を確保する必要があったからである。

船問屋は自分の店に出入りする船だけで輸送が間に合わないと、ほかの船問屋の船に協力を頼むときがある。そのときは、船問屋を通して協力を依頼し、ほかの問屋所属の船頭に直接頼むことはしなかった。船問屋と出入りの船頭の関係は強固で、密接だったのである。

小川船は九杯あり、長尾の和太郎翁と井上寛吉さん、小田は入屋兄弟の三杯、志谷は安原寛市さんと青木吉郎さんがいた。それに、近原の二杯と川戸の大石さんの川戸船や、住郷船もまれに上ってきた。

小川船に乗る船頭は、船が前を通る八戸川沿いに住んでいた。新田の船着場から上の市山は大集落だったが、一人も船頭はいなかった。

それには理由があった。

日常的に船の管理をするためには、川沿いの家に住んでいるほうが便利だったからである。小川船は荷物の積み降ろしは船着場でするが、日頃は家の近くに船をつないでいた。急に大水が出たときなどいそいでフナモリ（船守り）することが必要で、和太郎翁も家のすぐ前に船をつないだ。また、荷を積んだあと家の前まで船を回しておいて、翌朝すぐ出られるように準備することもあった。新田の船着場のすぐ上には小田の灌漑用の井堰があって小川船は上れず、船着場から下流に船頭がいたことになる。

●所有者による呼び名

荷船はだれが所有するかによっても、呼び分けることがあった。

問屋が所有する荷船はトンヤブネ（問屋船）、船頭が個人で持つモチブネ（持船）、問屋と船頭が折半して持つ船、商売人が所有するショウニンブネ（商人船）である。

問屋船を借りて乗ると、フナマエとして運賃から二割五分を問屋に払った。ただし、問屋船の修理は問屋が負担しなければならず、ことに古くなると修理代がかさんだ。八戸川のように川の水量が少ないと航行時期が制約され、集荷する範囲も限られているため一年中運べるわけではなかった。

井上鍋太郎船問屋や長谷川角太船問屋すらが、船問屋の仕事だけで暮らしていなかった。鍋太郎さんは夫婦で荷車による運送の仕事、角太さんは手広く農業や養蚕をしながら船問屋を兼ねていたのである。なお、角太さんは酒が好きで、江津の問屋への送状をなかなか書いてもらえず船出が遅れたこともあったという。

小川船の船頭も八戸船ほどではないにしろ、船問屋以上に船だけでは生活できなかった。小田や今田はこの付近では水田が多く、小作地が多かったが農業をしていたので生活できたのである。大川船の船頭から、

「コガワの衆は、農業で食べるだけはあるから」

と、羨ましがられたのである。

持船の場合は、問屋に気兼ねすることなく気楽に乗れた。

近原の二杯の船は、オオカワとコガワの両方の船問屋の荷を運べた。地理的に両方の船着場に近かったのと、二杯とも持船で特定の船問屋に拘束されることが少なかったからである。ただし、持船は船の修理

代を船頭が自分で負担しなければならず、船問屋は問屋船に乗る船頭に有利な荷を優先して運ばせたので、経済的に有利とはいえなかった。

問屋と船頭の共同所有は、こうした船問屋と船頭の双方の精神的、経済的な負担を軽減できたのである。

和太郎翁は、父親の八重吉さんの代から長谷川船問屋に所属していた。八重吉さんは、多くは長谷川船問屋の問屋船に乗っていた。川戸の大屋甚四郎さんは美川船問屋と折半した船に乗った。和太郎翁は持船で長谷川船問屋の荷を中心に運んだが、はじめと終いは商人船にも乗った。

商人船は、炭商人の船が中心である。

志谷の安原寛市さんは兄の藤太さんと船にも乗ったが、醤油の醸造家で、近在でも有数の炭商人でもあった。桜江町川越《かわごえ》・長尾をはじめ、石見町、瑞穂《みずほ》町、川本町などで山の立木《りゅうぼく》を買い、ヤキコ（焼子）を雇って炭を焼き、江津に送った。江津でも「コガワの安原」といえば、顔がとおっていた。

自分で製造した炭を自分で運ぶと、炭問屋と直接取引できるので船問屋への手数料を払わずにすむ。そこで、自分で乗る船以外に三杯の商人船をつくり、船頭を雇って運んだ。小田の入屋六兄弟が乗った三杯の船は、安原さんの商人船だった。

入屋六兄弟は一年中カワシゴト（川仕事）にかかわっていた。安原さんは年中炭を焼いていたので、入屋六兄弟は年中船に乗って炭をおもに運んだが、合い間には井上船問屋の荷を運んだり、筏《いかだ》にも乗った。

井上船問屋の仕事をしたのは、安原さんが石見町から炭を出すとき、井上船問屋の倉庫を借りて炭を集荷するなど、つながりがあったからである。なお、倉庫を借りる場合の倉庫賃をクラシキ（倉敷）といった。そして、安原さんの商人船で井上船問屋の荷を運んだときは、入屋六兄弟から安原さんにフナマエを払った。入屋六兄弟のように年中川仕事をした人は、ここらではほかにはいなかった。

安原さんの商人船での江津への炭の輸送は、三江線の開通後も続き、昭和一八年から三年連続の水害で炭の生産が衰える戦後まで続いた。

安原さんと同じ炭商人に、よそからきて商売した藤沢さんがいた。藤沢さんも山の立木を買い、人を使って炭を焼き、商人船を買って送った。藤沢さんも釣り好きということで和太郎翁は知り合いになり、八重吉さんとのオヤコブネ（親子船）で藤沢さんの商人船に雇われて四年ほど乗った。和太郎翁が九州から帰った大正一二年のことで、大口の森岡さんがつくった船である。その船を安く買って、和太郎翁ははじめて船持ちになる。それ以後、石船を買って鉄道工事に使う間知石《けんちいし》をおもに運ぶようになる（表4）。

それが、昭和一八年の水害以後、和太郎翁はふたたび瑞穂町市木《いちぎ》の盆子原《ぼんこばら》さんの商人船に乗るようになる。盆子原さんは当時、安原さんと長尾の奥の山で炭を焼き、長尾の森下さんの小屋を炭倉庫として借りていた。安原さんは商人船で運んだが、盆子原さんは馬車で川戸まで運び、汽車で送っていた。ところ

表4　和太郎翁が乗った船の種類

番号	乗り始め	用途	製作者	船材	値段
I	大正12年	オオブネ	森岡才次郎	アカマツ	45円（4年後中古）
J	昭和 3年	イシブネ	同上	スギ	80円
K	昭和 4年	イシブネ	同上	スギ	140円
L	昭和 4年	イシブネ	同上	スギ	140円
M	昭和 6年	イシブネ	同上	スギ	120円
N	昭和18年	アイノコブネ	沢井芳太郎	スギ	140円（翌年中古）

が、この年の水害で道が通行不能となり、和太郎翁は川戸まで船での輸送を頼まれる。盆子原さんが買った商人船は、中古のアイノコで和太郎翁が一人で運んだのである。

●ヤトブネ

小川船の上流には、八戸船が通った。

八戸船は、井堰の上にかかる今の鮎見橋付近の今田側にあった船着場と、八戸川上流の八戸との間を通った船である。小川船と同じ江尾の二軒が船問屋で、八戸の仲買人などから炭や材木の荷を受け取り、荷上げした荷を馬車で新田の船着場まで運び、小川船に引き継がれた。

瑞穂町市木から石見町日貫《ひぬい》を通り、江尾や今田までは馬車道が通っていたが、昭和一三年頃まで八戸川沿いには大八車など荷車の通る道すらなかった。

今田より上流はさらに川が細くなり、そこを通る八戸船はアユトリブネより少し幅が広いぐらいの小船で、渡し船や農耕船ほどの大きさであった。実際に、日頃アユトリブネとして使っているのを見かけたという。

戦後、和太郎翁も護岸工事用の石を船で運ぶように頼まれ、八戸船が通った川で二、三度船に乗った。そのとき、小さな川を上り下りした八戸船船頭の技術と苦労を知ったという。

八戸船は積む荷も少ないし、船も少ないしね。昔から二杯ぐらいでしたなあ。江川船に比べると、ほんのオモチャの兄貴ぐらいの船ですなあ。

上＝八戸より上の八戸川の流れ（1989）
中＝ヤトブネが通った八戸川上流の流れ。川は大きく蛇行し、川幅も狭くなっている（1989）
下＝八戸川右岸（手前）の今田と左岸の市山にかかる鮎見橋と井堰（2001）

えっ、小さいから一人でも乗れたか、ですか？

そりゃあ、二人でなきゃあ乗れませんなあ。そりゃあ、あんたな大きな岩の間あ、ほんのぬうて通るんですからなあ。

「あーっ、これ、通りょったんかいなあ」

と、こわいように思うたですなあ。石など積んでコツンとあてりゃあ、船などパリッと割れますからなあ。恐ろしかったけえ、そのあと、わしいきゃあしませなんだ。あれが乗って船を壊した、いわれとうもないですけえなあ。

荷を積むのは下りだけで、大川船の五分の一の二〇〇貫も積めなかった。上りでも帆は使えなかった。

帰りには積んだら上れませんわ。ハマビキも使えませんわ。

おもに、オモテは樫木のニナイボウ（担い棒）さして担いで、トモの者は棹をさして、石の間をぬうて上るんですなあ。とてもわしはいやですなあ、あげなところは。いきとうないです。少々もろうても危険なけえ。

さらに、大水のあとは石が動き、テコで石を動かして船の通路をあけた。

カワホリもしとりますよ。大水が出た折り、大きな石がゴロゴロ出て、川が変わりますけえなあ。あそこを通るときには、船はどういう具合に持っていくか、テコを持っていって、石をこかしてフナミチつくりよりましたよ。八戸船の船頭も。

八戸船は二杯あり、入原《ぬっぱら》の酒井忠四郎さんと、江尾の船問屋長谷川家隣の渡辺利平さんが船頭をしていた。水の多い春先がおもで、そのほかはたまにしか荷を運べなかった。酒井さんは大きな養蚕家で田もつくっていたし、渡辺利平さんはコビキが本職で息子もコビキだった。八戸船の船頭仕事は季節的な、ほんの副業でしかなかった。

八戸船は苦労と危険が伴い、効率も悪かった。それでも、人の背よりも物資輸送の効率はよかった。八戸船すらがそうであるから、小川船、さらには大川船の物資輸送ではたした大きな役割は、今の私たちの想像を超えているのである。

4　積荷に見る流域文化

●クダリニは炭が中心

江津通いの荷は、江津に運ぶクダリニ（下り荷）と、江津からのノボリニ（上り荷）があった。下り荷は、季節によって種類や量に差があり、春先が種類も量も多かった。上り荷は、季節による差があまりなかった。荷物以外にも、客を乗せて運ぶタテブネやフナビンもあった。

明治四年生まれの八重吉さんは、一七、八歳頃から五〇年近く江川船に乗った。八重吉さんが江津通いをした当時、下り荷で一番多かったのは白炭《しろずみ》だった。長尾付近の山は植林前は雑木が多く、よい炭山だった。農閑期の男の仕事といえば炭焼きと決まっていて、八重吉さんも船頭仕事の合い間で冬場を中心に炭を焼き、和太郎翁もテゴにいっていた。

八重吉さんは白炭のほか、瀬尻《せじり》の岡田さん（屋号オイカツ）の持船に乗り、明治末頃の一一年間製鉄用の黒炭を岡田さんの製鉄所まで運んだ。岡田家は資産家で、岡田さんはおおらかな人柄で県議会議長もつとめた。トクソ（鉱滓）をとかす製鉄用の黒炭は、五、六寸も端に木形が残り炎が出るような炭でよかった。長尾付近の山では白炭を焼いたが、製鉄用の黒炭も焼いた。長尾の森下友太郎さんが製鉄用の黒炭の仲介業で、長尾橋の上に建つ炭小屋に集めた。炭小屋に住まいが近いことで、八重吉さんは船頭を頼まれたのである。

和太郎翁が大正一二年に船に乗りはじめてから、江津に運んだ下り荷も白炭が一番多かった。鉄道開通前の八重吉さんと和太郎翁の時代は、炭を中心とした地域の生産構造に大きな変化はなかったのである。和太郎翁が次に多く運んだのは、製材した板や柱などの材木である。製材する前の丸太は筏で流した。小田の木村米吉さんは筏乗りが達者で、枕木などもみごとに流した。そのほか、下り荷としてマツダイソク、コウゾ、米、繭《まゆ》などがあった。

江尾や市木からは繭がよく出たし、長尾から炭やマツダイソク、長谷《ながたに》からは炭などが出たが、長尾周辺の村から出る荷の全体量は少なかった。山内や勝地からは炭や材木が八戸へ出て、八戸船で運ばれた。それに、小田や今田に水田を持つ地主に届ける小作米が少しあった。

周辺部からの物資は、旭町市木・和田《わだ》・都川《つがわ》と石見町日貫の材木や炭、米があった。市木から日貫を通って、馬車で今田の船着場の倉庫まで運ばれた。

ただし、長谷から奥の山中《やまなか》・清見《せいみ》や、本郷あたりは跡市《あといち》から都野津《つのづ》に出たので、八戸川を下ることはなかった（図2）。

●クダリニは春が一番

下り荷は、炭、材木、マツダイソクやミツマタなど、だいたい春先に集中した。冬間の生産物が春になって、一度に運び出されたからである。

炭は一年中運んだが、奥の石見町や旭町の炭は冬焼いても雪のために出せず、春に一度に出した。石見町日貫、旭町の市木・和田・都川から出た炭も白炭で、薦《こも》に包んだ八貫俵（三〇キロ）で出していた。黒炭が本格的に焼かれるのは昭和一二、三年頃で、桜江町後山《うしろやま》のマルゴ（丸に後の印）の黒炭が出るようになってからである。黒炭になり、四貫俵に変わった。

トクソも冬間に山の奥から出しておき、春先に運んだ。カナイケというタタラを吹いた跡がこの付近に多く、カナイケの周辺にはトクソが山のように溜まっている。タタラはオオタタラ、チュウタタラなど大小あった。長尾の奥でタタラ製鉄してできたズク（鋳鉄《ちゅうてつ》にする銑鉄《せんてつ》）を石見町日和《ひわ》に向けて運んだ駄道《だみち》の跡が残る。駄道を谷水があらうようなところには石畳が敷いてある。日和からさらには石見町矢上《やかみ》に抜けて運んだのである。

ズクを運んだのは八重吉さんが子供の頃までで、月ノ夜《つきのよ》の山崎さんのお祖父さんがコットイ牛（荒牛）を使って運んでいたのを見たという。

おおけなコットイいいますがな、雄牛《おうし》の人を突いて、もう始末がつかんようなのがおりますがな。そ

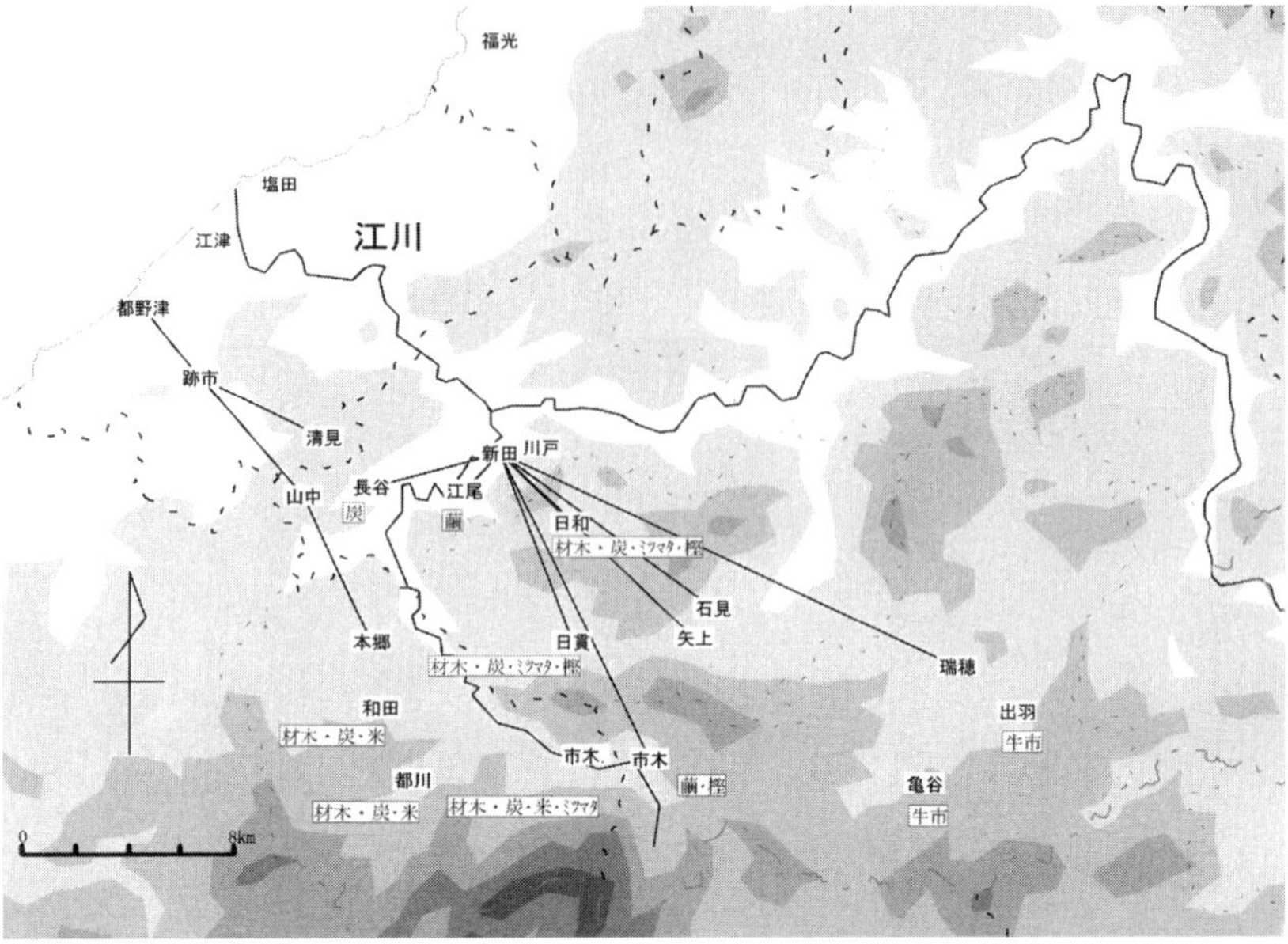

地図4　コガワブネのクダリニの地域と種類など

表4　和太郎翁が運んだクダリニを中心とした船荷の種類とその変化

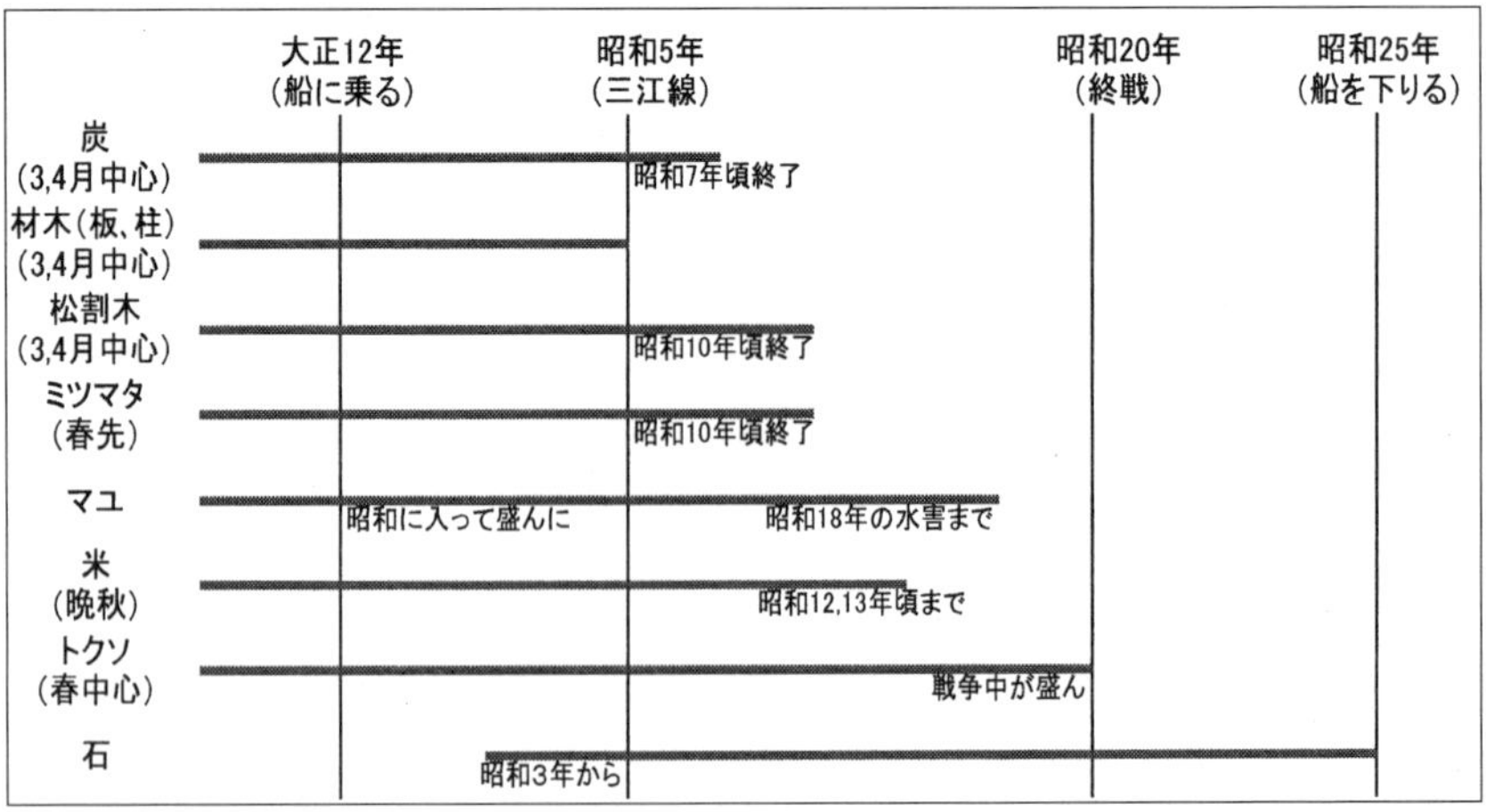

のかわりほかの牛たあ、荷物が何十貫とよけい積んでね。ここらじゃあ、雌牛《めうし》のこたあ、オナミいいよりましたがなあ。

気が荒いけえ、石臼の古いのを綱つけて首から前にぶらさげといて、頭がよう上らんようにね。首が自由になりかねるもんだけえ、危険防止ですなあ。岩でも何でも突っかかるもんじゃけえ、角から血が出よったいいよりました。

大きな綱あつけてね、人がきよっても、

「おおーい、避けて、避けて、あぶないけえ避けて」

いうて、人が見えれば避難させよったと、親父がいいよりました。明治の中頃ぐらいまでですかなあ。

この辺は牛を飼うのが盛んなところでねえ。市山にもコイチ（小市）がありよったが、大きかったのは、瑞穂町亀谷《かめだに》に、それから出羽《いずわ》ねえ。出羽の市（牛市）はこの辺じゃあ一番大きかったですなあ。わしも一回見にいったことがありますがなあ。

「今年は少ないのお」

いうても、三〇〇〇頭ぐらい出とりましたなあ。

それが、明治時代も末になると岡田さんの製鉄所のように、トクソを溶解して鉄をとるようになる。トクソがあるのはたいてい山の奥で、運ぶのに不便な場所だった。冬間の農閑期に丈夫な農家の人に頼んで背負って出してもらい、春になると船で運んだのである。

和太郎翁は一四、五歳頃に父親の手伝いで、江津本町から少し上の高原の製鉄所までトクソを船で運んだことがある。荷上げのときはオイコ（背負子）で負い上げ、体ごと秤《はかり》にかかり体重をあとで引いて重さを計った。トクソは塊に大小あり、運びにくかったという。高原の製鉄所も採算がとれず、いつのまにかやめていた。

第二次世界大戦中に鉄が要るからとトクソの製鉄がふたたび盛んとなり、川本町因原《いんばら》や江津市川平の製鉄所に運ぶようになる。川平の製鉄所は戦後まで続いていた。三田地《みたぢ》の奥は馬車道に近いためトクソを運びやすく、このあたりでは一番多く出した。今でも三田地の棚田の石垣にトクソの塊を混ぜて積んでいるのが見られる。また、八戸川の川原にもちょいちょい流れてきたのを見かけるという。下り荷の中で、トクソは世相を反映して、時代により盛衰を繰り返したのである。

マツダイソクは、直接瓦屋が江津の川岸まで馬車で取りにきて、江津の問屋を通さなかった。

マツダイソクは、昭和一〇年頃まで船で出しよりましたなあ。運賃が高こうつくからです。鉄道運賃が高いいうことはないが、貨車に積んで、積み降ろしの人夫賃と、江津駅で降ろして窯場まで運ばにゃあならん。それに、問屋が手数料とって積み降ろしするから、採算が合わんのですなあ。船は直行で、川端へ降ろしゃあ、あっちから取りにきますけえ、安うつくという関係だと思いますがな。このあたりはアカマツの多いとこでねえ。今田の溝口権太さんが、大正の終わりから昭和のはじめにかけてマツダイソクを専門に出しよりましたなあ。

都野津はカワラバ（瓦場・瓦屋）、江津にはマルモノヤ（丸物屋）が多かった。瓦場は冬期休業して、春先になって焼きはじめる。春先には高浜の川端で、瓦屋同士がマツダイソクを奪いあった。

「うちにくれえ、うちにくれえ」

いうてねえ。

「はあ、行き先がきまっとるけえ」

いうても、袖の下包んで、

「酒手《さかて》にせえ、酒手にせえ」

いうけえ、わしゃあそがなもの貰らやあせんけえ、いうて断りよりましたわ。

ミツマタは奥の石見町日貫、旭町市木からおもに出ていた。ミツマタはコウゾと同じように皮を剥ぐのは冬間の仕事で、昭和一〇年頃まで春先に出していた。

昭和一〇年頃までは、長尾で三カ所、今田でも三カ所ほどでコウゾやミツマタを大きな甑《こしき》と釜《かま》を使って蒸すコシキウムシを、正月から春までの仕事としていた。ただし、ここらのコウゾやミツマタはみんな地元の紙漉屋《かみすきや》が引き取り、江津に運ぶことはなかった。

●春以外のクダリニ

五月になると田植えゴサイ（準備）がはじまり、六月いっぱいで田植えをすませた。二毛作田が多く、田植え前には麦刈りもあり、なかなか忙しかった。

農業の忙しいこの時期に運んだのが繭である。長尾は稲作がおもで、養蚕は春・夏・晩秋の三回飼い、夏は少なく六月の春繭と秋繭がおもだった。江川沿いの川越などのように畑作と養蚕が中心で、年に四回も五回も飼うところと比べるとわずかであった。それが、大正末から昭和にかけて盛んになり、長尾でも半分ほどの家で飼うようになった。もっとも、量的にはわずかで、春秋とも船で二日も運べば終わった。養蚕は昭和一八年の水害で晩秋蚕が水に浸かったのを期にみなやめてしまった。戦後遅くまでやっていた一軒も、煙草栽培に切り換えた。

夏に運ぶのはマツダイソクぐらいである。

秋も一〇月に入ると、稲刈りなどがはじまる。イナハデ（稲掛け）に掛けた米は美味く、今でも和太郎家では二反の水田でつくる飯米はイナハデに掛けている。そうしたこともあって取り入れには時間がかかり、秋仕舞いは一一月のイノコ（亥の子）がすんでからになる。このあたりでは、一番亥の子ではなく、中亥の子か奥亥の子で行事をした。亥の子のときには、藁の棒をこしらえて門《かど》をパタパタ叩いて、

「イノコの餅を祝わん者は、鬼になれ、蛇になれ、角の生えた子を生め」

といって餅をもらって歩いた。それぞれの家では、納屋の中に餅をちゃんとそろえて持っていけるように準備していた。イノコ行事はすたれて、炬燵《こたつ》を出すときだけいうようになった。「イノコに炬燵出しゃあ、火にそうがない」と火災防止のいい伝えがあったからである。これも、炭火の炬燵を出していた頃までで、電気炬燵になりいわなくなった。

昭和一二、一三年頃まで、秋仕舞いの後に米を積んで出した。おもに地元の年貢米で住郷《じゅうごう》やら川平の地

主の家に運んだり、江津本町にも五、六〇俵運んだ。

戦前まで桜江町の水田は多くが地主が所有し、小作（家や屋敷も借りる株小作）が多かった。今田の水田は、川戸《かわど》の薬王寺、住郷《じゅうごう》下ノ原の本山政太郎家、大口の賀戸真二家、長谷《ながたに》の湯浅嘉市家が地主で、賀戸家には一八俵から二〇俵、湯浅家は大地主で三、四〇俵は納めていた。

小田の水田は、小田の小田能美家、川戸の能美酒店が地主で、今田に比べ近くの小さな地主が多かった。一番の大地主は、今田の湯浅家で三〇〇俵あった。石津家も多かったが、田より山が一番多かった。

年貢米は一度それぞれの信用組合に集め、地主の注文により輸送した。和太郎翁は組合から頼まれ、船で米を直接地主の家や、江津本町の酒屋に酒米として運んだ。今田や小田から家に運んだ年貢米は、小規模の地主で飯米として使った。

年貢米は正月を越しちゃあいけんけえ、たいがい一二月の中途すぎからみな納めよりましたけえなあ。地主に運ぶのが一二月二四、五日、遅い衆は三〇日になることもありましたなあ。

それがねえ、えらかったですわ。浜からの狭い道をねえ、一俵わて負うて三〇〇メートルも、四〇〇メートルも歩かにゃならんだけえねえ。地主さんまで持っていくときはねえ、蔵まで持っていきよりました。

運賃ですか。運賃はわりあいよかったですなあ。地主さんが酒を出したりねえ、ゴボウやなんか、こちらがつくらん時分にもろうたりしよりました。地主さんとこに行くのはだれと、毎年決まっとりましたけえねえ。ほじゃけえ、

「きんさる思うて、待っとりました」

いうようなことでねえ。

奥の日貫、都川の方は寒いので農事を早くすませ、一〇月頃から炭を焼いていた。その奥からの炭や米の輸送も、秋仕舞いのあとの仕事になった。

正月は五日過ぎれば船に乗るが、すでに運ぶ荷がなく山仕事に行くことが多かった。

三江線が昭和五年に開通してから、荷の種類も積荷も少なくなった。昭和六、七年頃には炭も少なくなり、材木や年貢米も馬車で駅まで出して鉄道で運ぶようになった。

石積み用の間知石だけは、季節に関係なく運んだ。和太郎翁は昭和三年頃から、三江線の鉄道工事用の間知石を運ぶようになる。そのため、三杯の石船をつくり、昭和三年に六万個、同四年に三万個、同五年に二万個のあわせて一一万個の間知石を運んだ。間知石は川を下って運ぶので、楽な仕事だった。

間知石の運搬は鉄道工事時分が一番多かったが、その後も川の堤防の復旧工事などで毎年のように運ぶようになる。ことに、昭和一八年の水害後は積荷のなかで間知石が中心となり、戦後はほとんど石だけになる。水害があれば工事がはじまり、仕事ができると喜んだのである。そして、昭和二五年に堤防の護岸工事用の間知石を運んだのを最後に、和太郎翁は船を降りるのである。

●江津からのノボリニ

下り荷の種類を書いた送状と荷を持って江津にいき、浜に荷を上げると得意先の問屋から取りにくる。

問屋に送状を渡し、船賃は現金で受け取った。上り荷についても得意先が決まっていて、その問屋の荷を積んで帰ってきた。ときには、船同士が合同で積み合わせて帰ることもあった。

下り荷を渡すとき、浜の荷揚げ場に出てきた得意先の問屋の主人か番頭が、

「あんたさんら、何々があるけえ積んでいにんさいよ」

と、向こうからいってくれた。それでいっぱいにならないときもあり、少ないまま帰るときや、よその船の荷を回してもらうこともあった。空船で帰ることは、めったになかった。

だいたい、雑貨が主でしたがなあ。

肥料が一番多かったですなあ。それに、塩にねえ。酒やら醤油やら、黒砂糖の樽詰やらねえ。乾物類から、あようなものも積んで戻りよりましたなあ。醤油やなんかは、こっちでもつくりよりましたから少なかったですなあ。

豆腐屋が使う満州大豆という粒の細い、六斗入りですか、二四、五貫入りのもの。それから一斗五升入りの焼酎もだいぶ積んで上りましたなあ。

ノボリニも、オオカワとくらべりゃあ範囲が狭いし、オオカワのようによけい積んで上れませんけえ、コガワは少なかったですなあ。

八戸川に入るとねえ、上りがえらいんですわ。アシナカ（足半草履）でも鉄橋の下で新しいのをおろして、ここまで戻ってきよる間にずたずたになりよることがありました。それで、ノボリニを乗せないまま、空で帰ることもありましたなあ。

小川船は上り荷も川が浅く水量が少ないので、たくさん積めず、難儀したのである。

セメントは積まなかったか、ですか？

セメントは、鉄道工事時分が多かったですが、雑貨しかほとんど積んでおりません。セメントは川戸の衆がほとんど積みよりましたなあ。

川戸の大屋甚四郎さんは、川戸の船着場から堤防を登って森林組合の倉庫まで、五〇貫のセメント樽を、途中で休んじゃあやれんゆうて一気に運びよりました。なんぼさぶいときでも、二、三間歩けば汗がドーッと出よりましたけえ。相棒が、

「わしゃあ、とてもやれん」

といいよりました。

船に乗っとったもなあ、大屋さんと私と二人しか生きておりません（平成三年大屋翁は亡くなった）。この向こうに六人兄弟みな舟に乗って、三杯の船に乗っとったが、みな早死にしてしもうた。船に乗るもなあ、みな無理をしとるかしれん、早死が多いですな。

上り荷にはこのほか、石油缶に入って送られてきた菓子類もだいぶあった。江津の丸物屋から出る水甕《みずがめ》などの焼き物、石見瓦もだいぶあった。住郷のお宮や、旧の市山小学校の瓦も積んで運んだ。

瓦は四〇枚を一駄といい、三〇貫に見積もって積んだ。牛に負わせるのが三〇貫で、船でもそれを標準にしていた。瓦も大きく、一枚で八〇〇匁（約三キロ）はあった。

魚の内臓や頭をはねたのやら、イワシなどを腐らして肥料にしたのを、クサラカシといった。農家から

注文があると、漁業会や個人でつくったクサラカシを、船に積んだ酒屋で使い古した大桶二つに入れて戻ってきたことがあった。

それがあんたなあ、風がふきゃあ臭うてねえ、鼻についてよわりよりました。夕方、船がつきゃあ、

「おおい、クサラカシがきたけん取りにきんさい」

と呼ぶと、注文しとる人が桶を持って集まってきて、コエクミでうつしてあげよりました。野菜でも枯れるぐらいにひどかったけにねえ、三倍にも四倍にも水でうめて、アサの肥料に一番使いよりましたなあ。アサはどの家もつくりよりました。アサも江津まで運んでいきましたなあ。出荷するゴボウにもやりよりましたなあ。

金尻に川越に負けないよいゴボウのできるゴボウジが三町ほどあって、当時から出荷していた。ゴボウは連作を嫌うので、六、七年間をおいて植えたが、その畑ではヤマイモもよくできた。今は、道路工事などで出る廃棄物を運んできて、嵩上げしてしまった。

クサラカシは、普段よりよい船賃になった。臭いのと、大きな桶を積むので船のバランスが悪くなり、操船が難し

和太郎家の裏に残る、ノボリニとして運ばれてきた水甕とすり鉢（1992）

かったからである。和太郎翁もクサラカシを積んだが、石を運ぶことが多くなって、江津まで下ることが次第に少なくなった。クサラカシ以外の肥料では、江津の片倉製糸工場から桑肥料を少し積んで上った。

江津から川戸まで鉄道が昭和五年に開通したとき、汽車賃が江津まで二一銭、浜田まで五四銭、川平までが一〇銭であった。鉄道開通後は江津通いの上り荷を探すのに苦労するようになり、ときによれば温泉津町福光《ふくみつ》から出る墓石や、引っ越し荷物なども積んで上ったのである。

谷住郷の日笠寺境内に祀られる、福光石を細工した地蔵石仏（1990）

●水しだいの船頭の稼ぎ

船頭の賃金は、人夫の三、四倍になり、よい稼ぎになった。

下り荷の中心である炭の運賃は、重量で決まっていた。

薦へ入った八貫俵の白炭が、一俵で江津まで九銭でした。炭俵が四俵で一駄《だ》、一駄が三六銭といわれましたけえなあ。一駄いくらで請け負うわけですなあ。船にはまあ、最高三〇駄いいますけえ、一二〇俵ですな。一駄三六銭の三〇駄いうことは、約一〇円ということですなあ。

川戸の大屋甚四郎さんの話（「水104。」1号）を読みましたが、一駄二八銭でしたなあ。八戸川の運賃は高かったです、だいたいオオカワの運賃とはねえ。川がいたしいですけえ、乗りにくいけえねえ。八戸川のもなあ慣れとりますけえそうでもないが、オオカワの衆は来るのをいやがっとりました。

一駄は三二貫で、三〇駄でほぼ一〇〇〇貫となる計算である。

材木は、船一杯でなんぼか、だいたいは決まってましたなあ。船のニアシを見てねえ、このくらいならなんぼぐらいゆうてねえ。

材木は荷主の山師さんがどこへなんぼ行くいうのを決めて、向こうの問屋に連絡しますけえなあ。船に積むときも荷主さんがついて、どこそこはどのぐらいにしてくれえと指示がありますわなあ。材木なんかは、倉庫のなかに積みませんけえなあ、外に積んで外積《そとづ》みですけえなあ。問屋は通しますが、問屋いやあ、つまり荷の場所賃を取るだけですわなあ。運賃も山師と交渉して決めましたなあ。ときによりゃあ、荷主さんがでんこに、問屋まかせで積むときもありましたがなあ。

山師さんじゃあけえ、

「これだけで、なんぼ払えやええかいのお」

「なんぼぐらいもらわにゃあ、やれませんけえ」

と、見当でねえ、もらうんですなあ。少々赤字になるときもあるし、よけえ儲けるときもありますけえなあ。

材木は荷主によって賃金がいい加減だったが、樫木《かたぎ》は材木とは違った。

樫木はまた、べっこ扱いでしたなあ。樫木は樫木専門の荷主さんがおり、樫木だけを持っていきよりましたけえなあ。重さで払いよりましたなあ。

樫木の場合は木にみな、これは何十貫、何十何貫と目方が書いてありました、計ってねえ。それで、小田の入屋好一さんたちは、元気なけえ、一〇〇貫もあるようなものでも背負うて出よりましたけえなあ。樫木は、だいたい運賃がよかったですわ。そりゃあ、あんた、切り出しの軽いところは三〇貫から二〇貫ぐらいのところもあるし、重いのは六〇貫も七〇貫もありますけえなあ。積むのが大変ですけえなあ。

樫木専門の製材所が本町の駅の向こうにありました。この奥の山からも、神さんの山からも大きな樫木がだいぶでました。

下り荷の米と繭は、水の苦労があった。

繭はねえ、量はハッキリ覚えてはおりませんが、軽いけえ、炭やなんかの三分の一もようけ積めませんけえなあ。三〇〇貫か四〇〇貫も積みゃあ、おおごとになります。濡らかしゃあいけませんけえ、苫を掛けて、シートやなんかを掛けてねえ。雨の降るようなときにゃあ、特に警戒しとかにゃあいけませんでした。

水を嫌う繭は、さらに時間的な困難がともなった。

米もねえ、炭より運賃がよかったですなあ。そりゃあねえ、炭も火に焚くもんだけえ水につけちゃあいけんだがねえ、ときによりゃあ波をかぶるときがありますけえなあ。米は特に水に入ったりなんかすると後のしまつがねえ。米はちゃんとして、苫《とま》を掛けて、大事にして扱いましたなあ。繭も同じですなあ。

繭は、夕方までに集荷したのを運んでいきますけえなあ。集まった分だけはすぐ、夜でも夜中でも江津に積んでいきよりました。一杯になるか二杯になるか、組合でどのくらい出るかわかり、問屋に手配書が届きまさあ。夜中でも問屋に集まって、問屋の倉庫に置かんこに、積んでいきよりました。長いこと置きあ、ありゃあサナギになりますけえなあ。

荷が軽うても、繭は運賃がええんでさあ。そのかわり、はようて夜の一一時、おそけりゃあ一時、二時いうときもありよりました。特殊あつかいみたいなもんですなあ。荷がこっちに残らんように送ってしまわにゃならん。江津に片倉製糸いうのがありましたしなあ。出雲《いずも》にグンゼいうのがありましたなあ。あっこらに持っていきよりました。

運賃もよかったです。まあ、二倍半からになりよりましたなあ。軽い荷でも目方なんかにゃあ関係なく、一回に一〇円も一二、三円にもなりよりましたわなあ。

――普通でも、一〇円にはなったのではないですか?

そりゃあ一〇円にはなったが、あんた、前の日からちゃんと荷を出して、積んで、それからここらは、水の少ないときには江川口までナカコギして、手間がなんぼかかったかしれません。繭はおおけな木綿の袋に入っとりましたなあ。荷を上げると繭じゃあけえ、きれいじゃけえ、船を洗うこともいりませんけえなあ。夕飯と夜食を持っていって、泊まって帰ってきましたなあ。

もったいないぐらいでさあ、荷が軽うてねえ。それで、繭は喜んで積みよりましたわな。問屋でも繭が積めるように、運動しよりましたなあ。

ただし、農繁期でも有利な繭を運ぶことができたのは、和太郎家では父親も母親も元気で農作業を手伝ってもらえたからである。

このほか、ダイソクは束でいくらと決まっていたが、金額までは覚えていないという。また、ミツマタとコウゾは一束の目方が決まっており、嵩が大きくても軽く、量もたいしたことなかった。乾燥したもので水を嫌うから、水に遠慮があり（濡らさないように気をつける）、薦《こも》を掛けたりするのでほかより多少は賃がよかった。

炭は下り荷として最も多かったので運賃の基準にはなっていたが、だいたい炭よりはほかの積み荷は船賃がよかった。また、材木以外は、問屋を通して運んだので、運賃はみな問屋からもらったのである。

ただし、賃金についても和太郎翁が、

「水しだいですがな」

というように、川の水量が荷を満載するのに十分かどうかかが重要な分かれ目だった。ことに八戸川の場合は夏など水が少なくなるとナカコギしなければならず、苦労の割りに儲けは少なくなった。

上り荷も、重さでだいたい決まっていた。一〇貫入のカマスに入った肥料が、江津から八戸川まで三〇銭であった。下り荷に比べ三倍の賃金だが、荷も三分の一ぐらいしか積めなかった。上り荷は三江線が川戸まで開通してほとんどなくなった。

●タテブネとフナビン

船で一番楽なのは、タテブネですなあ。汽車がつかん間は、浜田の女学校や松江の高等学校の学生さんが、正月やら四月の学校はじめのときなんかに行ったり来たりしますわなあ。

「浜田へいくから、江津までやって」

って注文がくるんですわ。タテブネは荷を運んだり、積んだりすることがありませなんだ。船着けて、板を敷いて乗り場をこさえて、乗せさえすりゃあ、すぐ出れる。それに荷が重とうないですけえね。学生さんを主体に積むんですわ。ときによれば嫁さんの送り迎えをするときもありましたなあ。一人一円から一円二、三〇銭ぐらいで、一〇人乗って、一二、三円ですなあ。

一人あたりいくらで、人数が多いときはよけい乗るしね。下りだけでのうて、上りがありますけえな。上りの運賃でだいぶ補うですなあ。上り荷がない場合もありますがな。

江津の片倉製糸の女工さんが、盆やら正月やらに帰りましょお。そのときには必ず連絡があるんですわ、ここへ。何時に帰るけえ、タテブネを頼むけえいうてねえ。

タテブネははじめから乗せる人が決まっているが、途中で臨時に人を乗せることもあり、それはフナビンといった。

船で下りよりましょお。途中、川平なら川平で川端から手を上げて、

「江津までいくけえ、乗してくれえ」

いうて船を止めて乗ってきたんですなあ。たいてい、乗せよりましたなあ。ときによりゃあ、心安い

人もおるしねえ。

あるとき石船で八〇〇貫も積んで下っとるると、瀬のひどいところは両方から波が入って水をくむんですなあ。そしたら、乗っていた人が、

「荷が多うて、怖い」

いうて、用心に着物をフナバリに括りつけといて、裸になりよりましたからなあ。

「そがあにしんさらんでも、せわあない」

いうたが、保証はできんけえねえ。石船は荷が多いけえ、乗り手が少なかったですなあ。

フナビンは、結構あったか、ですか？

結構ありましたよ。上るときでも、

「上りに積んでくれえ」

いうて、年寄り衆やら足の悪い人など、便をくれえいうてねえ、積んであげたこと多かったですよ。

上りのお客さんも、けっか多かったですなあ。

5　川の生態と船頭の技

●水の色と川の流れ

和太郎翁は川端に住み、子供の頃から川が好きで、多様に携わってきた。なかで、船頭として川の生態

をどのように認識し、モノや技術でどう対処してきたのであろうか。

「川の水の色で、そのときどきの状況を判断した」

という。水が増水しはじめはクロニゴリとなり、水が引きはじめてヒキミズになるにしたがってシロニゴリに変わり、やがてもとのスミズにもどる。八戸川ではクロニゴリからスミズにもどるのに三、四日、江川では一週間はかかった。

ただし、八戸川の小川船の船頭にとって、ニゴリミズは必ずしも不利な条件とばかりはいえなかった。水量の少ない八戸川では、春の雪解けのニゴリミズを利用したし、ことに水の少ない夏はニゴリミズを待って、オオブネの限度である一〇〇〇貫を積んで八戸川を下ったこともあった。このときはナカツギの必要もなく、普段は四時間かかる江津まで、二時間半ほどで下れたのである。ただし、下りが早いぶん、上りは二時間も三時間も遅くなった。

ひどく増水したニゴリミズのときでも、イソギニ（急ぎ荷）のときには船を出すことがあった。増水で石や岩が転んでいたり、山が崩れたり、いつもの川と違っている可能性がある。堤防に杭を打ち、アカマツの丸太をボルトで固定した枠の中に石を入れた護岸用のモッコショに、船がこちあたるとバリッと裂けてしまう。増水時は予測できないことが多く、恐ろしかった。

また、八戸川から江川に入ると波が高くなり、船に水が入ることもあった。江川は広島県から流れてくるので、ここらではパラパラと降る小雨でも、奥の方で激しい夕立でも降れば思わぬ増水になることがある。江津の河口で二〇センチ増水したと思って川戸まで帰ってみると、川幅が狭いので一メートルも増水し、グワッ、グワッとニゴリミズが出ていたときもある。

江川のように長大で流域面積が広いと、上流の天候で下流の川の状態は変化しやすく、その判断は難しかったのである。

●セ・フチ・ノロのミズスジ

川はさまざまな表情を見せるが、一定の摂理をもって流れている。上流から、セ（瀬）・フチ（淵）・ノロ（野呂）と繰り返して、流れるのである。

瀬は、流れの速いところで、川底は砂が流されて小石のことが多かった。瀬の一番上の場所をセガタ、下の場所をセウラ（セジリ）といい、瀬の流れが速いと「セがヒドイ」という。

船の通路を、ミズスジ（水筋）といったが、瀬では水量の多い中央を通ることが多かった。ただし、水嵩《みずかさ》が増えて瀬に荒波が立っているようなニゴリミズのときは、波の具合を見て、

「今日は波が高いけえ、セガタから船をまわさにゃあいけんで」

と判断する。普段のミズスジを通すと、川の流れが速すぎて、水の勢いで船がセジリの淵の岩に激突する。ニゴリミズのときには、淵の反対側に出られるよう、セガタから少しずつ斜めに下っていく。これを、

「カタ（セガタ）からマギル」

といった。瀬を下るときは、船の進路をきめるノリコミのよしあしが重要である。

淵は、瀬の下にある。瀬の速い流れが山に突き当たり、川底の砂などを巻き上げて、急に深くなった淵

ができる。淵の底は流れで洗い出され、岩だけである。淵は川が曲がった崖のある場所にもできやすく、水が反対に流れてサカウズ（逆渦）となる。淵で砂を巻き上げ、さらえた砂が堆積して淵の尻にハマ（川原）ができやすかった。

淵のミズスジは、岩と逆渦の間に一本できる流れの筋である。

ニゴリミズで水が増し、逆渦がひどくなると、淵は船頭にとって怖い存在となる。真っ直ぐにミズスジを通そうとしても舵がきかなくなり、船がキィーと回わされ、ちょうど海で横波にあったときと同じように、船が傾いて水を汲むことになる。また、崖に引き寄せられて、岩にぶちあたるからである。

平坦で流れのゆるやかな野呂は、淵の下にだいたいある。川底はだいたいが砂で、小石が混ざっている。上流から大水で流れたり、地震で山から崩れ落ちたコロゲイシ（転げ石）が野呂にきて水の勢いが弱まり、ことに川の端の方に止まることが多い。ヒキヅナ（曳き綱）を曳きやすい上りの船はイソ（川端）を選ぶが、コロゲイシは邪魔だった。

野呂では、

「ミズスジをずっと通るっちゅうと、船がはよう歩きますな」

というように、一番流れの速いところをミズスジとして選んで下った。野呂を下るときは船の操作が楽で、野呂が長く続くナガノロを下るときには船頭唄を歌ったりしたのである。

ミズスジは瀬・淵・野呂でだいたい決まっているが、川の状況によっては変化する。水を読みながら、その変化に常に対処しなければならなかった。

江川中流の流れ　やま山々をぬうようにして流れる（1991）

江川の瀬　コロゲイシが見える（1991）

八戸川の流れ（1992）

地図5　コガワブネの江津から新田までの上り航路

江川・八戸川のカワラとヨコワタシ、瀬・淵・野呂をともに示した

●下流から上流へ

江川

本町雁木
↓
右岸のカワラ（名称なし）
↓　　大渦の淵
↓……大渦のヨコワタシ
左岸のカワラ（名称なし）
↓……千金のヨコワタシ
八神のカワラ
↓……八神のヨコワタシ
赤栗のカワラ
↓……入道のヨコワタシ
↓　　入道の淵
↓　　入道の瀬
右岸のカワラ（名称なし）
↓……川平水神のヨコワタシ
久坪のカワラ
↓　　久坪の淵
↓　　久坪の瀬
↓……久坪のヨコワタシ
タタラドコのカワレ
↓……ヨコワタシ（名称なし）
高栗のカワラ
↓……瀬尻のヨコワタシ
↓　　瀬尻の淵
↓　　瀬尻の瀬
蓮生寺のカワラ
↓　（ナガノロ）
コウヤブナツのカワラ
↓　　日ノ瀬
↓……日ノ瀬のヨコワタシ
小松カワラ
↓……ヨコワタシ（名称なし）
大口カワラ
↓　　大口の淵
↓……仁万瀬のヨコワタシ
仁万瀬のカワラ
↓　　七日淵
↓……七日淵のヨコワタシ
↓　　七日淵の瀬
↓　　市の瀬
右岸のカワラ（名称なし）
↓……ヨコワタシ（名称なし）

八戸川

左岸のカワラ（名称なし）
↓……ヨコワタシ
志谷のカワラ
↓　　エゴ淵
↓　　エゴ淵の瀬
↓　　タイヤ淵
↓……ヨコワタシ（名称なし）
右岸のカワラ（名称なし）
↓　　高尾の瀬
↓……ヨコワタシ（名称なし）
↓　　アマクラ淵
↓　　アマクラ淵の瀬
左岸のカワラ（名称なし）
↓　　上寺淵
↓　　上寺淵の瀬
↓……ヨコワタシ（名称なし）
↓　　世古屋淵
↓　　世古屋淵の瀬
新田の船着場

えっ、ミズスジは見たらわかりますか、ですって？

そりゃあ、素人にゃちょっと難しいでしょうなあ。船も職にはまってやろう思やあ、やっぱり川や山の状況、水の流れやなにやらから、かみあわせて考えにゃあ、だいぶ難しいところがありますけえなあ。

●七日淵は明るいうちに

通常の川での操船の難しさは、瀬・淵・野呂の順であった。

瀬が一番（危険）ですなあ。瀬を無難で下りさえすりゃあ、もうしめたもんだ、ちゅうようなことで安心感がありますがなあ。難所の瀬が一番こころづらいですなあ。

淵より危険か、ですか？

そりゃあ、瀬が大変ですよ。淵のそうひどいところは、七日淵《なぬかぶち》しかありませんけえねえ。久坪《くつぼ》の淵もそうひどいことがなかったですからなあ。

七日淵ではよう、事故がありよりましたからなあ。

住郷の下の七日淵は、川戸から下流の江川の淵では最も大きく、一番難しかった。七日淵は、サカウズに巻かれた船が、七日間渦に入ったまま出られなかった、という伝説から付いた名だという。七日淵は、水が多くても少なくても悪（難し）かった。

江川河口では冬に西風や北風が吹くと、サカカゼになって船が上流に押し返され、曳き綱で曳き下ろすこともまれにあった。サカカゼは早ければ朝九時、遅くても一〇時には吹きはじめる。天気の変わりやすい日は、それより早く吹くこともあった。

冬間はサカカゼにあわないよう、午前七時半から八時には江津に着くようにした。八戸川から江津に下る船は朝二時、遅くても三時には家を出て、三キロの道程を歩いて仁万瀬《にまんじょう》につないだ船に乗り、江津に下った。前日、わざわざ仁万瀬まで船をつなぎにいったのは、暗いうちに七日淵を通るのが危険だったからである。冬間は夜が明けるのが遅く、明るいうちに七日淵を通って仁万瀬まで下げておいたのである。

つまり、七日淵以外なら、どんなに暗くても、両側の山の姿を見て、水の流れを感覚でつかみながら、見当で川を下ることができたのである。

川平の下や八神《やかみ》の方まで下ってもまだ夜があけませんけえ、山ばっかり見て操作しますけえなあ。江津に出て、どうやらこうやらあたりが見えるようになりますなあ。ほんの見当でねえ、経験ですなあ。

「顔を見んこに、山を見て乗れ」

いうぐらいのことで、山の形は透かして見えますけえなあ。

「あっこに山があるけえ、この瀬はこのぐらいに通りゃあええ」

ほんのクラメで通るがねえ。それが慣れるっちゅうとやっぱり感が伴いますけえ。クラメで通っても、事故するいうこたあ、わたしらありませんでしたなあ。

なお、仁万瀬に船をつなぐときは、竹藪の下流側の野呂に、オモテからイカリヅナ（錨綱）をいっぱいに伸ばしてイカリ（錨）をうち、トモヅナと合わせて使った。錨は四本爪で、四貫のものを使った。錨綱は水に強い棕櫚《しゅろ》縄で、長さが七〜一〇尋《ひろ》あった。錨は遠くから張るほど力が強いので、水が増えるほど遠くに錨綱を伸ばしておいた。

6　江川船のモノと技

●船板と荷積

このあたりの荷船は松材を古くは使っていたという。杉材は岩などにあたるとパーッと割れやすく、松材は丈夫だったからである。それが、次第に杉材の船に変わってきた。松材の船は船体が重いのに対して、杉材の船は軽くて操作しやすかった。それで、急流を下る川上船は、杉材の船が多かった。

船板に使うのはアカマツのサエタアカミ（赤身・肥松）の部分で、赤身の少ないクロマツは使わなかった。赤身のまわりのシラタ（白太）は水を吸うが、赤身は水を吸わないので意外に軽く、家屋の地覆《じふく》にアカマツの赤身を使うのも腐りにくいからである。

市の瀬から江川右岸に張りだした中央岩盤の下の七日淵をのぞむ。道路改修などで大きな渦は見られない（1991）

もっとも、赤身の部分だけで船材がとれるほど大きなアカマツは、どこにでもあるわけではなかった。和太郎翁が最初に乗った商人船は、大正一二年に大口の船大工森岡さんがつくった荷船だが、こちらで船板に挽いて持っていった。それは、江津市波積《はづみ》の山で、メハチブ（目の高さの周囲）で三メートルもあるアカマツからとった。

第二次世界大戦中の昭和一九年に、和太郎翁は奥の山で、大きなアカマツの根を見つけ、ダイナマイトで割って、市山の奥の肥松製油所に持っていったことがある。このアカマツ一本からは結局一二〇貫もの肥松がとれたという。それほど、大きなアカマツがこのあたりに昔は植わっていたのである。

和太郎翁は昭和一九年までに六杯の船を買った。最初の船だけが松材で、以後は船大工が持っていた杉材でつくった船である。

船板にするスギは地の固い(石ころの多い)ところで、ゆっくり育った木がよい。川端のような地のいい(肥沃な)場所で大きく育ったスギは、木目が粗く、水をよく吸うから使えなかった。

船体の重さとともに、荷を積んだとき船の重心がどこにあるかも、船足や操船するうえで重要であった。船の行きがよいので、下りも上りも少し前寄りに重心を掛けた。普通はオモテノマに三割五分、ドウノマに五割、トモノマに一割五分ぐらいの比重で荷を振り分けて積んだ。だから、クサラカシの大桶のように、ドウノマ一カ所だけにしか積めないと、船の安定が悪く操船も難しかった。

水の都合で荷の積み方を大小加減することがありますけえなあ。水の多いときオモテばっかり荷を積んどりゃあ瀬が速うて、船が歩きにくいけえねえ。野呂を過ぎると、船の歩きがにぶうなるしねえ。荷の加減も水と相談じゃあけえねえ。

〈水の民具抄録〉
和太郎翁の荷船・オオブネ

江川のオオブネは現存せず略図を描いて、和太郎翁に名称と用途を教えてもらった。調査当時、オオブネの参考文献は「江川船の船頭たち」①だけだった。その後「江の川水系の和船の比較研究」②、『聞き書き江の川物語』1、2集③、「江の川の高瀬舟復元記録」④などが刊行された。これらを参照しながらオオブネを紹介する。

江川の船大工は和太郎翁の話に登場する、江津市高浜・渡津、桜江町大口、川本町のほか、②には、邑智町市井原、大和町都賀行、羽須美村口羽・青山、広島県の作木村港・大津・唐香、三次市にもいた。①には、明治以降の江川の船大工は親から子へと受け継がれ、明治中頃に江津から三次の間で五〇人はいたという。

船板は江川下流では松材から杉材にかわるが、上流では早くから船を曳くのにも軽い杉材の船が多かった。②には、松材は水につけたままだと杉材より強かった。クロマツはアカマツより強いが、水につからない部分は早く腐る。杉板は地元のスギを使っていたが、山口県大畠町の萬屋から日向杉を買うようになり耐用年数が長くなったとある。①には、水に弱い白味がついた杉材でつくるシラタ船は、傷みやすいが安いので資金のない人は使ったとある。③には、古くなったオオブネの赤身の部分だけを再利用して、小形のハギカエフネをつくったとある。

帆柱は年輪の密な杉丸太を使ったが、風が強いと折れることもあった。檜丸太も使ったが、一八尺と長い帆柱には重すぎた。帆柱は船大工がつくり、歪みを直し、穴に合わせ、滑車をとりつけた。帆の上のホバリダケはマダケ、ホバリヅナとヒカエヅナは麻縄だった。七反帆で、風が強いと二反オトシボにし、さらに強いと帆柱だけにした。海船より川船は生地の薄い帆木綿で、一反は幅尺五寸、長さは四メートルだった。

苫屋根は広いドウノマに六本柱を立て、前後に竹を渡して切妻屋根のように組んだ。船に泊まるとき雨や寒さを防ぐほか、米や繭、ミツマタ、コウゾなど水を嫌う荷を運ぶときも葺いた。苫はチガヤでつくり、赤栗につくる人がいたが、器用な人は自分でもつくった。②には、苫はノブシと呼ぶ草を数カ月も水田の中につけ、あく抜きして柔らかくしたあと、幅三尺、長さ一間に編んだという。

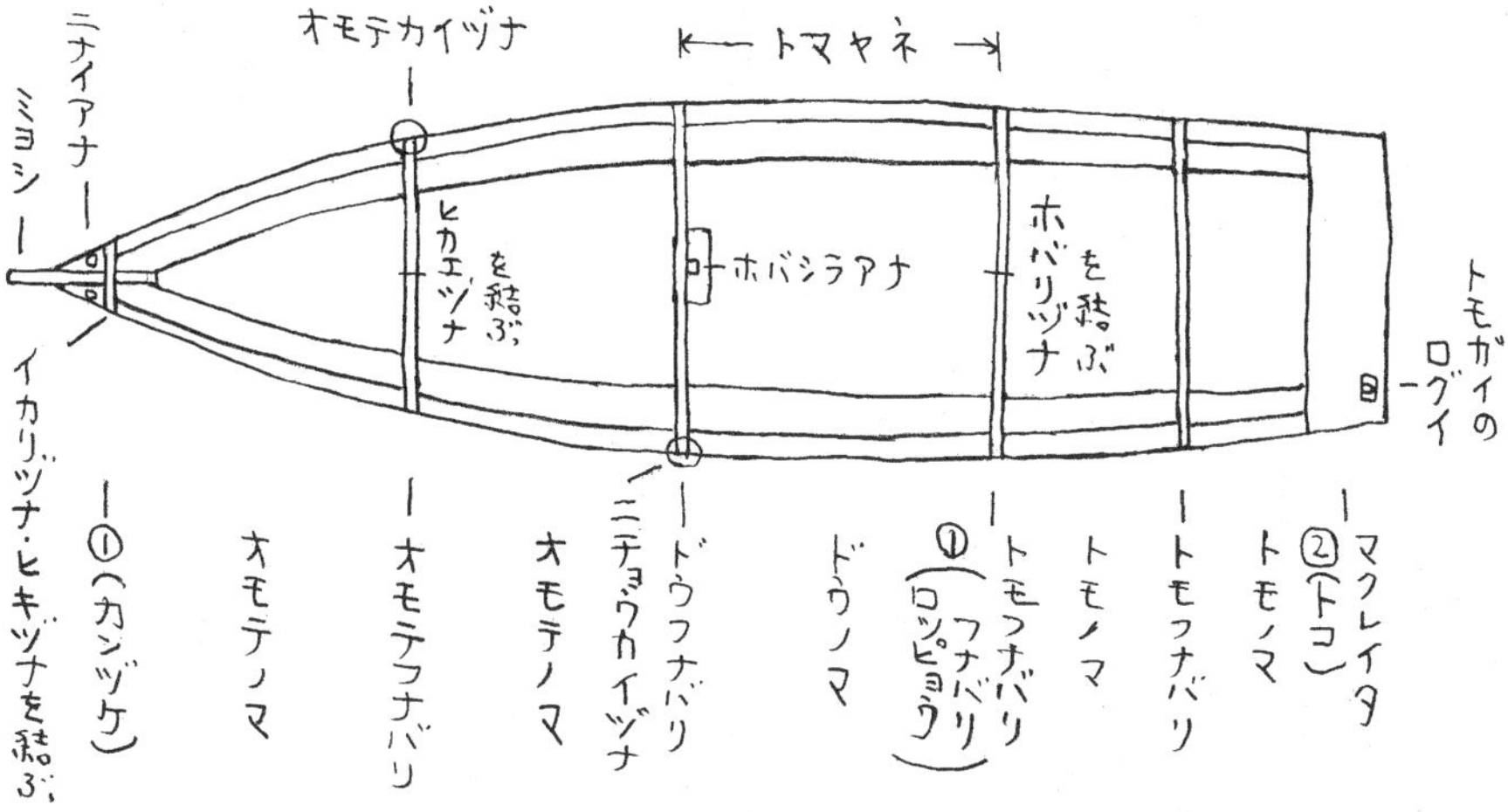

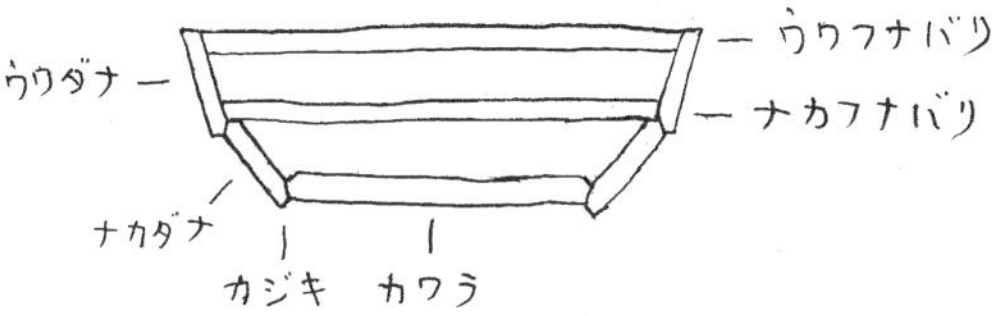

上＝オオブネ平面。マクレイタの下に鎌・カエゾウリ（アシナカ）をしまう。（　）内は番号の文献より引用した
下＝オオブネ断面（船板の組方は①参照）。カジキは船の向きを安定させる役割があるが、八戸川は浅いので底の石にあたって擦れる。擦れてカワラと同じになると、マシクギを打って補強した

●カイとフナザオ

カイ（櫂）はみやすい（易しい）ですけえなあ、使こうても。フナザオ（船棹）の方が難しいんです。チョイト素人考えじゃねえ、棹の方がみやすいように感じますがなあ。

いよいよ、瀬を上ったりなんかするときにゃあ、棹の方が難しいです。

櫂と船棹は、上り下りともに、その時々の川の水の状況にあわせて使い分ける。上りは棹を使わなければ上れないし、下りでも流れが急な場合は岩などにあたらないように棹をあてた。ともに船の舵《かじ》取りと、船を進める役割をはたした。

江津に下るときはオモテノリが責任者の意味の船頭で、オモテからトモのフナカタに指図した。上りは反対に舵を取りやすいトモノリが船頭で、フナカタはオモテに乗るか、ハマビキをした。どんな新米でもいっしょに船に乗れば船頭とフナカタの手間賃に差はなかったが、安全な航行のために船頭が取り仕切ったのである。ただし、オモテノリとトモノリが慣れた者同士であれば、船頭の仕事を分担することもあった。

下り荷のとき、船に炭を一〇〇〇貫も積むと荷が一杯で、オモテの船頭の姿が隠れトモから前が見えなくなる。慣れたフナカタなら両方の山の姿を見ながら舵をとれるが、新米を雇った場合はオモテで船頭がいちいち合図しながら下らなければならない。

トモで船棹を使っているときは、ところどころの地名で左右を示し、「小田ハレ（小田側に船を向けろ）」とか、「長尾ハレ」とかいう。地名でいうのは、誰にでもわかりやすかったからである。

櫂を使っているときは、「ヒカエ（櫂を控えて左に向ける）」とか、反対に「オサエ（櫂を押さえて右に向ける)」というように、合図を送るのである。

櫂には使う場所によって、オモテガイとシリガイ（トモガイ）があり形も違っていた。

オモテガイは少し反っていて、櫓杭《ろぐい》を受ける櫓杭台《ろぐいだい》がなく、長さは約三メートルある。オモテガイを固定する、オモテカイヅナは棕櫚縄だった。

オモテガイは下るとき野呂などで船足を速めるのに使った。上りは普通は船棹を使い、オモテガイは大水に、ヨコワタシ（横渡し）で深くて棹が届かないようなとき船を進めるのに使った。

シリガイはオモテガイより一メートルほど長く、櫓杭台を使った。川上船や八戸船のように瀬のひどいところや、岩の間で段差があるところを下る船は、櫂を速く操作しなければならず、櫂がトモの櫓杭台から外れるので、カズラやロープで外れないように固定していた。川下船では、カズラやロープは必要なかった。

櫂は一本造りでサクラを一番よく使い、ホオノキも使う。サクラは堅くて腐りにくく、ホオノキは柔らかくてよわく、よく減った。

棹は川下船ではキザオ（木棹）を使ったが、川上船は昔から竹棹を使っていた。それが、川下船も次第に、川上船にならって竹棹を使うように変わった。

木棹には、サカキ（真榊）とコブシ（辛夷・ヤマアララギ・コブシハジカミ）を使った。ともに、強くて重く水への沈みがよいが、サカキがより強くて重く、さらには粘りがあって使いよかった。もっとも、サカキでオオブネの棹に使えるような、長くて真っ直ぐな木はなかなか見つからない。和太郎翁が一本持っていたサカキの木棹は、アユトリブネに使った短いものであった。

川下船で一般に木棹に使われたのはコブシであった。コブシは春先に一番早く、白い花を咲かせる木である。コブシは木の素性が直で、香りもよかった。木棹には荒皮がついたまま使い、竹より手に暖かみが感じられ、ことに冬はよかった。もっとも、長尾の奥にはえていたコブシも、棹に使えるような真っ直ぐな木はだんだん少なくなった。木棹から竹棹へと変わってゆく理由の一つは、よい木が少なくなったからである。

重くて沈みがよい棹は、ことに水の多い操船では重要であった。

竹棹は沈みが悪いうえに、力を入れてこねたとき割れやすい欠点がある。ただし、竹棹はしなって弾力性があり、軽くて扱いやすく、水の少ないときは竹棹が使いやすかった。操作性を要求される川上船が、竹棹を使ったのはこのためである。また、竹なら長いものでも比較的容易に手に入れることができた。

竹棹は肉の厚いクロダケ（真竹）がよく、地が悪くて密生していない場所に生えたクロダケがよかった。それほど配慮して探しても、一〇本のうち使えるのは、三本ぐらいしかなかった。丁寧な人は節の間隔が狭く、肉も厚い根付きの腰の強いクロダケを選んで使ったが、面倒なので和太郎翁の頃にはそこまでこだわる人は少なかった。

竹棹は竹の根本側に長さ三〇センチほどのカシの棒を継ぎ足し、ドウガネ

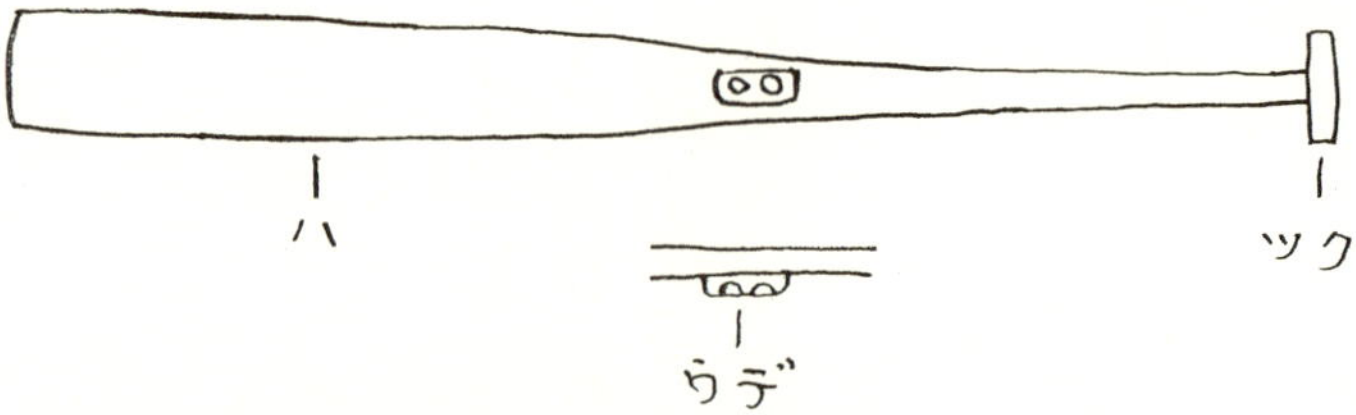

シリガイはオモテガイより1メートルは長く、ハは狭くて短かかった。ウデの2つの穴は川の深さにあわせて使いわけた

（鉄輪）で固定したツギザオにして使った。ウメも堅い木であるが、カシの方が堅くてよかった。カシはこのあたりに多いヤナカシかアラカシを使い、薪取りのときに使えそうな木を切り、あらかた仕上げてからかこっておいた。

カシの棹尻《さおじり》は石だらけの川底にも立ちやすいように先を尖らせて使った。ただし、四～五日も使うと先がちび、モソロになって川底に立たなくなる。船には古くなったキコリガマ（樵鎌）をのせておき、先を削って尖らせる。モソロは砂をかんでいて刃物がすぐに切れなくなり、もったいないので使いふるしの鎌を使ったのである。

納屋の前に立てかけたシリガイと、船頭用アシナカを手に持つ和太郎翁（1990）

ツギザオをつくるときのこつは、カシの棒が竹棹の節の中まで通っていることである。通っていないと、さした拍子に竹棹がふらふらする。

ドウガネは、竹を削り、焼いて挿し込む。焼いて竹が縮んでいるときにドウガネを挿し込むと、後でよくしまり、丈夫であった。

船棹にも櫂と同じように、オモテザオとトモザオがあり、少し形が違った。オモテザオは短くて太く、トモザオはすらっとしてオモテザオよりも五〇〜八〇センチほど長く一丈三尺（約三・九メートル）あった。トモザオは上りでおもに使った。短いオモテザオでチョンチョコさしていたのでは、少ししか上れず効率が悪かったからである。

大水やヨコワタシのときなどには、一丈七尺の長い棹も使った。また、途中で船棹が折れたときのための予備棹《よびざお》を、帆柱が右、船棹は左と決めて、綱でフナバリの外に吊るした。

江津から上るのにねえ、風のないときで棹ばっかりで上るようなときもありました。そんなときにゃあ手ばかりではやれんので、棹の先を肩につけて船をつかまえ、グイグイ、グイグイさしよりました。

それでも、船で手にマメができるようなこたあ、聞いたこたあありませんなあ。

船で手にマメができる話は、川上船について書いた「江川水系の船」に、川上船は最長一五尺の竹棹を使い、水の多いときのヨコワタシのための予備に木棹を一本積んでいて、棹のタコツボができると船頭も一人前と書いてあったことについて質問したときの話である。そこには、川上船と川下船の、微妙なモノと技の違いを知ることができるのである。

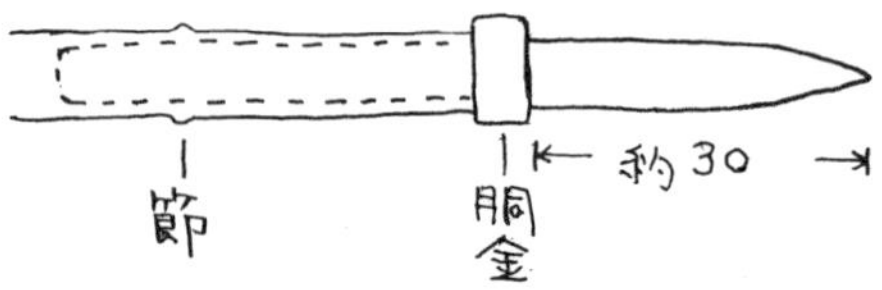

ツギザオは竹棹に、先端を尖らしたカシの棒をさし込んだ。さしたときフラフラしないよう、2節目まで棒を通すのがこつである

川を上るとき、風があるときは帆を張って上った。

●帆

春、三月四月頃になると、沖からオキイレという穏やかで、帆走に最適な海風が吹いてくる。江津の高浜からだと帆柱が鉄橋にあたるので、上の本町まで上り、帆拵《ほごしら》えして、オキイレが吹くのを風待ちし、帆を上げて上ってきた。

風が強く吹くときには、船がねる（傾く）ことがある。そんなときは、オモテにいるフナカタが風がおさまるまで帆を反対側に引っ張って船が傾かないように立て直す。船頭は帆を反対側に引っ張ることを、「ホマエをやれ」とフナカタに指示した。ホマエがいないと、船が傾いて水を汲むことがあったのはヨットと同じである。

途中突風が吹くようなときには、帆と帆柱を下ろして棹と曳き綱で帰ってきた。積み荷を渡す時間に制限があるので、風を待つことはなかった。船は、帆を上げていた方がかえってバランスがよく、帆柱だけだと風が帆柱だけにあたりかえって操船が難しかった。風のないときには、帰るのに六時間も七時間もかかったこともあった。

高台から江川鉄橋と左岸の高浜、遠くに江川河口を望む（1991）

風の吹くときにゃあ、一時間半で住郷のお宮の瓦を積んで帰って来たことがありますがな。風が吹かにゃあええが思うほどでした、おそろしゅうてねえ。そのときは若い衆をトビノリで頼んでおりましたけえ、よけいでしたなあ。

あまりひどいときには、風が吹かん方がええような感じがします。昔、海の北前船でも瓦積んだり、丸物積んだりして北海道いくのに、日本海でよう時化《しけ》るときには上荷《うわに》を捨てるいうとりましたなあ。

川船にゃあ、荷を捨てるようなこたあしませんでしたがな。

江川では、谷によって風がみな違っていた。北風が吹くときには、どこの川で風が悪い、南西の風が吹くときにはどこの川が悪いというのがたいてい決まっていた。一番いいのが西風とキタアナゼ（西と北の間から吹く風）、それとニシアナゼであった。

●ヒキヅナとアシナカ

江津から荷を積んで上るとき、風のないときは浜からヒキヅナ（曳き綱）で船を曳いて上った。ごくまれには、渡津や千金《つがね》、さらにまれには、八神から下りにも曳くことがあった。江津の河口で海からの西風や北風が強く吹き、上流に向けて波がたつときである。

ハマビキには専用の曳き綱を使った。曳き綱は専門のツナヤ（綱屋）がつくり、江津市長田《ながた》、桜江町坂本《さかもと》、川本町渦巻《うずまき》にいた。和太郎翁は坂本の森脇さんに頼んでつくってもらった。曳き綱は、普通は長さが二二五尺あり、五尺が一尋で四五尋となるが、五〇尋の綱も使った。

曳き綱は材料となる麻を綱屋に持っていってなってもらう。五〇〇匁目（約二キロ）の麻を持っていくと、綱屋はよい麻だけを使いモトイトをつくる。この選別で、麻は約半分ぐらいに減る。モトイト一二本を堅く縒《よ》りあわせて締め、紙巻き煙草ほどの太さの曳き綱ができる。和太郎翁が、たまたま森脇さんが縒っている最中にいき合わせたとき、屋敷まわりの木にモトイトを張り、クルマを使って縒りをかけていたという。

江津通いの江川船がハマビキした川原（2001）

五〇尋の曳き綱を、いっぱいに伸ばして使うことはめったになかった。和太郎翁が五〇尋伸ばして使ったのは、入道の瀬と、江川から八戸川に入る川原ぐらいだった。日頃は、長すぎて地をソビク（引きずる）ので、三分の二程の長さにたぐって使った。

入道の瀬はフナビキ（船曳き）しにくい瀬だった。入道の瀬は深みが川原の反対側に片寄り、しかも浅瀬の幅が広かった。船で上るときは深みと浅瀬の境を通すため、曳き綱をいっぱい伸ばして曳いたのである。

曳き綱を堅く縒ったのは、曳く力が伝わりやすいからである。乾いているときはさほど堅いとは思わないが、濡れた綱が手に当たるとコチコチに感じた。

曳き綱は使うちに、次第に縒りがもどって伸びてくるので縒りをかけなおした。荷を積んで動かない船から綱を広い川原いっぱいに伸ばし、堤防の上に登るなどして、カタヅナ（肩綱）を手に持ち綱を回して縒りをかけた。

曳き綱は手入れがよいと五、六年使えたが、麻は本来水に弱く朽ちやすかった。家に帰るとすぐ、天気のよいときは物干し竿、悪ければ台所のクド（竈）の上に干して乾燥させた。ときには船で、苫をふく竿に掛けて干すこともあった。

曳き綱につける肩綱は、船頭が稲藁で三つ縒りになう。曳き綱と同じ麻を使わないのは、稲藁に比べ麻は乾きが遅いからである。二重にして楽に両肩に掛けられる長さにし、肩へのあたりがよいので一・五センチ程と太くなう。肩綱は、両方の肩骨に掛けて曳くのが一般的であった。

片方の肩にかけた方が曳きやすいのではないですか、ですって？

いや、肩にかけちゃあ、力が入りませんなあ。

それがねえ、緩やかなところは、心もちかがんで曳けますがなあ。ひどいところはほんの川原を這うように曳きました。あれがえらいでさあ。ときによりゃあ川原でちっと大きな石がありゃあ、それへでもへバリついて曳かにゃあ、きつうてやれませなんだ。それで、川原ごそごそ歩いたりするけえ、アシナカが二足も三足もいるんでさあ。曳くのは、オモテにいるフナカタですなあ。

夫婦船は、妻が曳き綱を曳いた。子供を背負っているときだけは、肩に掛けて引っぱったという。

船頭のアシナカ（足半草履）は、長いとパタパタして力が入らない。それで、普通のより短く、足の半

和太郎翁が丈夫に編んだ、船頭用アシナカの表と裏（1990）

分しかなかった。さらに、藁を三本も四本も使って、丈夫に編んだ。

浜をたどって曳き綱で曳いて上るため、浜が切れると川を横切って対岸の浜に移らなければならない。櫂や船棹で浜から浜に横切ることを、ヨコワタシ（横渡し）といった。

●ニナイボウとルイセン

上りの荷が重く、瀬がひどいときは、カシのニナイボウ（担い棒）を使った。

瀬が浅いし、ひどいしねえ、瀬がひどう曲がっておって、綱（曳き綱）と地形が合わんときもありますわ、カーブやらなんとかでねえ。綱で船が川原に引きつけられて船がゴロゴロ底にあたってやれんで、トモから舵をようせんこに、担うんですなあ。

水によってアライシの上を通らにゃあやれんときもあるしねえ。石の上にコスット上がったら、なかなか動きませんけえなあ。それを避けるために、担うんです。水のうえじゃけえ、そのわりには重とうありませなんだ。

たいてい綱を曳くもんが担うたりねえ。綱を曳くもんちゅうが、重荷のときやなんかは、三人おりますけえなあ。上り荷に何と何があるけえと連絡がありますけえ、荷が多いときには、こっちから雇うて三人でいくんでさあ。センドウでなくても、素人でも、こころもち慣れた人ならできまさあ。いろいろ、こつがありますからなあ、綱を曳いても何をしても。

「ありゃあ、船にだいしょう行ったことがあるけえ、あの人に頼みゃあええ」

と、選定はありますよ。

綱とトモだけで操っても、船がカクカクしますけえなあ。担うてあがると一定にスーッと順調にあがりますけえなあ。

冬、鉄道工事で使った残りのセメントを、大口の向こうの小松から上流の川本まで運んだことがあった。五〇個のセメント樽は重いので、二人が曳き綱を曳き、二人が船で棹を使って上った。ハマビキのサンニンビキ（三人曳き）はめったにないが、フタリビキ（二人曳き）は急ぎ荷でたくさん荷を積んで重くなったときにはしばしばあった。住郷のお宮の屋根瓦を運んだときも急ぎ荷で、二人曳きで八〇〇枚積んで上った。七日淵、瀬尻、久坪、入道の瀬など二人曳きが必要なときは、あらかじめ地元の人にハマビキを頼んでおいた。当時は昔船に乗って、ハマビキした経験のある人がいくらでもいたのである。

さて、川本まで上ったときのことである。途中の三カ所に瀬があり、セメントが重くて棹と曳き綱だけでは上れないので、オモテから担い棒で担いあげた。担い棒は先を尖がらせた一・五メートルほどのカシの棒で、船のオモテの担い穴に突っ込んで担いだ。和太郎翁が四人の船頭のなかでは一番若く、担い棒で担ぐ役にあたった。トモザオ一人と、二人のハマビキが曳き、和太郎翁が乳のところまで水につかり担い棒で担い、ようやく瀬を上ったのである。

川から上がると船の上で七輪に火をおこし、暖めてもらった。着物の裏が「ガサガサ」するのでおかしいと思って見たら、着物の裾が凍ってすれる音であった。船頭が洋服を着るようになったのは昭和一八年頃からで、それまでは冬でもパンツに綿入れの半纏《はんてん》を着るだけだった。

上ったのは、一月二四日でしたなあ。

よく、日にちまで覚えてますねえ、ですって？

あのさぶいの、ようわすれませんわ。

なお、オオブネ同士で協力しあうことがあり、ルイセンといった。

あらかじめ瀬が荒いとか、上り荷が重いとわかっているときは、オオブネの船頭同士で申し合せて協力した。七日淵の瀬などは波が荒く、シャッと水が入り、アカを汲み出さなければならない。そうした瀬を上るには、二人がハマビキし、一人が水に入り担い棒で上げ、一人がトモで棹をささなければならないこともあった。こんなときは、互いにルイセンをしようと謀《はか》って、瀬を上るだけでなく川を下るときからいっしょに下り、荷物の積み降ろしから協力しあった。

●ナカコギとカワホリ

江川に比べると八戸川は川が小さく、浅くて水量も少ない。八戸川は春先など水量が豊富な時期以外は、ナカコギやカワホリ（川掘り）をしないと船は通れなかった。

まあ、八月から一〇月までですなあ、おもにナカコギをしたのは。

一〇〇〇貫積みいうても水しだいでね、最大限が一〇〇〇貫ですけえ。よけい積まにゃあ、江津までいくのにあまり不経済だけえ、ナカコギいうてね、川戸の鉄橋（八戸川と江川との合流点）のとこへ、こっちから半分ずつ荷を積んでいって降ろしておいて、オオカワ用にホンヅミ（本積み）してから江津に運んでいきよりました。
川戸の大屋甚四郎さんのところでは、ナカコギの話をしちゃあなかったでしょう。あの人はオオカワばかり乗ってますからなあ。

ナカコギを特に必要としたのは、八戸川の水が少なくなるの番少ない夏だった。夏は江川でも水が少なくなるので、積荷を二〇～二三駄と少なくしたほどである。

それから、一一月に入り秋仕舞いがすむと、船の者なあ集まって、カワホリするんでさあ。共同で川を掘るんですなあ、川を船が通るように。秋仕舞いからまた荷物が出ますけえなあ。秋に川掘っとれば、春までもてますけになあ。

夏の間に掘っておいたら、寒くなくてよいのでは、ですか?

夏はカワホリして船を一回通しても、また水が出りゃあ埋めてしまいますけえなあ。川の変化が少ないときで、できるだけ寒うなる前に掘るんですわ。

仙岩寺から見た、江川の川港の中心
川本の町場（写真撮影：山崎禅雄氏）

「昨日の淵は、今日の瀬」

いうて、水が出るたんびに、川はものすごう変わるときがありますけえな。冬なら水が決まってますけえなあ。雪解け水もそう川を埋めるほど出ることが割合少ないしねえ。

川の状況によっても違いますが、幅一間半（約三メートル）は掘りよりました。それでも船の幅が一・五メートルあって、あと一メートルも余裕がありませんけえなあ。

深さは、そうよけい掘りませんけえなあ。まあ、足いっぱいだけえ、六、七〇センチありますか。瀬だけえ、足の根元くらい掘っても、波が立っているけえ、差し引くと水位が二〇センチは下がりますけえな。

底は石がゴロゴロで、カワホリはトウグワ（唐鍬）やミツグワ（三本鍬）でやりよりました。手ではとても体が浮いて流れ、やれませんでしたなあ。

この川（八戸川）には一二杯船がおりましたけえな。一杯の船から二人ずつ出ることに決まってますから、二四人おりますわな。たいがい、一日ですみます。

カワホリがすんでから江尾の二軒の問屋に行き、

「カワホリ神酒をやんさい」

いうて、神酒を一本ずつもらいよりました。足らんところは自分らが出してね。みんなよう飲みよりましたけえな。

私は行ったことたありませんが、江川の川戸や谷住郷や川越からの荷が急ぐようなときには、こちらから応援に行きよりました。普段は縄張りみたいなもんがあって、向こうに行きよりゃあしませんでしたな。
向こう（大川船）の船頭はこない。きてもよう乗らんのですわ、川が小さいけえ。フナミチをいい具合に通れんこに、船をケガさせたりなんかしますけえなあ。オオカワで乗る船とじゃあ、石が底にあたって船の磨《へ》り方も違いますけな。それで、船賃もよかったわけですなあ。

オオブネは水深が一メートルあれば十分進めたが、それより浅いと船底が岩にすれてモソロになる。モソロになると船足が遅くなるので、フナタデをした。船底の下にコロ（丸太）を三本敷き、麦稈《むぎから》を並べて焼き、そのあと擦ってモソロを落とした。

●コガワのセとフチ

八戸川には江川のようにハマビキする浜がない。八戸川では堤防の上や遠いところは川原をハマビキして歩いた。これをツナミチ（綱道）と呼んだ。川掘りのときに綱道の藪を刈って、竹の根が出て危ないところは鍬で切ってならし整備した。オオカワの綱道も、水によって浜

弁当宿など船頭相手の店が並んでいた江川左岸の高浜（2001）

の道が変わることがあったし、水が多いと棹ばっかりで上ることもあった。

八戸川で船が下るミズスジはだいたいが右岸にあった。そして、右岸に淵もあった。上寺淵《うえでらぶち》は、桜井古墳のある森下家の屋号が「上寺」で、その家の下にあることからついた名である。世古屋淵《よこやぶち》も田淵家の屋号からついた名である。昔は深い淵で、若衆が道路端から飛び込んで水あびした。今はアマクラブチと同じように、埋まって淵の形がなくなっている。

淵の上が瀬で、淵に瀬は必ずついている。だから、本来ならタイヤ淵の瀬とすべきところを、地名をとって高尾《たかお》の瀬とつけた。高尾には昔、渡し船があった。

今は削って水の少ないときにしか見えないが、八戸川の長尾橋の上の上寺淵に大きなコブ（岩）が出ていた。水の多いときにはその岩に船をぶつけ、みんなだいぶ失敗した。船が転覆して、炭が流れたこともあった。


水の多いときでね、オモテで船を寄せていくのにオモテガイを貸せいうて家にきんさったんじゃがね。ちょうど船を下の方に置いとるけえ、櫂がないいうたんです。そんなら、棹でやりましょおいうんじゃ。

「棹じゃあ、この水（増水）じゃあやれんじゃあないか」

いうたら、

「いや、どうにか棹でやれましょお」

いう。なにが、出て見よったらコブにあたって転覆しました。棹じゃあ、とどかんかったんですなあ。

不注意であるにせよ、こうした危険な岩に名前をつけたり、神を祀ることは、八戸川筋ではなかったという。

7　水を読めれば筏も

●筏流しと船頭

川を知る船頭は、筏《いかだ》にも乗れた。

江川だけでなく、八戸川でも筏を流した。山からどんなに大きな丸太が伐り出されても、筏に組んで江津まで流送した。小田の木村米吉さん（同時代に生きた人々）と筏仕事の相棒は小田の入屋好一さんで、船頭のかたわら筏流しをした。入屋家は父親も六人兄弟みな船頭で、好一さんは一年中川仕事で生活し、兄弟と筏も流したのである。和太郎翁は好一さんといっしょの船に乗ったことがあり、筏流しを手伝ったこともあった。

筏で流したのはスギとヒノキの丸太で、マツは生だと沈んで浮かばないので流せなかった。スギは生木だと重いので、筏の前を四斗樽三、四丁で吊ってから流した。前方さえ沈まなければ、筏は流れたのである。ヒノキはスギより木は堅いが、よく浮いた。

忘れもようしませんわ。ここのところから大きな杉丸太の長いのが出て、入屋好一さんが筏に組んでねえ。わしら空船で、筏の上になったり下になったりして、番をして守りして下りよった。もしか、筏が沈んだりしたとき、救助するためにねえ。

〈水の民具抄録〉

和太郎翁の船用具・アカトリ

オオフネの船底に溜まったアカ（水）を汲みだす用具である。和太郎翁が長年使ったこのアカトリは、昭和一九年に川本町の船大工沢井芳太郎さんから中古のアイノコブネを買ったとき、一円払ってつくってもらった。新造船を買うとアカトリはついているが、中古船なので注文してつくったのである。

アカトリは腐りにくい杉板で、底をゆるやかなカーブにして汲みやすくなっている。それまで和太郎翁が使っていたアカトリは家大工につくってもらい、底にカーブがなく汲みにくかった。柄が長いのは、アカが多いときに両手で持って汲みだすからである。

船板の隙間は、ヒノキのアマカワを詰める。船具屋で買って自分で詰めることもあったが、技術が必要なので船大工に詰めてもらうことが多かった。それでも船が古くなると、船底からアカが入るようになった。新造船でも雨が降ったり、波をかぶると水が入るので、船にアカトリは欠かせなかった。

上＝和太郎翁が長年使ったアカトリ（1992）
下＝ゆるやかにカーブしたアカトリの底（1992）

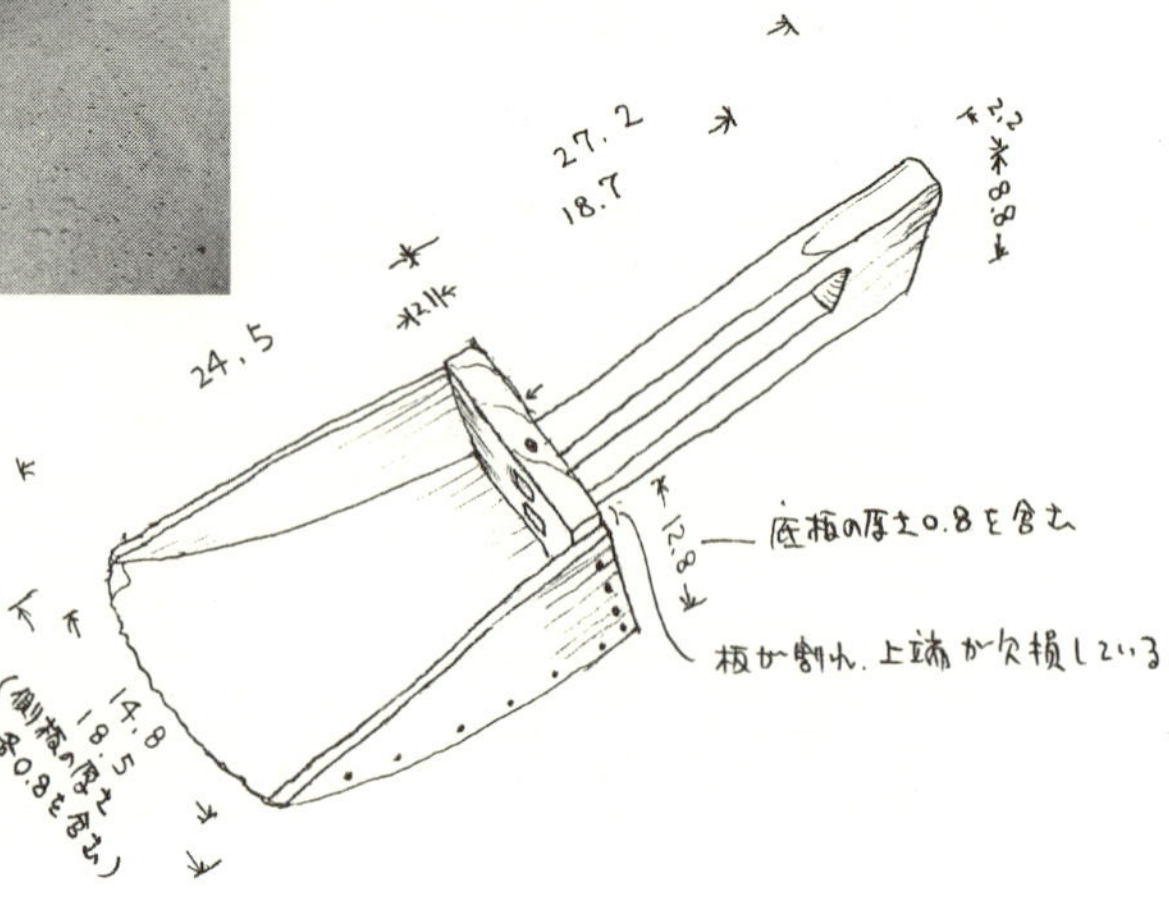

七日淵の上で米吉さんが、

「ヨシニイ（好兄）や、樽かなんかで吊らにゃあ、こりゃあ筏沈むで」

いうたら。

「なあに、せわない、ない」

と好一さんがいう。好一さんは長身で一八〇センチもある大きな男じゃったが、肩まで沈んでねえ。前で好一さんが一生懸命浮かせよう、浮かせようしとったがね。

米吉さんは後ろに乗っとって、煙管《きせる》くわえてねえ、

「好兄や、おまえは浮けをせんでも沈まん、沈まんいうとったがのお、これが沈むゆうもんじゃ」

いうとった。自然と浮いてねえ、岩にぶつけんこにすみましたがな。

救助船がついて下ったのは、筏でスギやヒノキの生木を流すときだけで、江津からは筏師も船に乗っていっしょに帰ってきた。江川の筏は八戸川より三倍ぐらい長く、筏師が二人乗った。八戸川は短いので、普通は先に一人乗って下った。

筏流しは、山から丸太が出る春先が中心だった。午前一〇時頃になると海からオキイレが吹き、下れなくなるので早く下った。遅くなると綱で筏を曳いて下ろすこともあった。

●竹筏は寝て下る

竹筏は古くから流していたが、和太郎翁は昭和八年から一〇年頃まで竹筏に乗った。筏の中で竹筏は、

なかった。

一番操作が簡単だった。竹筏はおもに家の小舞壁《こまいかべ》に使うクロダケ（真竹）で、モウソウチクはあまり流さなかった。

八戸川の竹筏は、幅が一間、高さ七〇センチほどで、竹の大きさによるが長さは一〇メートルほどあった。筏の断面を四角くするため竹を折って四角い枠をつくり、四〇把から六〇把の竹の元と先を互い違いに入れ、三カ所で結んで固定して流した。方形に筏を組むと川底につかなかったが、川幅が狭い八戸川では幅が広いと縁にあたる。水量が少ないときは江川まで人が上に乗らず、そーっと引っ張って歩いて下ることもあった。一束が四〇把と少ないときは、川戸の鉄橋まで二回運び、二つ継いで江津まで乗って下ることもあった。竹筏は八戸川の水量に合わせて、下ったのである。

竹筏は一人で乗ったが、ひとりでに流れていった。木の筏だとそうはいかないが、軽い竹筏は岩に接近しても、逆渦の返りで岩にぶつからなかった。筏の中から適当な大きさの竹棹一本と予備の一本を選んで持っていれば十分だった。

「オオカワに出ると、筏の上に寝て下りることができよりました」

というが、まったく危険がなかったわけでもなかった。

一番恐ろしかったのは、川平の上の久坪で、鉄道工事で岩石をとるのに発破しとってねえ。竹筏で下っとったんじゃが、

「発破どー、発破どー」

いう。急にいわれても船のように岸につけられんのじゃけえね。逃げ場はないし、じいっとしとったら、なんと石が筏にバラバラと落ちてきました。身体にゃ当たりませんでしたがな。船なら上で止めて待ちますがなあ、筏は止められやしませんからなあ。

竹筏で江津まで下るのに、四時間から四時間半かかった。筏の賃金は普通の日当が一円から一円二〇銭の頃、三円五〇銭から多いときは五円で、三、四倍になった。竹筏は楽だとはいっても、船の心得があり水の流れと合わせなければ乗れない。江津の橋桁《はしげた》に引っ掛けたり、岸に寄せるのが遅れ橋まで下ったときは川の中央に流され、竹竿が届かなくなることもあった。鉄道開通前は、筏師は江津から歩いて帰ってきた。

ここらでは、木や竹の伐り旬《しゅん》を旧暦で、

「竹八月に、切（木）ろう九月」

と昔からいう。仲秋頃からが竹の伐り旬で、この時期に伐ると虫が入りにくかった。大口の下の長良《ながら》に堀さんという竹の商売人がいて、注文があれば伐り旬をいわず伐って出した。用途によっては、伐り旬は関係しないのかもしれない。

和太郎翁が自信を持って語る船や筏、川漁などの話は、川の水を読めないとできない仕事である。その水の経験知は八戸川沿いでの日常生活の中でつちかわれ、地域の水文化として受け継がれてきた。さらに、和太郎翁は父親や川仲間の間で磨かれ、自らも水仕事に関わりながら知恵として身につけた。和太郎翁の水の話の魅力は、多様な水文化が織りこまれていることにありそうである。

8　川で育った船頭気質

●オヤコブネとキョウダイブネ

江川船には、親子で乗るオヤコブネ（親子船）、兄弟で乗るキョウダイブネ（兄弟船）、夫婦で乗るミョウトブネ（夫婦船）があった。

ここらじゃあ、キョウダイブネが多かったですなあ。あれやら、親類関係の人やらねえ。

現にキョウダイブネいうたら、小田の入江一家やらねえ。志谷に青木吉郎さんいうのが、弟と乗りよったしねえ。伊三郎さんいうてねえ、養子にいっとりました。青木さんは問屋が長谷川さんでいっしょでしたからよう知ってますよ。

安原寛市さんも、はじめは兄さんの藤太さんと乗りよって、兄さんがやめんさって、同じ部落ですがな、入屋玉一さんを雇うて乗りよりました。

そのほか、わかる範囲でも、川戸では日和田さん、近原の大場栄さんと義雄さんも兄弟船だった。いっしょの船には乗らなくても、川戸の大屋さんと大石さん、長尾の船頭井上寛吉さんと和太郎翁のフナカタをした井上房一さんは兄弟だった。また、堀亀一さんは姉の子の村井近義さんと乗った。

キョウダイブネが多い理由ですか。そりゃあ、収入面も考えたりねえ。

だいたい、キョウダイブネは仲が悪いんですわ。仲が悪いいうのはねえ、船の操作やなにかで、危険性があるようなときには大声を張り上げてねえ、遠慮がないけえねえ。自分が思うように、バシバシ暴言をはくけえ。平生ええときはええがねえ、船の操作のときには、叩きかけにゃあええがと、見ていて思うときがありました。

だいたいねえ、他人同士の船でも瀬を下って危ないようなとこではねえ、大声で食いつくような格好でいいよりました。船頭は気が荒いいうが、言葉が荒いんですなあ。瀬を抜けて野呂になって楽になりゃあけろっとして、唄うとうてやっとりました。

キョウダイブネは遠慮がないから、仲が悪いように見えるんですなあ。それが、ええ意味での解釈でしょうなあ。

近原の大場兄弟の船は、チョウチンブネでも通っていた。二人とも性格が辛抱強く、夜の八戸川を足元を提灯で照らしながら、ハマビキしたのでそう呼ばれた。浜が広くて通りやすい江川ですら、夜に船を曳いて上ることはめったになかった。それを、竹の切り株などが出るなど道の悪い八戸川を、夜にハマビキしたのである。

チョウチンブネは収入の面だけでなく、気持ちが合う兄弟船だから無理ができたといえる。親子船や兄弟船の船頭は、誰かについて習うのではなく、親や兄弟の船を手伝いながら、知らないうちに船の操作を覚えたという例が多い。さらに、船に乗ると危険が伴うだけに、遠慮なく言い合って、二人の気を合わせることが必要だったのである。

●センドウとトビノリ

ここらの船に乗る人は、たいがい本職は農業をしたり、養蚕をしたりしてましたなあ。農閑期を利用して船に出て、忙しいときは交代で船に乗るような状態でしたなあ。

今田《いまだ》に船着場はあっても、船頭はいなかった。ただし、船頭のフナカタの都合が悪くなって臨時に乗るトビノリや荷役の手伝いを頼まれる人はいた。

船頭は二人の呼吸が合わないと、操船は難しい。特に瀬を渡るときはそうだった。そのため、相棒はめったに変えないが、本職の農作業が忙しかったり、病気や不幸ごとがあって乗れないときは、船頭同士でテマガエした。それもできないときには、トビノリを頼むことがあった。トビノリは臨時に頼まれて船に乗り、ある程度繰船できる人のことである。

相手が船頭なら、川をよく知っているので楽だった。しかし、トビノリは川の様子が、わかっているようで、わからないところがある。船の操作はできても、そのときどきの水の加減にあわせることができない人も多かった。船頭はトビノリと乗るとき、相方の技量に合わせた乗り方をしなければならなかった。それで、

後からの話にゃあ、

「あの人にトビノリを頼んどったが、やっぱり慣れたもんでなけりにゃあ具合が悪い」

というようなこと、裏話にしますわな。

農家はテマガエといって、作業が忙しいとき相互に労働交換することがある。船の場合は個人的に協力

してもらうので、すべて賃金を払った。しかも、昔からの慣習で歩引きはしない。トビノリにどんな人を頼んでも、船頭は賃金をセッハン（折半）で支払った。

●大酒飲みの船頭

「わしはねえ、酒はつまりません。一年に一合もありゃあ、十分でしょう」

という和太郎翁のような船頭は珍しかった。船頭は、だいたいが大酒飲みだった。

入屋好一さんの弟の山本吾一さん（養子で姓が変わっている）は、船が上手だったが、酒も好きであった。和太郎翁が吾一さんといっしょに船に乗ったとき、江津に着いて一杯、荷を積んで上る前に一杯、川平の酒屋や大口の渡し場にあった茶店で一杯と、四カ所で茶碗に各二、三杯ずつ酒を飲んだ。多いとき数えてみると、川戸に帰るまで一一杯飲んだことがあった。それでも、船の腕は確かだった。

和太郎翁が相方の井上房一さんと、いっしょに乗ったときのことである。

船には風のええ日でオモテで寝とると、えらい船がガクガクするんで、ひょいと見りゃあ、居眠りをして、櫂がちゅうに浮いとるんでなあ。それくらい飲みよりました。

また、船頭同士の酒の飲み比べもあった。山本吾一さん、井上房一さん、村井近市さんの三人で、渡津《わたづ》の弁当宿で飲み比べをはじめ、酔って船で帰れなくなった。しかたなく歩いて帰り、翌日船をとりにいったのだが、その日もまた飲みはじめて帰れなくなり、ようやく三日目に船に乗って帰った。酒が飲めない和太郎翁も三日間つきあわされ難儀したという。

酒と船頭の話は、尽きないのである。

船頭が酒をよく飲んだのは、川の仕事は冬など体が冷えたし、よい現金収入があり、先々で酒を飲む機会も多かった。江津の船着場には酒を飲ませる船頭宿が多かったし、渡し場にもたいてい肴はなくても酒を出す茶店があった。住郷や今田の新田の船着場にも、船頭が酒を飲める茶店があった。

川上船の中には、オカに泊まる船頭もおりましたなあ。夫婦船でない人です。男だけの場合で、はよういやあ女と遊ぶのに泊まるんですなあ。夫婦船の衆は嫁さんがおるけえ、ああゆうことはしませんしな。また、嫁さんがおりゃあ、たいがい金を使わすまい思うて締めますけえなあ。

弁当宿でも、ちいと酒がまわりやあねえ、

「芸者呼ぼうかな、芸者呼ぼうかな」

女将《おかみ》さんがいいよりました。呼びよりゃあ、ちいとでも収入がありますけえなあ。だいたいが芸者が兼ねとったんですなあ。それで、伝染病関係でやかましかったですけえなあ。臨検《りんけん》いいよりましたなあ。下から臨検が上がってきましょう、

「そらきたけえ、そら逃げえ」

いうても、二階に上がっとりゃあ逃げられませんでしょう。それで料理屋の中には、床板をはぐって入るとか、掛け軸をはぐって出られるようにしといて、綱つたって逃げたんですなあ。女一人じゃあよう下りんので、男が手伝うてやることもありましたなあ。さあねえ、あんまりよおけおったとは思いませんが、わしあ江津じゃあ遊んでおりませんけえなあ。

遊廓《ゆうかく》あたりは、けんたいですけえなあ。長崎あたりで、酒が一本ついて、肴がついてねえ、五円出して一晩泊まれました。わしゃあ、長崎しか憶えておりません。ほかのところは、いったこたありませんけえ。

そりゃあねえ、長崎あたりは海の船ばっかりで川船はおりませんけえなあ。海の方はなあ、子供が三人おっても、五人おっても、船長やなんかが二日も三日も居続けて戻らんときがあるけえ。船長がおらんけえ、やれんいうときがありよりました。川より派手ですなあ。

それから、広島県の三原《みはら》（三原市糸崎《いとざき》）ですか、あそこらに夜停泊しとりますわなあ。そうすると、果物やなんかを積んで売りよるのを表看板にして、芸者二人も三人もきよった。それを、呼んで船に上がらせて、遊びよりました。三原に御手洗《みたらい》、木ノ江《きのえ》、あのあたりが一番ががらが悪かったですなあ。

荷主さんや問屋さんから呼ばれたりして、芸者を上げて呼ばれることもあったが、わしゃあ、酒が飲めんけえ付き合いがようなかったですなあ。酔うて、

「芸者でもなんでも、呼んでこい」

いうようないい方できませんわ。

ここらでもねえ、コレの好きなひとは、酒にまぎれて泊まったりして、田舎じゃけえ評判がたちよりました。江津にいって、一〇日も一一日も帰らん人もおりましたけえなあ。

まあ、先方は酒でつるんですなあ。酒を飲ませて酔わして、いい気分になったときに芸者を呼んで・・・。

二、三円かかったですかなあ、酒代と両方じゃあありますがな。じゃあけえ、

「船を二、三杯ただ乗りするような」

といよりましたけえ。ああゆう人の話を聞きゃあ、

「あのときに金を使いすぎて正月づかいがないけえ、どこかで借してもらわにゃあ正月できん」

いいよりました。

川上船の場合は、上り下りで一〇日あまりかかり、江津で酒を飲み、気分を変えて厳しい上りに備えたのであろう。江津の港は誘惑が多く、刺激に満ちた町場だったのである。

●米俵二俵が一人前

船頭はガッチリした、体格のよい人が多かった。船頭仲間の入屋好一さんは、身長が一八〇センチ、体重が二一、二貫もあった。

「米俵二俵担がにゃあ、フナコとして一人前でない」

いよりましたからねえ。

和太郎翁は身長一五三センチ、重いとき体重が七〇キロあったが、船頭としては一番小さかった。それでも、船への積み降ろしで米俵二俵は必ず担ぎ、一〇〇キロぐらいはほんの軽いものだった。

えっ、船頭は体格のよい人ばかりがなるか、ですか？

そんなことはありませんよ。船の荷役《にやく》は二人でせにゃならん。対等に、重い荷を運ぼう思うて持って

りゃあ、自然と力がついて、体もできてくるんですなあ。

小田の入屋好一さんらは、三俵わておいよりましたからなあ。それも、道のええところならええが、石垣の目のあいたところを踏ん張って歩く。入屋さんは、八回おうても、一〇回おうても、三俵ずつばっかり。わしゃあ、汗だくだくになって、二俵わてしかおわんかった。それで、

「腰がいたいだ、体がいたいいうても、船が食いついとるだあの」

今でも人がいいまさあ。

わしゃあ、部落の運動会やら邑智郡の運動会でも、俵担ぎが専門でしてなあ。スタートしてからねえ、旅の人があのこまい男が、俵担いで走れるんだろうか、話しよるのを聞いたことがあります。それでもねえ、六人単位で走って、一位にはなったことはありませんが、二位にはさいさいなりよりました。

体が小さいけえ負けちゃあ、いう気概がありますからなあ。

船荷は重いものが多く、力がないと積み降ろしできなかった。そうした重い荷の中でも、樫木は印象に残る一つだった。

樫木は長尾の氏神や奥から切り出すこともあったが、おもに瑞穂町の市木や石見町の日貫あたりから江津に出した。当時、車の車輪や機械の台をつくる樫木専門の製材所が江津にあり、アラカシやアカガシを出した。樫木はあらかじめ運びやすい大きさに挽き割り、馬車で新田の船着場の土手まで運ばれてきた。土手から川端まで運び、船に積むのが、船頭だった。材には一つ一つに貫数が書いてあり、重いのは七〇貫あった。和太郎翁が運べるのは四〇貫までで、好一さんは七〇貫を運んだ。

●フナコの大飯食い

あらかじめ、上り荷の関係で江津に泊まることがわかっているときは、川平の駅の近くで酒樽に水を汲み、米を研いで下った。川平から下流は大潮のとき、江川に潮が上がって塩からかった。入道の瀬ですら、大潮のときには瀬が野呂になった。水だけなら江津の知り合いの弁当宿でもらえたが、当時も江津の船着場付近はゴミが捨ててあるなど汚く、米は研げなかった。

江津に泊まるのは、上り荷が多くて荷の積み降ろしに時間がかかり、帰りが遅くなるときなどである。季節的には日が短い、冬が多かった。夏は、朝明るくなって下っても、午後八時ぐらいまで日があるので帰れ、のんびりすることができた。繭のように夕方や夜に下って、夜中に江津に着くようなときも泊まった。

船には泊まれるように、ドウノマに木の箱でつくったクドを積み、羽釜をかけて飯を炊いた。炊事道具や風呂敷に包んだ布団もドウノマに積んだ。寝るのも一番広いドウノマで、三人が並んで寝られる広さがあった。冬でもチガヤで編んだ苫をフナバリまで下ろすと、風が防げて意外に暖かかった。日頃苫を使わないときは、ゴロゴロしないよう四角くまとめておいた。

弁当はねえ、七合飯ぐらい持って行きよりました。

最初は柳行李《やなぎごうり》のベントウゴリに飯をつぎよりました。それに、むすびを二つぐらいつけてねえ。終いには飯盒《はんごう》を使いよりました。

大正3年4月3日の、桜江町甘南備寺山の「立岩さん」の大法要。渡の川原にドウノマに苫屋根のオオフネが見える（写真提供：甘南備寺左右田真照氏）

それでねえ、朝食べて行きましょお。途中で川平を下って八神というところがありますがな、野呂になっておりましょお。一人でも操作ができるようになってからねえ、交代で食べるんでさあ。むすびをこさえてもろうといて、片一方じゃあ櫂をやって、片一方で食べたこともありましたわなあ。

四合入りの飯盒に飯をつめ、その上にむすびを四、五個のせた。むすびは八神の野呂あたりで食べ、上り荷を積んで上江川橋付近で昼飯に弁当を食べた。昼飯のとき足半に履きかえ、上りはじめた。弁当の残りは川戸の鉄橋まで帰ってから食べ、さらに家に帰って夕飯を食べた。一日に五回食べたが、それでも腹がすいたという。

――体が小さいから、そんなに食べなかったでしょお？

いやあ、食べよりましたなあ。あの癖があるけえ、今でもやっぱり大食ですわ。

そりゃあねえ、力士があんだけひどい競技をやるのにねえ、大飯を食べるはずだ思うてねえ。あんた、とってもじゃないが、さぶいときでもここら（胸）まで水につかって、パンツ脱いで、頭にシャツ被って、瀬のひどいところはニナイボウで担ぎよりましたけえ。

当時の農家は、朝飯（六時頃）、昼飯（一〇時項）、ハシマ（三時項）、夕飯の、一日四回麦飯を食べた。センドウの弁当は、一升の米に麦一合と少ししか混ぜなかったので、腹持ちはよかったはずだが、それでも一回多かったのである。

このあたりで一日三食になるのは、昭和一八年の災害復旧工事に皆が働くようになり、ハシマを食べなくなってからである。

弁当のおかずいうてもねえ、漬けもんがおもでねえ。大根やら、菜っ葉やらねえ。梅干しなんかもようけ使いよりました。量が少のうてねえ、おかずにようなりますけえねえ。まあ、栄養的に考えちゃあおりませんでしたね、昔は。煮豆でも煮といたら、入れていくんです。おもに、そんなもんです。

これは、奥さんのツネヨさん（明治四二年生）の話である。ツネヨさんは、家にいるときは常に和太郎翁の側に座って相談相手となり、まれにはこうして補足してくださるのである。

●川船と海船の信仰

和太郎翁は、フナダマさん以外に船頭の信仰する神様はないという。川船は船が沈むのを「船がマクレル」と、間接的な表現をするぐらいで、船上における禁忌も海の船に比べ少ないという。

船のねえ、フナバリの中にフナダマさんいうて、船の神さんが祀ってあるんです、船の守り神みたいな格好で。船のものはたいがい、フナバリの上を土足で歩いたりなんかしやあしませんでしたなあ。神さんのお守りみたいな、ほんのチョコットしたものがね、フナバリの下側に埋めたあるんです。見たことありますよ。なんちゅういいますかなあ、御札みたいなもんですなあ。

それで、わしゃあ喧嘩《けんか》したことありますわな。荷を積みよったら、日貫の人じゃったが、どどっと地下足袋で船に上がったもんじゃけえなあ。

「そこへ上がっちゃあいけん」

「なして、いけんかあ」

「神さんがおる」

「どこにおる」

というもんじゃけえ、

「どこにおるいうて、しもうたあるんじゃけえ、わかりゃあせんが、わしらが一番たいせつな船神さんじゃけえ」

「そがあなこたあ、わかりゃせん」

「わからんけえ、人の船神さんの上へ土足であがるようなこたあいけん」

いうて、口論したこと、ありまさあ。

正月には、フナバリの上に半紙を敷き、餅と神酒を供えた。

船には五日頃から出よりましたなあ。神酒を持っていって、フナダマさんに向けて神酒をかけ、そのあと神酒をいただいて出るんですなあ。漁師さんが、ちょっとテレビで見ますが、船の出航のときやなんかに、一升ビンを船に移しよりますが、あれと違いやしませんわな。

和太郎翁が、海で船に乗っていたとき、川とは違いがあった。

「月の七日に、出船をすれば、カラス鳴いても気にかかる」

といって、海の船は月の七日の船出をものすごう嫌いました。川船じゃあ、あまりいいませんでしたがなあ。

一月の一六日だったですか、オオタンヤ（大逮夜）いうて船に乗るないいよりました。

それがねえ、近原の大場栄さんと川戸の鉄橋下でちょうど行き当たって、糯米《もちごめ》を七俵か八俵か、小さいアユトリブネに積んでねえ。水の多い日だったか、転覆してねえ。私は同業者じゃあるし、流れた糯米を集めに手伝いにいきました。正月の一六日のまださぶい時期でねえ、雪こそ降っとりゃあおりませんだったがなあ。泳いで、引っ張り上げたことがありました。下に一俵転げ落ちたのを人が見つけて、あれも取りにいってねえ。それから、部落の会所を借って、手伝いにいってムシロでみんな乾したことがありまさあ。

それが一六日のねえ、船を乗るんじゃあないといわれた日でした。毎月の一六日はいいませんがねえ。家（和太郎家）は真宗で、特にいったのかもしれませんがなあ。今頃の者は、昔に比べ迷信いうか、縁起いいますか、あまりいいませんがなあ。

川も知れば知るほど、先が見えてきますけえ、こおうなりますがなあ。

海で船に乗っていたとき、飯を盛るシャモジの裏表の使い方が悪いと和太郎翁は叱《しか》られた。海の船は長期航海で、なかなか港に帰れない。海船に比べると川船は今朝いって夕方には帰り、乗る時間が短く、すぐ避難できる。だから禁忌を厳しくいわなかったのではないか、というのが和太郎翁の解釈である。

和太郎翁は川船で漁をすることもあったが、

上＝桜江町川戸の渡船場と川戸船の船着場を見下ろす金毘羅社（左端）。
下＝祠の前に立つ石燈籠には「渡シ屋富吉」とある（写真撮影：山崎禅雄氏）

同じ漁いうても、海漁はえらいですけにねえ。命懸けですけえ。川漁はときどきオオカワで事故がありますがなあ。船から落ちたり、アイカケバリが体に掛かってそれをはずししなにようはずさんこに、深みに流されていくことはありますがな。命には関係ないですけえなあ。

と、荷船だけでなく漁船についても、川と海では厳しさに違いがあったという。

危険度を一つの尺度とすると、江川は下流ほど安全で、上流になるほど急流で危険である。それで、江川沿いの金毘羅《こんぴら》さんは、上流では船頭の神として危険な場所に祀り、今も信仰の続くところがあるという。

川上船と川下船におけるモノや技術を含めた物質文化は、多様な川の生態と対応している。そして、物質文化や生態の差は、船頭の信仰といった精神世界とも密接に関わっていたのである。

第二章　和太郎翁の川の世界2・川漁

1　水と魚を読む

●川へいくのが、よいよ好きで

和太郎翁は、船頭と同じように川漁が好きである。船をあやつること、魚をとることは、ともに水の動きを読むことが基本となる。季節や天候で変化する川の水の動きを、的確に判断し、モノを選び、技をこらすことでも共通する。

ただし、船頭と川漁は基本的な違いがある。川漁は生きた魚を相手にすることである。魚は水の流れや濁り、水温の変化に敏感である。魚種によって、活動が昼に比べ夜の暗闇では鈍くなったり、棲息《せいそく》場所や餌の好みも異なる。川漁は水の細かな表情を読みながら、魚種ごとの行動に合わせ、追い、待ち、捕らえる、モノと技や知恵が必要である。

さらに、和太郎翁にとって船頭は仕事だが、川漁は楽しみの部分が大きかったのである。

2　アユとのかけひき

●さまざまな漁法

アユは川魚の中で、一番美味しく、商品価値が高い魚である。江川《ごうがわ》水系でもアユはほかの川魚に比べて漁の種類が多く、個人漁から集団漁まで幅広い活動が見られる。

和太郎翁も、川漁の中ではアユ漁が好きである。たくさんとれたときは売ることもあったが、あくまでもとることが好きなのである。自分で川魚を食べるのが好きなのではなく、食べ余りをまわりの人にあげて喜ばれるのが好きなのである。

和太郎翁がおこなったアユ漁には、ホウリュウ、カスミアミ、タテアミ、トアミ（ナゲアミ）、テサキの網漁、トモヅリ、チャグリ、チョンガケの釣漁、モジのもじ漁などがあった。

網漁には、船を使った大規模な集団漁として、ホウリュウとカスミアミがある。ホウリュウは古くなった荷船などを利用し、大きなすくい網をとりつけて上げ下げしてアユをとる。増水時に限定される漁で、現在はおこなわれていない。カスミアミは夜の漁で、網でアユを巻き込み、ガスを灯した船上から、竿で水面をパチパチ叩いてアユを網に追い立ててとる。

一人でもできる網漁に、タテアミ、トアミ、テサキ、ニゴリカキがある。

タテアミは一人でも二人でも、多人数でもでき、トアミも複数で打つことがあった。

タテアミは昼でも夜でもできた。タテアミを川に張ってから、夏は夜だとガスを灯し、昼はおもに石を投げて、下流から網にアユを追う。網を川岸から深さ二〇センチほど入ったところから川の流れに沿い、セ（瀬）に弓型に張るのは昼も夜も同じである。ただし、夜はノロ（野呂）と瀬の間に真っ直ぐ張ることも多かった。タテアミの張り方は川や水の状況、人数によって違ったのである。カスミアミやタテアミにはアユのほか、ウグイ、ナマズなども入った。雑魚は岸に投げ捨てておくと、カラスやトビの餌になった。

三次市の江川で集団でおこなう夜のタタキ漁は、張ったタテアミに灯火と水面を竹竿でたたいてアユを追い込んでとる。とれたアユを川原で網からはずしている（写真提供：広島県立歴史民俗資料館）

　アユ漁でトアミを使うのは、昼はニゴリミズのときで、あとは夜が多かった。昼に平常の流れで打つときは、浅瀬のセガタで、アユが泳ぐミズスジ（水筋）をめがけて打つが、めったにないことだった。

　アユ釣りで、広島県の人はトモヅリ、島根県の人はチャグリが多かった。ただし、和太郎翁はトモヅリがチャグリより好きだった。チャグリはトモヅリより、勝負が早いので好まれたという。トモヅリは囮鮎《おとりあゆ》をつけて泳がせ、アユの縄張りを守る習性を利用した釣りである。

チャグリは、竿の糸の先に付けた鉤《はり》でアユを引っ掛けて釣る。チャグリで難しいのは錘《おもり》の選択で、瀬の流れの速さと、深さで判断してつけ変えた。三本鉤のイカリを使ったが、今は二本鉤を使うように変わる。二本鉤はくるくる回ってアユを引っ掛けやすく、三本鉤は回らず掛かりが悪いからである。チャグリの鉤は石にあたって先がすりへるので、ヤスリを持っていて鉤先を尖らせた。チャグリと同じくアユを引っ掛けるビクリは、竿を使う人と使わない人がいたという。

チョンガケは川に潜って、竿の先につけた鉤で引っ掛けてとる。このあたりでは禁漁だった。

モジは、上流から下流に産卵に下るクダリアユを、井堰《いせき》に仕掛けてとった。クダリアユのモジには返しがなかった。八戸川《やとがわ》上流の八戸ダムの下では梁漁《やなりょう》もしていた。瀬に石を積んでカワヅクリして梁をつくり、梁の下端に仕掛けたモジにアユが入るようにしていたという。

戦前まではアユが多く、漁具を使わず手づかみでとることもあった。

和太郎翁が盛んに川漁をした戦前のアユの解禁日は漁法で違った。アイカケ・ホウリュウ・テサキは六月一日、トアミは七月一日、ヒブリは一番最後で八月一日だった。クダリアユは九月から一〇月末で、一番遅いときは一一月一四日だった。

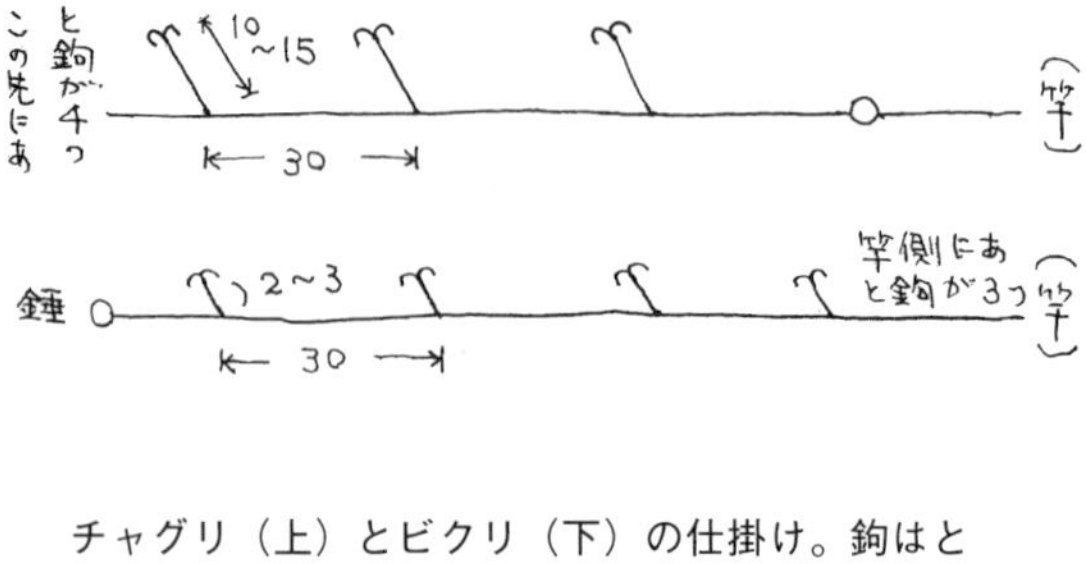

チャグリ（上）とビクリ（下）の仕掛け。鉤はともに7本で、錘と鉤の位置が反対になる

上＝今ではめずらしい木造アイトリブネには、生簀がついている（1990）
下＝桜江大橋の下につないだグラスファイバー製のアイトリブネには船外機がついていた（1992）

●冬はヌクミを探して

アユといえば夏だが、冬にもアユをとることがあった。

和太郎翁は元旦の雪の朝、長尾《ながを》の下のヌクミでアユがグルグル回っているのを見つけた。チャグリで三〇何匹とったが、寄ったアユが真っ黒に見えたという。和太郎翁にも印象深かったようで、アユ漁はこの話からはじまった。

ヌクミいうのは湧《わ》き水でねえ、冬使う言葉ですなあ。ゴウゴウ、ゴウゴウと山の谷川の水が自然と集まって、ひとところに出ることがありますけえなあ。

――ヌクミは、夏にもアユの動きと関係しますか？

あるにはありますが、夏は（漁に）そう関係ないですけえなあ。夏はだいたい水量が減りますけえなあ。

ヌクミ探すのはねえ、おもにアユが寄るんでさあ。寒《かん》の川は水が凍結しとりましょお。ヌクミは温かいけえ、そこへ寒いからアユが寄るんでさあ。冬になりゃあねえ、アイとりが好きな人はヌクミを、あちこっち探し歩くんでさあ。

わしらあ、あんまり探しませんだったが、あるところは知っとる。ここらにはヌクミは、どこにある、ここにあるいうてねえ。心安い人には、あっこに行ってみんさいいうて教えてあげよりました。

トアミをする人が、おもにヌクミを探しまさあ。あんまり深こうもありませんなあ。冬は昼でねえ、そこへトアミ入れりゃあ、一ジョウでも何百ととれるときがありまさあ。

志谷《したに》の堀井伊三郎さんがアユとりが好きで、志谷（八戸川河口）の水神さんの上の方のヌクミにいって、トアミに掛かったのをそのままはずさんこに、家のもんに見しちゃろう思うて、タケフゴに入れて持って戻ってみたら、一ジョウで二三〇匹ぐらいおったいよりました。伊三郎さんは、アユとりの名人だったけえねえ。この人とはいっしょに船に乗りよりましたけえなあ、それでよお知っとりますわなあ。

ヌクミは川と川の合流した付近が、だいたい多いですなあ。谷川がありまさあなあ、その尻の出たところが、ヌクミになりますなあ。それから、堤防の下をズーッとくぐっていって溜まって、川端でヌクミになるところがあるしねえ。ときには、入江になって溜まって、ヌクミになるところもあるしねえ。何カ所も場所が違いますけえ、一カ所であそこにあるということはありませんなあ。

オオカワ（江川）のヌクミは川の幅が広いけえねえ、あっち行き、こっち行き、船でなけりゃあ行けませんけえなあ。ヌクミが訪ねにくいです。コガワ（八戸川）はダムのできる前から、冬は水が少なかったですなあ。冬の水の少ないときにゃあ、あっち渡り、こっち渡りしてねえ、ヌクミ訪ねられますけえなあ。

●夏でも、夜はバカになる

——季節によって、アユの動きも違うでしょうね？

やっぱり、違いますなあ。夏は、水の動きも速いかわりに、アユの動きも速いですなあ。夏でも夜は、魚はバカになっとりますからなあ。夜はヒブリ（火振り）いうてねえ、

「トアミでヨウチに行く」

いいまさあ。川戸《かわど》の鉄橋を起点にねえ、上るんですなあ。夏が主で、一一月の半ばまではやったことがありますがなあ。それから先は寒うなってねえ。

ガスとぼしといたのでは間にあわんので、暇がいるもんで、竹割った松明《たいまつ》を三把も五把もこさえて、あちこち投げといて行くんです。川戸の鉄橋のとこまで二本持って行ってからねえ、一本は背中にかろう（負う）とって、一本とぼしてアユを追うて、上って歩くんでさあ。

——その松明は、どうつくるんですか？

ありゃあ、古い竹を割ってねえ。長さを割合長ごう、一間ぐらいにしとかにゃあ長持ちしませんけえなあ。五本も、七本も、一五センチ（直径）ぐらいのを持って行きますけえなあ。松明置いたところまでに、火が切れるときがありますけえ、背中に予備で負うとってねえ。

タイマツモチ（松明持ち）とアミウチの二人でやることもあるし、人数の多いときには三人で、二人アミウチが行くことがありまさあ。たいがい並んで行きますがなあ、アミウチのもんはちょっと前におりまさあな。

——どう、並ぶんですか？

二人では岸の方にタイマツモチが行きまさあ。三人だったら、タイマツモチが中におって、両方にアミウチがおりまさあ。それはところにもよりますがなあ。火（松明）はねえ、水面を振って追うんですなあ。火をかざすと、明かりのためにアユは驚いて逃げるですなあ。アユは必ず上に向いて逃げまさあ。下に下るこたあ、ありませんなあ。

夜の魚は、だいたいバカになっておりますけえなあ。アユが逃げんようにそろっと近づいて、逃げる瞬間に網を打つんです。ときによりゃあねえ、松明振るのに、石やなにかにけつまずいて、松明消すときがありまさあ。そのときには弱りまさあ。マッチなんかは、いつでも火がつけられるように用意してますがなあ。

●セで餌食みするアユ

——トアミのとき、瀬や野呂どう関係しますか？

トアミをセで打ってアユをとる（1990頃）

〈水の民具抄録・〉

和太郎翁のアユの漁具1・アユホボロ

アユホボロはマダケで編んだ魚籠をいう。ホボロは桜江町では竹籠の総称で、アユを中心に入れたのでアユホボロといった。普通は一貫も入らないが、一貫五〇〇匁（約六キロ）入る。和太郎翁のアユホボロを見て、「おおきなホボロ持ってるで」と人が笑った。アユホボロが大きいとアユは傷みにくいが、いっぱい入れると重過ぎて歩くのも大変だった。この付近でこれと同じ大型のアユホボロを使ったのは小田の木村米吉翁だけで、共にアユとり上手で知られていた。

第二次世界大戦直後に小田の竹細工職人のカネさん（本山兼太郎さん）に、三円五〇銭でつくってもらった。腰に結びつける棕櫚縄がついていたが、肌に擦れると痛いので、和太郎翁は麻紐に換えた。麻紐は水に浸かると傷みやすいので、漁から帰るとすぐに干した。

アユがはねて逃げないよう口が小さくなっている。そのアユホボロの小さな口からでもアユが逃げることがあるので、はねないよう、籠の底に硬い草の葉を入れた。ツケバリでウナギをとるときは口に紐を結びつけておき、鉤をつけたまま口の紐と結んで逃げないようにした。ニゴリカキなど予想外のときとれると、ウナギの頭を噛み殺してから入れた。

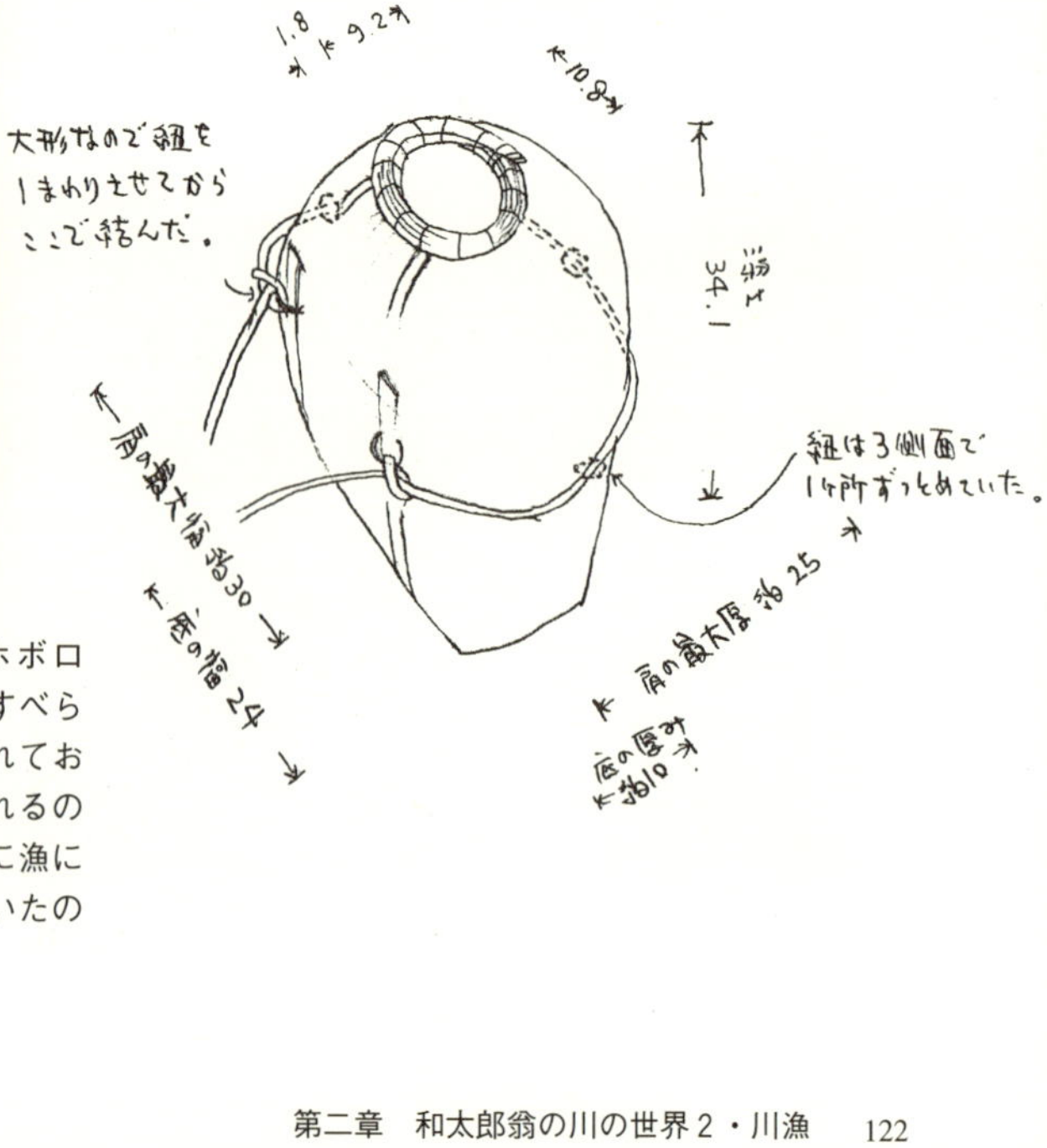

和太郎翁が長年使ったアユホボロ
なかには、アユをつかむときすべらないよう手袋の片方を常に入れておいた。ニゴリカキでアユがとれるのは水の出はじめだけで、すぐに漁に出られるよう日頃から備えていたのである。(1992)

野呂じゃあ（アユが）おりませんけえなあ。瀬が主ですが、あんまりひどい瀬ではやれませんけえなあ。

トアミを打つのは二、三〇センチ、三〇センチじゃあ深すぎますなあ、網の沈みが遅いしねえ。

やっぱり、瀬にかかっとらにゃあ、アユがとれにくいですなあ。瀬で餌食《えば》みするんですなあ。

ここらじゃあなんですなあ、鉄橋を基地にして上って、新田《しんた》の船着き場の上に井堰がありますが、その下までしか行きませんけえなあ。それから上は、野呂になってますからなあ。

オオカワは川が大きいけえ、あんた、出てもやれませんけえなあ。川が大きいけえ、ある一部しか、区域が狭ぼうしか歩けませんけえなあ。ここではつまらんけえ向こうへ渡ろうか、いうことができませんけえなあ。コガワはどっちでも移動ができます。オオカワではカスミアミいうて、コガワでもやりますが船にガスを積んどいてねえ、それが盛んでしたなあ。

ヒブリでないときには、夜でもヨウチいうて歩きまさあなあ。ヨウチもヒブリと場所は同じですなあ。ヒブリとヨウチは、打ち方も違いやあしませんがなあ。今日は水が多いけえ橋まで行かんこに、高尾《たこお》まで行っておこうやあいうこともあるし。ときによりまさあ。

――ヨウチのコツは何ですか？

ヨウチのコツいうのは別にありませんが、ヒブリのように急いで打ちませんけえなあ。たいがい、一人か二人かで打つぐらいでねえ。二人のときにはアユを取り巻くように、向こう側とこちら側で向かいあって内に打つんですなあ。それも、共同で打つか打たんかは、そのときどきによって違いますけえ。で、ヒブリもヨウチも共同ならアユは折半しますわなあ。漁はねえ、何をやっても、月夜になりゃあつまりません。ウナギのツケバリしても、月夜の晩はつまりませんなあ。クラメがええんですなあ。真っ暗は歩くのもたいへんで、疲れますがなあ。夜にアミウチやるときにゃねえ、前の日に川をずうっと見て歩きます。ジャカゴがありますわなあ。あれのメゲ（破損）の針金があったり、それから杭が流れとったり、木の枝が流れとったりして、網打ち込むと網が破れますけえなあ。その予防のために、川を見て歩いとくんですなあ。この頃は旅の人が、昼にどんどんアミウチにきよりますけえ、夏は多いですよ。上の旭町《あさひ》の方から、江津《ごうつ》の方からもくる人がおりますよ。昼でもとれるのはとれますが、夜ほどはとれませんなあ。

●水しだいで、オチアユがはようなる

オチアユになるのは、九月のはじめ頃から、まあ水しだいで、はようなるときも、遅いときもありまさあ。オチアユは、産卵に下ってくるんですなあ。だいたい、一〇月から一一月におもに下りますが、早い年には九月にだいぶ大水になりゃあ、

「おしいことだなあ、今年ははよう下るけえ」

いうてねえ。アユは海に出るいやあいいますが、海に出るまでにどのくらいで出るかわかりませんなあ。

長良《ながら》のコウヤブナツでねえ、産卵用にとりますけえなあ。あっこでとって、孵化《ふか》さしてねえ。日《ひ》ノ瀬《のせ》の瀬から瀬尻《せじり》の淵まで、禁漁区になっておりますけえなあ。

――オチアユも水しだいとは、どういう？

大水が出ましょうが、その年にはアユがはよう落ちてきますなあ。はよう年を拾ろうような感じがしますなあ。

――アユが、大水で早く流されるんですか？

そおいうことじゃあ、ありませんなあ。大水のあったような年には、はよう下るいうことでねえ。時期がくるまでの大水のときは、一応コガワをオオカワまで下って、水が引きはじめると上りはじめまさあ。これもノボリアユいいますがなあ。それをもとめてとるときもありますなあ。アユカケでかけるときでも、

「よし、だいぶ上りはじめたけえ、かけに行ってみようか」

いうてねえ。

その橋（長尾橋）のところにねえ、ええところがあるが、それは秘密だけえ教えやせんがねえ。

小田の林の酒屋の息子さんが、

「あんた、時間を計ったように来んさるが、どがあ思うて来んさるか」

いいますけえ、

「いや、そういうこたあないが」

〈水の民具抄録〉
和太郎翁のアユの漁具2・ツボサデ

大水になるとアユは目が見えなくなって行き場を失い、流れのゆるやかな川岸に避難する。ツボサデは避難したアユを上流側から、ニゴリカキですくう掬網の一種である。アユは大水の時には、木が植わる下流でノロになり、草が茂って隠れやすい場所に避難する。そうした場所は、日頃から気をつけて探しておいた。

ツボサデは柄と網を付ける輪の根元の叉木が、キリの一木だと丈夫で軽くて一番よかった。そうしたキリは探すのが大変だったので、柄は折れにくいモウソウダケ、輪の根元はコウカなどの軽い木を組み合わせた。柄は三メートルほどの長さだった。モウソウダケは火に焙ってあたためてから、水で濡らした藁で擦ってシブを抜いた。叉木は山に木をコリ（伐り）に行ったときにとり、いくつも用意していた。叉木の角度は少し鋭角のほうがよかった。輪が細長くてゆるやかな曲線だと、アユが潜む草をさらえる面が広くなるからである。

叉木の先につけて輪にするのは、多くがヒノキの小枝で、割ったクロダケもまれには使った。クロダケは虫が入りやすく、数年で使っている途中で折れることもあった。九月頃に伐ったヒノキはクロダケより丈夫で、山で枝打ちしたとき太さの揃った小枝を選んだ。ヒノキは四月頃から皮が剥げるが、九月にならないと木質が詰まらない。小枝は家に持ち帰るとすぐ皮を剥ぎ、水に浸けてシブ抜きしてから丸めて保管した。皮付きやシブ抜きしていないと虫がつきやすかった。また、皮付きのままのツボサデを使っているとモソロになり、網がひっかかって使いにくかった。

輪につける網は自分で編んだ。網目は五寸幅に下（先）が一二、四ヘラ（目）で、上は九、一〇ヘラと大きかった。網は、深すぎるとモク（流木など）などが入ってすくうとき重くなり、浅すぎるとすくったあとアユがはねて逃げやすい。ニゴリカキは重労働で、体力が衰えるとわざと網を浅くした。浅くて少しぐらいアユが逃げても、気にならないほどたくさんとれたのである。

ツボサデ

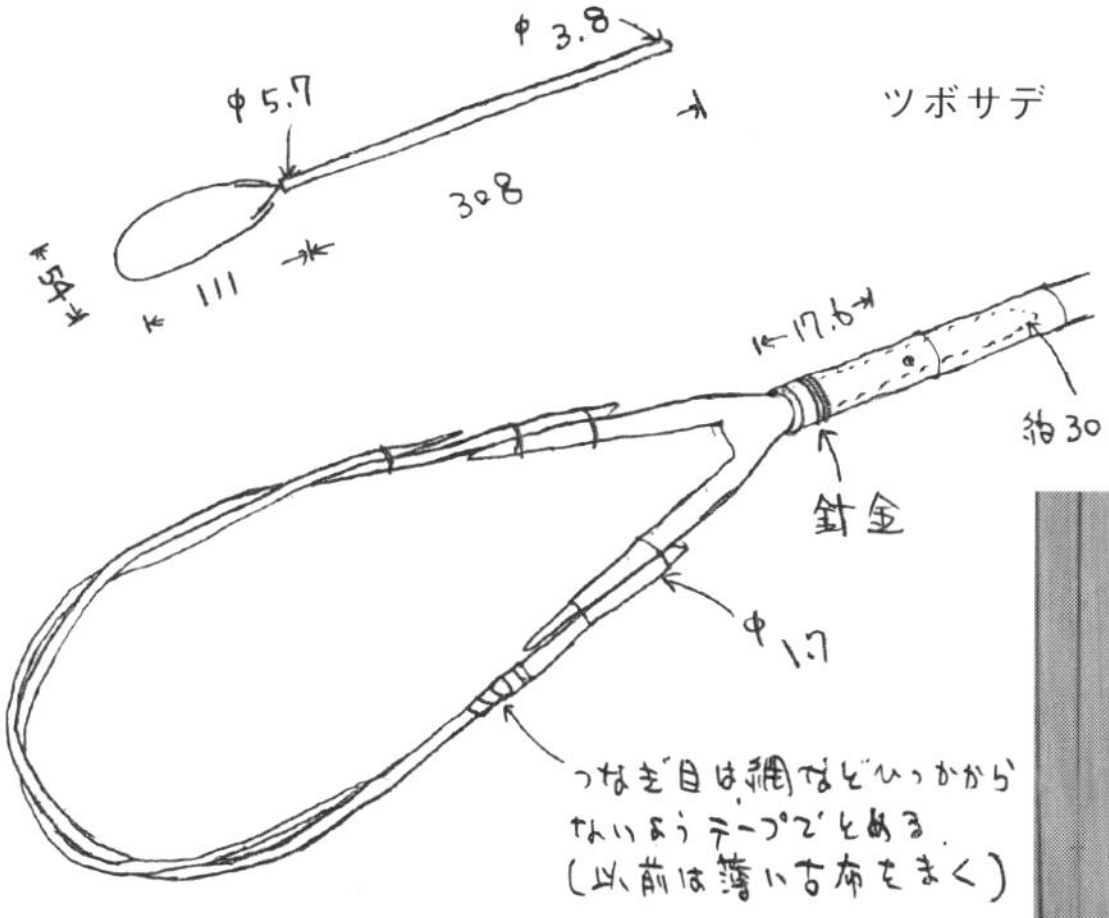

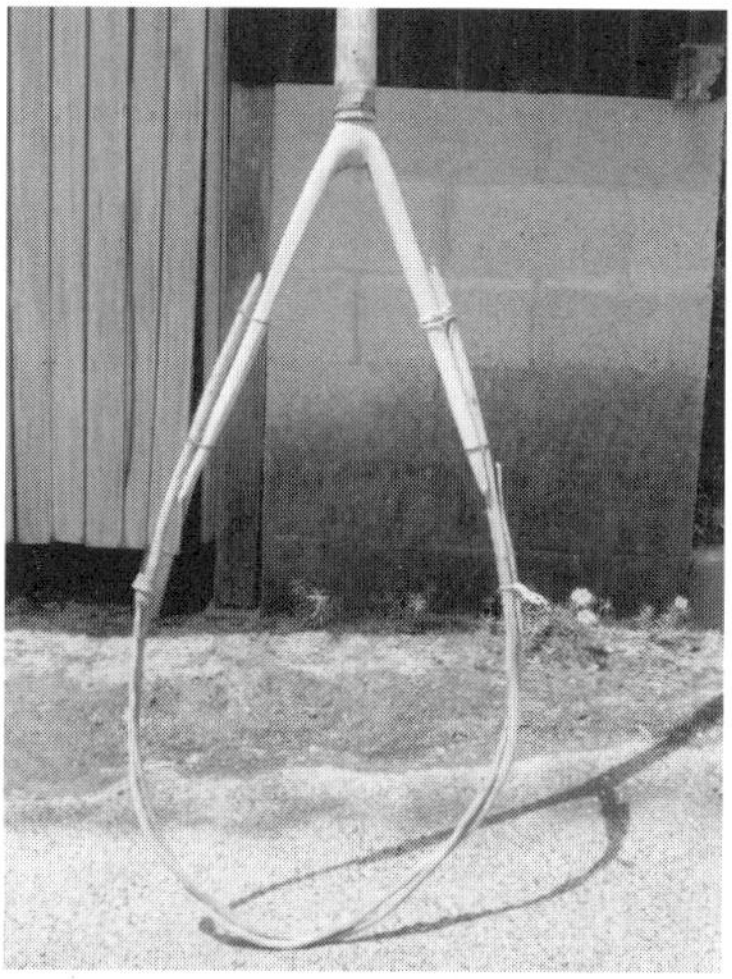

右上＝モウソウチクの柄とコウカの叉木に、ヒノキの輪をつけたツボサデ（1992）
右下＝ツボサデを持つ和太郎翁と比べても、ニゴリカキは体力がいりそうである（1992）
左上＝小屋の前に並ぶ二タイプのツボサデ（1992）

いいました。あらまし、上ってくる道筋が決まってますなあ。それから、水が引いても、水の多いときと少ないときとでは、同じノボリアユでも、魚の量が違うし、位置が違いますけえなあ。そりゃあねえ、何ちゅうても、判断がなかなか難しいような気がしますなあ。あっこは（八戸川河口の鉄橋付近）、アユの一番寄るところですなあ。オオカワの水が濁ってアユがやれんときには、コガワに向けアユが避難して入りますけえなあ。コガワの水が引いて、だいぶ野呂になって、澄みはじめた頃にはねえ。そういうときにゃねえ、川戸の鉄橋の上下はねえ、野呂になっとりますけえ、一人でアユトリブネをあやつって、テサキで三〇キロから四〇キロすくう人がおりまさあ。

——鉄橋付近のデアイは、大水のときは八戸川のアユも下り、江川のアユも江川より先に水が澄む八戸川に逃げ込むため、アユが多いんですね？

アユは、澄んだ水が好きなんですなあ。

●増水が一番の基準

増水しはじめると、アユが動きますからなあ。アユは濁りを嫌うんですなあ。増水すると、澄んだところを選んで避難するんですなあ。増水して、網も入れられんいうときにはチャグリいうて、ギシから投げてとるときがありまさあ。

チャグリは、増水のときがええのはええが、増水のときには、川に入っておれませんけえなあ。

それから、モッコがようけ糸にかかりますけえなあ、テグスでも切れるときがありまさあ。木の枝やなんか、大けなものが掛かったときにゃねえ。

それから、ツボサデいうて、ニゴリカキですなあ、あれでやる場合もありまさあ。アユが避難するけえ、堤防の下や草の間にいるのをとるのがニゴリカキです。増水の水具合のええときには、ニゴリカキが一番よけいとれよりました。アユの五キロや六キロとるのは、珍しいことありませんでしたなあ。

そのときどきの水の具合で判断して、その判断が的中したときには、よけいとれるいうことでしょう。

——ニゴリカキは、増水はじめですか?

ええ、はじめです。水が引きはじめりゃあ、コロッと入らんようになりますけえなあ。

——八戸川の上流ではアユを素手でとったと、『八戸川の流れ』に書いてましたが?

今はありませんが、むかし増水してねえ、たいがい夜が主です。冬でも、昼でもとれよりましたがな。石の下をこおう押さえていきゃあ、アユがグヨグヨおりまさあ。それを手でつかんでとったり、ときによりゃあ足の裏へ入っておるときがありまさあ。それを足で踏んどいて、手で捕まえてフゴ入れてねえ、よけいとれよりましたよっ。増水してまだ川に入れるときですなあ。「テサキドリ(手先どり)だあ」いうて人が、あがい、いいよりました。

——普通のときは、手先どりはしないんですか?

あれは、注文でねえ、夜だから手でとれたんでしょうなあ。俵孫一さんいうて商工大臣になった人が、川戸の能美酒屋さんの前の奥さんの兄さんでしたけえなあ。孫一さんが来んさったけえ、あれの御馳走にいうて、まだ解禁にもなっておらんときにねえ、

「アユ二、三〇ほどとってくれ」

いうてねえ。それから、夜しかたなく、二人で四〇ほどとりました。それがはじめてでさあっ、スミズ（平常の川）でとったのは。

——夜だから、アユが手でとれたんですねえ？

夜はアユも、そろっといきゃあ、バカになっとりますけえなあっ。瀬を火をとぼして行っても、じいっとしとりますけえ。ウナギでも何でも、浅いところにじいっとしとるけえ、ホコいいますか、ヤスいいますか、突いてとりよりました。アユはそんなにようけとりませんでした。アユはわずかだがねえ、ほかの魚が多かったけえねえ。そのときにゃあ、ほかの魚もとりよりはしました、ツケバリの餌にしたりねえ。（普段）アユとるときには、ザッコツ（雑魚）は捨てますからなあ。ウナギでも捨てますからなあ、めんどくさいけえねえ。ウナギは警戒せにゃあホボロ（竹籠）から出ましょう。入れるとすれば、歯で噛み殺さなけりゃあなりませんなあ。

——手でアユをとったのはいつ頃の話ですか？

そうですなあっ、昭和八、九年ですかなあ。アユが手でとれんようになったのは、発電所ができてからが境ですなあっ。

——八戸川上流にダムができ、発電所ができたのは、昭和三〇年頃ですか？

昭和三一年でしたかなあ。発電所ができてから、ずっととれんようになりました。とれんことはないが、ずっと、とり難くなりました。補償金は貰いましたがなあ、多少。

●増水と発電所の放水

——発電所ができて、アユ漁の方法も違ってきたでしょうねえ？

ここらじゃあ発電所の放水を計算しますけえなあ、わしらは。発電所の放水が晩には断水しますわねえ。晩の八時半、九時頃から断水する、朝八時九時頃までには放水する。

晩は水が減っとりますけえ、アユがみな水が少ないけえ淵に入っとる。放水のはじめには水が増えはじめたけえいうて、淵から瀬に上りはじめる。

「やれ、とれるぞお」

と、その瞬間にとるのがコツですかなあ。そのかわり時間は短いです。その時期を心得てないと、

魚に影響をあたえた八戸川ダム（1989）

とれませんなあ。アユカケもチャグリも、そのときはとれますなあ。そのコツが、なかなかわかりませんなあ。

この前、お話ししましたかいなあ、出雲《いずも》から夫婦で子供さん連《つ》ろうてアミウチに来てた話。ほんの素人の人がねえ、三年ほど前になりますかなあ。私が田へ堆肥運びをしよったらねえ、

「おいさん、どこぞアユのかかるところはあるまいかなあ」

「あんた、どこから来んさった」

「出雲から来ました」

「そら、ないこたあないが、水があるんじゃけえ・・・アユもかかろうけえ」

冗談いよったが、時間と場所のコツを教えました。それから、一一時過ぎになってから、雨がだいぶ降りだしてなあ。テントを張って子供さん入れて、わしをまねくもんだけえ、

「どがんしんさった」

いうたら、

「あんた、嘘はいいんさらんなあ、一〇時半頃からこれだけとれました」

いうて、一一コン（喉）ほど、ええアユをとっておりました。

「どこで、あれがわかるねえ」

「年がら年中ここを後先しよるし、好きでなけにゃあ時間的に、アユの動きやなんかわかりゃあせんだけえ」

いうたら、

「そおでございますわなあ」

いうて、ビールやなんか出したりして、喜んでおりました。

――私が本に書いたら、みんなにコツが解ってしまいますねえ？

そりゃあねえ、ところによって私がこういう話をしても、長良川やら四万十川に行っちゃあ漁のしかたが違いまさあ。一様にはいえませんわ、この川での、私の経験をお話するだけのもんでねえ。

●夏と秋で違う水のニゴリ

――通常の澄んだときの水の呼び方を聞いてなかったのですが？

水が澄んだ川のいい方ですか。スミズいうぐらいで、たいそう（特別）には・・・。

きのうあたりはなんですなあ、水が割合澄みませんだったなあ。夕べかたのぞいてみたが、奥からジュワジュワ降った水が流れてねえ。雨足の早いときには出もするが、澄むのも早いがねえ、割合澄まんなあ、と思いました。

――夏と秋とでは、水の澄み方は違いますか？

違いますなあ。夏の水は、ズーッと出るかわりに、引くのも早いですなあ。秋の水は澄むのも澄むが、時間がかかりますなあ。出も遅いが、引きも遅いですなあ。奥の降雨量によっても多少違いましょうが。

――秋のニゴリミズは、（魚が）とれる時間が長いということですね？

そういうことになりますなあ。

●大水とホウリュウ

それから、ホウリュウいうのがありますわなあ、船を使こうてねえ。ホウリュウいうのは、大水の後が多いですなあ。ホウリュウは濁りを利用せにゃあとれませんなあ。ニゴリミズでは、アユが目が見えんのですなあ、動くのは動いても。

荷船に大けな角材を二カ所で固定して、横木を渡して、ホウリュウのハッサキいうて、網の先の幅がねえ二五尺ぐらい、縦は一五尺ぐらいしかない、モウソウの長いのを組んでねえ。（形は）テサキといっしょでさあ。

わしが一人、船をおもにあやつってやるが、船乗るもんがなかなかおりませんけえなあ。ホウリュウはねえ網が重たいけえ、船の操作も難しいんですわな。相手は素人だし、船を横しにしたり、網を破ったりねえ。クラメも多いしねえ。船を固定するまで、暗闇で山を見て川を見て、操作するんですけえなあ、船を横しにしてねえ。向こう（岸から）からロープで引っ張って、こちらは（川の中に）杭打っといて片一方固定してねえ。水が増えて、危険になったときにはトモの杭の綱を外して、岸に寄せて避難するんですなあ。

網は二人では上がりませんから、三人ぐらいで上げるんですなあ。水しだいでねえ、どこそこでホウリュウができるという判断がつかにゃあやれん。水のええ場所を選んでいくんですなあ。

――ホウリュウも、水加減ですか？

ええ、水加減です。大水が一応おさまったときでなけりゃあ、網が大きいですけえなあ。とれるときにはねえ、よけいとれますよ。小田あたりでとったときに、一晩に二五、六貫とりましたなあ。

まあ、ホウリュウは井堰の上が主ですがなあ。小田では井堰の上でとったんですなあ、今は井堰の跡がわかりませんがなあ。あっこでは小田の衆もとったし、ホウリュウが三杯《はい》ぐらいおったですなあ。それから、今田《いまだ》の鮎見橋《あゆみばし》のところにもホウリュウ場所をわしは持っとりました。それで、船が二杯ありました。

井堰があってねえ、水が多いがアユがよう落ちんこに、キリキリ、キリキリまわるんでさあ、井堰を恐れて。それを、ためてとる。

水加減は、水の増水と減水とで、杭を立てたりして水際に印をしときまさあ。はあ、あれから何寸引いとる、何寸増えとる、はあ、（アユがとれる）水が決まっとるけえ、目分量ばっかりじゃあわかりませんわ。

――ホウリュウは井堰の上だけですか？

コガワのエゴ淵では、サカウズ（逆渦）でやりましたなあ、ギリギリまうところで。それにあん

〈水の民具抄録〉

和太郎翁のアユの漁具3・テサキ・ウナワアミ・ホウリュウ

いずれも、竹を交差させた先に三角形の網をとりつけ、アユなどをすくう網である。

テサキが一番小さく、ホウリュウが一番大きく、ウナワアミは中間の大きさだった。網の先端をハッサキといい、テサキは狭く、ウナワとホウリュウは同じ角度で広かった。

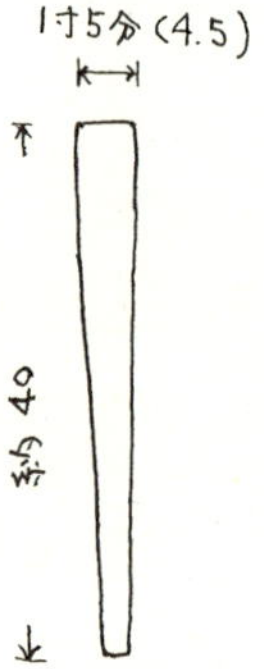

ウナワ

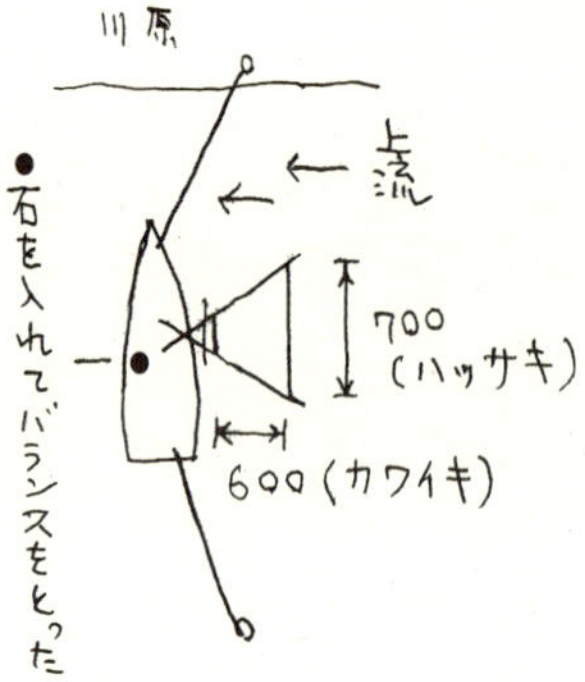

ホウリュウ

ウナワアミは、水につけると黒くなってナマズに似るノブの樹皮を撥状に切り、たくさんつけた縄で上流から下流で待つウナワアミに追い込んでとる。追い込むことを、ウナワビキといった。ウナワは鵜縄をあてるが、八戸川ではナマズと考えられていた。ウナワアミは大正一二、三年頃に禁漁になってしなくなった。

ホウリュウは、市山・小田・長尾に各二杯、江尾に一杯あったが、長尾では船がなくなり戦後はやめる。八～一〇分おきに網をあげ、タモですくってホボロに入れて生かしておいた。アユをおもに、カニやウナギもとった。アユが入らないとカニが入り、ウナギが入るときはアユも入ったという。

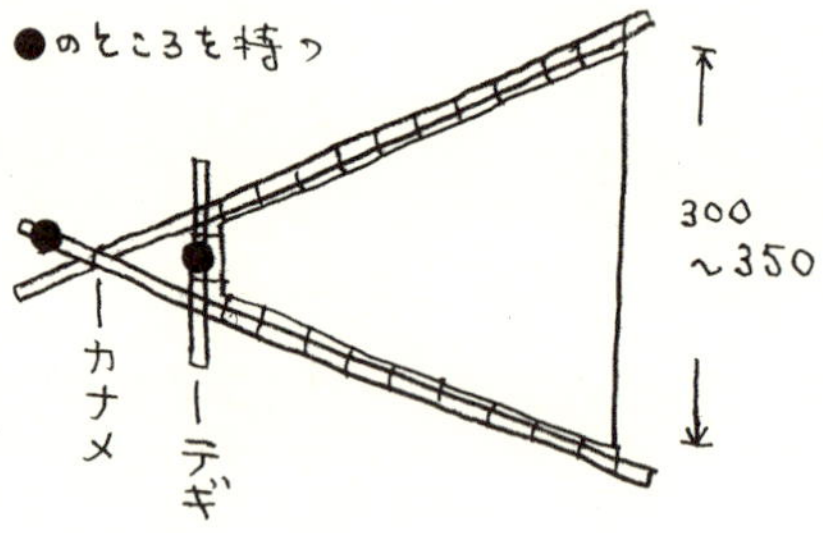

テサキ

た水が多いけえ、網がなかなかあがりませんわ。三人ぐらいかかっても、ジワーッとしかあがりません。アユがなんぼ網に入った手ごたえがあっても、網の小口から出るのがありまさあ。あっちゃあ、命がけですからなあ。

●マドロとアサバシリ

昼でもやりますが、夜が主ですなあ、網でとる漁はねえ。日の暮れる瞬間がええですなあ、マドロいうてねえ。それから、アサバシリいうてねえ、そろそろ夜の明けはじめる頃からとれはじめることがありますけえなあ。ここらでも、アサバシリとか、マドロのときにテサキでとりに行きますなあ、ニゴリミズがおさまってからねえ。だいたい、マドロが一番とれがいいですなあ。

——どうしてですかねえ?

へえ、それは、説明できませんなあ。

出るさかりにとっちゃああぶのうて、網が重とうなりますからなあ。水がまだ多すぎてもとれるのはとれるが、そのときは水の中に網が入れられんいうときがありますがなあ。一番とれるときを仕方なしにのばさにゃあならんときもありますが、それで一番よくとれるのが、アサバシリとかマドロがよくとれる。だいぶ引いてからでも、朝一ぺんとれますなあ。その日一日ぐらいだいぶ澄みはじめても夕方ねえ、マドロにとれるときがありますなあ。日盛りにはとれません。そりゃああんたなあ、一ぺんに一五も一七も大けなのがコロッ、コロッ、広い(ホウリュウ)網の中を転んできますからなあ。そすっと、四、五尺の柄のついたタマですくうて入れる。ボートの半分ぐらいのねえ、アユ入れる生簀《いけす》をこさえとってねえ、生かしといてねえ。生かしとかにゃあ、死んでからは売れが悪いですけえなあ。

生簀は、船よりゃあ別に引っ張って歩くんです。それで、よけいとれたときにゃねえ、小田あたりで一晩で二四、五貫もとれたときにゃ、船の操作が難しいんでさあ。その人のつくり方によりますがなあ、自分でみなつくりますけえなあ。私ら船二杯ありましたから、大きめの生簀でしたなあ。幅が二尺五寸で、長さが六尺から七尺ぐらいありよりました。そりゃあ何年に一回かつくり直しますが、今年はアユが大きかったのお、小さかったのおと、そのときの判断でつくりますがなあ。大けなのは、ゆったりとして、アユの生きがええですわなあ。

●ホウリュウはよい日当

広島へ電話すりゃあ、すぐ車でとりに来よりました。目方じゃあ売りませんけえなあ、あの頃には生きたアユを一匹いくらで売るんですなあ。

――生アユを運ぶため、特別な工夫はしませんでしたか?

トラックに箱をこしらえて、シートを張って水を入れて、アユが生きとるように仕掛けしとりました。チョビ、チョビしよりゃあ、酸素を入れんでも、もてる塩梅《あんばい》でした。多少は、そりゃあ、死にますでな、とる間にもなにかしてねえ。

死んだアユは、浜田や江津の市場にかけるんですなあ。一割も二割も死ぬるときがありますけえなあ。自分らは共同で分けて、持って帰りよりました。

「あんだけアユをとっても、家に一つも持ってもどらんけえ、つまりゃあせん」

いうて家のもなあねえ、不足いよりましたけえ。死んだアユは売るこたあめったにありませんでしたなあ。

——広島へはいつ頃で、どこに売ったのですか？

広島のところははっきり覚えておりませんが、平和公園のこっちに市場がありますがなあ。あっこからじゃないかと、思いますがなあ。その前からも（売るため）とっちゃあおりましたが、広島へは昭和一二、三年頃からで、一九年にも一ぺんありましたなあ。

ええ値ですよ、アユが一番ええですけえなあ。あのころねえ、一匹が五〇銭から四〇銭ぐらいのときもあるしねえ。生きたアユでもいたみ具合によって、多少さげられますけえねえ。ええ日当になりよりましたよ。

それがねえ、日当になるよりなにより、趣味でおもしろいけえやりよりました。ほじゃけえ高津《たかつ》川《がわ》（河口益田《ますだ》市）に鉄道工事のブロッコ積みにいったときでも、雨が降って水が出そうなら、あっちをほったらかしといて、ホウリュウに帰りよりました。昭和一七年の七月ですおもに。それがねえ、工事のものがグツグツいうんだがね、船がおらんけえ仕事ができんいうてねえ。

ホウリュウはねえ一番量はとれますが、めったにとれませんけえ。水が出たときしかねえ。

アユとりも、職業にとろう思うような感情じゃあ、とったことたありませんけえ。食べ余りがあまりにももったいないけえ、近所に土産であげたりでねえ。職業に似たようにとるのは、ホウリユウのときだけでしたなあっ。

●死人は、よほどアユがよりますなあ

テサキも、大水の後がいいですがなあ。テサキで一番とったのは、昭和一八年頃でしたかいなあ、小田の井堰の中でねえ。わしと川戸にタビラという酒屋がありますが、あっこの小父さんが川が好きでねえ。二人でとってたら、なんとアユが入るの入らんのいうてから。テボ（アユホボロ）が一杯になって、川原に出て穴掘って生けて、三度笠被せて石おいてねえ。三度笠ご存じでしょう、竹皮を被せた。

晩の九時頃入って、朝までとうとうとって、夜明け前になって、夜が空けはじめたら前にホウリユウ杭が打ってあったでさあ。そこで、横しになってガサガサいうて、おかしいなあ何があるだろうか思うて夜が明けて見たら、死人が引っかかっとって、

「はあっ、これは死人がおったけえ、こがによけいアユがとれたわい」

思うてねえ。

石見町《いわみ》の日貫《ひぬい》から大水のときに、炭屋というところの橋に流木が掛かるでねえ。それを消防団の衆がはずしに下りて、滑りこんで、それから流れて死によったげな。

――そのアユはどうしたんですか？

「こりゃあ、このアユは気持ちが悪いけえ」

いうて、川戸に売りに行きましたわい。なんぼありましたかいなあ、八貫から上ありましたわい
なあ。ホボロに入れられんけえ、ズボンを脱いで、ズボンの中に入れて戻りましたけえ。死人はよほど、アユが寄りますなあ。

川本の人が話よりましたが、毎晩毎晩アユをトアミでとりにいくけえ、おかしいなあ、なしてだろうか隠れて見に行ったらねえ、綱つけてポーンと投げてた。白うなるほどトアミに入ってくるでねえ、何投げただろうか思うて、

「よお、とれるのお、とりよるのお」

いうたら、

「ちいとは、とれるわの」

「お前は、今何か投げたように見たが」

うんー、といわんこにしよったが、

「内緒じゃけえ、こらえてくれよ」

広島県高田郡高宮町の大雨後の江川で、船上からテサキですくう（写真提供：広島県立歴史民俗資料館）

死人の足首を切ってねえ、それをつないで投げといてとりよったんですなあ。

「はあ、それでとりよったんか、お前はこなんことして毎晩とりよんか」

「こらえてつかあさい、いうことすなよ」

いうてねえ、ことわりいうたいうとりました。これは実話でさあ。

死人があっちこっち川を流れとって、引っ掛かっとってもねえ、エビやらカニが、耳やら目玉やら、一番先食っとりますけえなあ。江川は水害が多いですからなあ、死人が流れることも多いですなあ。川で死人を見るのはあんまり、気持ちのええもんではないですなあ。

●水害あげくにアユひろう

――水害の後にアユがよくとれた、と本にありますが？

水害あげくに、とれたことがありますなあ。世古屋淵《よこやぶち》の上の竹藪の沖が、だいぶ浅そうなっております。わしが、朝起きてのぞいて見たらねえ、カラスとトビが喧嘩《けんか》しよりますだあ。

「はあ、これはアユがおるわい」

と、思うて行ってみたら、水深は浅そうなっているのに、ほんの畳六枚敷きか八枚敷きぐらいのところにねえ、グヨグヨしとりまさあアユが。これはこれはと思うて、道具とりに行って、一人じゃあやれんけえ、

「おまえもはよこい」

いうて、ばあさん連ろうて、網やらバケツやら持っていってねえ。なんと、おるのおらんのいうてあんた、あんとき三二、三キロとりましたかなあ。ウナギやらナマズもおりましたが、アユだけとって帰りましたがなあ。

水が出れば、野呂のあちこちにタンボ（水溜り）ができますからなあ。タンボに入っとったのが、出れんようになったんですなあ。大水の後はねえ、タンボになって陸になったようなところをのぞいて見るんでさあ。カラスとトンビがいるようなところは、たいてい残っておりまさあ。アユに限らず、ハエでもナマズでもなんでも溜まっておりますけえなあ。

それで、家の前に戻って移しよったら、吉岡建設の仕事師の衆が、大工さんや左官さんが、

「どないしてとった」

「ひろうてとった」

「ひろうたいうても・・・」

いよりました。それが、六月の一四日でしたかなあ。そじゃけえ、アユが長持ちしませんけえなあ、こまいよなのは、家でよう食べやせんけえいうて、近所に丼で配ってあげてねえ。それから、川戸の大番食堂へ持っていきました。

——水害はアユが拾える、好機でもあったのですねえ。

●一番好きなのはアイカケ

――和太郎さんが好きな、アユ漁は何ですか？

一番たくさんとったのはホウリュウですが、一番好きなのはアイカケですなあ。アイカケは楽しみです。

――アイカケは、どんな川の状態がいいんでしょうか？

アイカケのときも増水しはじめるときと、それから増水のあとヒキミズ（引き水）になって、江川口に下って、上るときがノボリアユいうていいですなあ。これもやっぱり、さっき話しましたマドロがええですなあ。

うちのアニ（長男）が一年生そこそこだったと思いますが、アイカケの解禁の日に、一二時になっても、一時になっても、アユがかかるもんじゃけえ帰られんのです。長尾のサクバシの下におったが、

「弁当持ってこいや」

いうて、うちの女房が弁当持ってきました。

「わしが弁当食べる間、竿もっとけえ」

いうて、アニにオオアユ（囮鮎）つないだまんま持たせとったら、

「重とうなった、重とうなった」

いうたら、かかっとるんだけえねえ。あんときは、午前中に七四、五とりましたろうかなあ。あ

あいうことがありましたなあ。

そのときはあんまりもったいないし、食べるのは明日また出さえすりゃあとれるいうて、五円三〇銭か五〇銭かで売りました。あれがねえ、昭和一二、三年頃ですなあ、ええ金になりました。

――解禁日が待ちどおしかったでしょうねえ？

ええ、ときによりゃねえ、わしら悪いこっちゃが、解禁日の前の夕方チャグって、オオアユをとっておくんでさあ。解禁日の前が、一番ようとれますわなあ。

●川で変わるアイカケ

これから上に、八戸へ上って行くにしたごうて川も狭ぼうもなるが、石が荒ろう、岩になりますけえなあっ。あの岩の下の方にようおりますよ。あっこらに、アイカケにめったに行ったこたあありませんが、行ってもテグスの大けなのを持って行かにゃあ、瀬

川に入って、瀬でのアイカケ（1985頃）

がひどいし、掛かったときにようあげませんけえなあ。

——今でも、八戸川上流の都川《つがわ》の方まで行くと、いいアユがいるそうですねえ？

小田の松村さんいうて、その人も好きだが、

「わしゃあ、ここじゃあとれんけえ、都川に行った。あっこじゃあ、ええアユとったでな」いうて、つい二、三日前話しよりました。ええアユとろう思やあ、あれから川上に行かにゃあねえ、旭町の都川方へ。そのかわり、川の石が荒いけえねえ、ぞうさがいたしい、難しいです。わしらあこの頃は、行こうと思いませんがねえ。

アユかけてもここらじゃあ、五間か一〇間、ジワーッと流してねえ、自然とヨドへ入れてからじゃないとれませんけどなあ。あっこらじゃあ、岩が荒いし、水がひどいけえねえ、よう歩きませんけえ。じゃけえ、かかってから、いっぺんアユが水面に浮きますけえなあ、そのとき、ピーンとはね上げてねえ、ハネゴシじゃあいうて手元に寄せてとりよりました。

和太郎さんのように、そろっとあげるのは何というんですか？

いい方、知りませんなあ。だいたい、この辺ではそうやってとってまさあ。ここらは、スジ（テグス）が細いですけえなあ。ソローッと流して、ここでアユ掛かりゃあ、どこへ持って行ってとる、上げるいうのを、チャーンとはあっ、瀬に入るときから、検討しとりますけえなあ。

——ここでは、ハネゴシはしないわけですね？

ときによってはねえ、ギシでヤナギの間におったり、藪のへりにおったときには、歩けますまい。

水面浮かしてから、ピィーンとハネゴシじゃいうて、手元に向いてはねてとりよりました。大江《おおえ》の方の人が来て、わしといっしょに世古屋淵で釣っとったことがありますがなあ、

「あんた、あらましなことをやりんさるなあ」

「藪ん中におるけえ動かれやせんけえ、こがなことをせにゃあ」

いうたら、

「アユが死のうがなあ」

「死んでもええがあ、まだタネ（囮鮎）がおりさえすりゃあ、せわあないわ」

「ああ、そのこともあるが、あがなことしてとりんさるか」

いうて、笑いよりました。

——ハネゴシは囮鮎が確かに、傷みそうですね？

ええ、いっぺん上げただけタネは傷みますよ。かわりがありますけえ、傷んでアユがよう動かんと思うたときにはタネをかえますがなあ、二、三本掛かりゃあかえ、掛かりゃあかえしますすなあ。それからときによれば、前に人がおって邪魔になっているときも、道具が切れてもええわ、仕方ないと、ハネゴシでとるときもありますよ。

秋のセッキアユいいますかなあ、オチアユとるときに船やなんかに乗って、みんなはね上げますからなあ。水面に浮いた拍子に、はねて船の中に入れます。船の中に入らん場合には、自分の船の前へ下ろして、糸をつかまえてよせて生簀の中に入れる。アユ釣りもだいぶ、上手下手ありま

すけえなあっ。

――和太郎さんは、小さい頃から上手だったんでしょうねえ?

いや、わしら上手じゃああありません。ほんの趣味でとるようなもんで。今さっき話しましたが、とったんじゃない拾うたときとか、ホウリュウのときしか、金にしたたああありませんけえ。たいてい、時期がようなりゃあ、(干しアユに)かこうときまさあ。商売で、これで売らにゃあならんということありません。

●アユトリ専門で生活

ここらでも、商売でアユトリ専門で生活するもんが、おりよりましたからなあ。市山《いちやま》に一人おりました。川戸には職業にするもんがだんだんおりましたからなあ。日頃は農業なんかをしながらねえ、副業ですなあ。網でやる人もおりますが、アイカケでとる人が多かったですなあ。

――網よりアイカケのアユが、高く売れるんですね?

ええ、よかったですなあ。一コンとっても、二コンとっても、その人らあみな川戸に持って行きよりましたなあ、漁業会でも、それから料理屋へでも。一コンでもとったら現金で、よけいとりゃあよけいとったで、一日に昼までとったのを持っていく。昼からとったのは、夕方また川戸に持っていく。現金で収入がありましょう。

川戸から、夕方でも昼前でも買いに来よりましたけえねえ。時期によって、一日に二回ぐらい来よりましたけえ。川戸の何とかいいよりましたなあ、森田いうて精米所しよりましたかなあ。それから、もう一人海軍戻りの、あの人名前忘れましたがな。一コン、なんぼで買いよりました。漁業会に売る、つまり仲買ですなあ。漁業会の理事かなんかやっとりましたなあ。

●子供や若者の小遣い稼ぎ

アユは、だいたいとる時期と、とる方法で、禁止になっとる方法があるし、許可になっとるのがあるしで、県によっても違いますけえなあ。広島県と島根県でも違いますしなあ。

福岡県におったとき、ここらとは規則があまかった感じがしましたなあ。チョンガケいうのが、ここらじゃあ禁止しとりますけえなあ。潜って入って、一メートル五〇ぐらいの竿の先に鉤つけてねえ、引っ掛けるんですなあ。ここらじゃあ、昔から禁止になっとりますけえなあ。禁止になっとりますがな、闇《やみ》でとりまさあ。ヤミトリしてねえ、あれで若いもなあようとりますけえなあ。

――水に潜ってとるんですよねえ？

ええ、潜ってスイガン（水中眼鏡）かけて。ほれから、

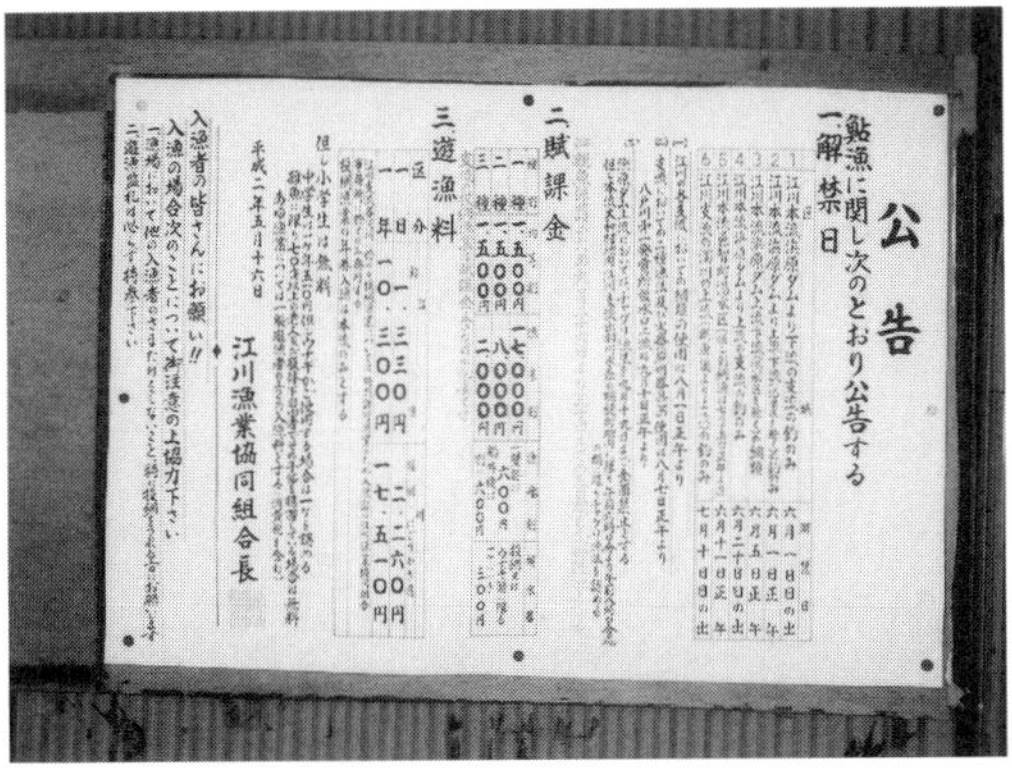

江川漁業協同組合のアユ漁の公告（1990）

ときによりゃあ、ハコメガネいうのがありますがなあ、あれで潜らんこに、引っ掛けるのもありますしねえ。福岡県ではたいがい潜らんこに、とりよりましたなあ。

――チョンガケはそんなに、よくとれるんですか？

ようとれますよ。学校の生徒でもあんた、六年、中学になればどんどんとれますけえなあ。あれらあ間でとっても、かまやせん。かまわんいうことはないが、あんまりあげられたいうことは聞きませんが。

――子供や若者が小遣い稼ぎにしてたんですねえ？

ええ、チョンガケでとって、ここらじゃあ川戸に持っていきゃあ、なんぼでも売れますけえなあ。大番（食堂）でも、美川（旅館）らでも。ここらじゃあ、たいがい大番に持って行きよりましたなあ。

●干しアユ

アユは一番美味い魚で、みんなが食べる川魚である。六、七月頃は、香りがよいので塩焼で、八月から九月になると脂がのって味がよくなるので、焙《あぶ》ってはまた味噌をつける田楽にして食べると一番美味しかった。田楽味噌には少し砂糖を入れ、すってねばくしてからへらでつけた。ときどきで、アユの香りや味も、食べ方も違ったのである。そして、食べきれないアユは干しアユにして保存した。

うちのおじいさんが、アユが好きでねえ。海の魚やなんかあんまり食べんこに、アユなら食べよりましたけえ、とっといて、食べさせよりました。

干すいいますがなあ、保存用には盆を過ぎてからですなあ。盆を過ぎなけりゃあ、毎日火をあてても虫がいって長持ちしませんだった。火を入れると味が変わってきますけなあ。

アユは焙っても色が違いますけえなあ。七月頃のアユは焙っても、白い色をしとりますがなあ。八月過ぎてからのアユなら、赤身がさして脂がのっておりますから、ちょうどようなります。

——どうやってアユを焙るんですか?

アユを串に刺してねえ。竹串こさえといて刺して、七輪で緩やかに、焦げんように炭火でねえ。ほじゃけえ、よけいとってかこうとこ思いますが、二日も三日もアユを焙って、家のもんが、

「はあ、アユとりしんさるなや、面倒なけえ」

いうてねえ。

それから二度目で、アユをいちおう焙っておいといても脂がまわって、こんどはしっとりしますけえなあ、湿気がきて。そのとき焙りゃあ、また乾燥しますけえ。焙りの時期が悪いと、アユが腐り

アユは炭火で焙って干しアユにする
(写真提供：広島県立歴史民俗資料館)

ますなあ。ヒアテは二回も三回もするんです。よそへ送るときやなんかは、よう焙ってカラカラにするんです。

――ヒアテしたアユは、どこにしまうんですか？

天井裏の、風当たりのええところえねえ。あれやら、竈《かまど》の上の方やら。竈の上やなんかは煤《すす》でくすぼりますけえ、アユが煙で色が変わりますけえなあ。天気のよい日やなんかは、外に干しとりましたなあ。外で干しておくと、カラスやなんかが来てねえ、網をかけとかにゃあやれません。一年も二年も持ちますが、一年も過ぎればアユが固うなって、アユの香りいうものがなくなりますけえなあ。

干し上げてから、一〇本ずつ藁で編んで、ときどき外に吊り下げて干す。干しアユはおもに煮たり、吸物やソバの出汁に使うとあっさりとしてうまく、すき焼きに入れても美味しかった。

●田舎にもこんな美味いもんが

大阪のアネ（長女）が京都の病院に勤めておりましたがな。干しアユ一連とワサビを先生にお土産に持たせたらねえ。干しアユをチリチリと焙ってね、煮る前に焙りますけえなあ。それからすき焼きに入れたら、一人で一〇コンきれいに食べて、ビール一一本ほど飲んで、「干しアユの話は聞いてたが、田舎にもこんな美味いもんがあるんか」いうてね、娘が笑うておりました。東兵輔いうて、三二歳ぐらいだったですか。頭もなにも、みな食べてしまいますけえなあ。

小田の木村米吉さんも、アユとりが上手でもあるし、好きでもあったがねえ。よけいかこうとりました。わしら、土産やなんかのときにアユがないときに、あっこへ行ってねえ、わけてもろうたりねえ。

「アユわけちゃんさい」

「そりゃあ、あげるで」

「オヤジ（義父）さん、おらんでもええかい」

「ありゃあ、おらんでもええわの、あげらあの」

いうて、安うもらいました。米吉さんは、ウナギ釣りが上手、アユとりが上手でねえ。アユとりも網を使わんこにカケばっかり。おおけな、トタンでつくったアユを生かす箱がありますがなあ、上に網を張ったねえ。それもって、おもに七日淵に行きよりました。水の出たときノボリアユをとりに行くいうてね。わしも二回ぐらい、あれといっしょに行ったことがありますがなあ。

――盆などの、使いものにはしなかったですか？

使いもんに使いますよ、盆には。盆が近こうなりゃあ、ボンアユだいうて、かこうといたりねえ。それから祭りになりゃあマツリアユだいうて、前からとって、この分はマツリアユにするけえいうて、家にかこうといてねえ。祭りのお客さん用に使こうたりねえ。

アユといやあ、ここらじゃあ高級品ですなあ、魚としては。海の魚よりゃあ喜ぶ人が多かったですなあ。

——ウルカは食べないんですか？

ウルカなんかは、だいぶとりよりました。よけいとってねえ、かこうとってよそにあげたり、土産にしたりねえ。この頃でも、漁業会で売っとりますけえなあ。江津の駅の売店でもありましょう。

コウルカいうのがありますがなあ。アユの小さなのを切って塩をまぶしてねえ。それから、アユの内臓だけを漬けるのをウルカいよりましたなあ。ようもてる（好まれる）のは、盆過ぎてからのウルカでしょうなあ。

●川で違うアユの味

和太郎翁は姿を見ただけで、どこのアユかわかった。アユは江川と八戸川で形も味も異なり、八戸川でも上流の都川《つがわ》と下流の今田あたりでは違った。

江川は流れが強く、アユもほっそりして大きい。八戸川のアユは頭に丸味があり、上流の都川のアユは幅が大きく、下流部は小型である。流れの速いところに棲息するアユほど肉がしまり、大きい石がある川ほど石の間で活動するため肉がしまって美味いという。その基準にあてはめるとアユは、八戸川の都川が一番美味く、次がその下流で、最後が江川の順になる。

ただし、八戸川は発電所ができてから、アユがドベ臭くなって味が落ちた。また、川の水が少ないと石にコケがつきすぎ、アオモになって川がよごれる。さらに、水が少ないと石にドベがつき、清潔な川を好むアユは八戸川によらなくなった。

「アユやなんか全然つまりません」

と和太郎翁がいうように、発電所建設後の変化はあまりにも大きかったのである。そして、アユは、江川水系の人々に愛されたゆえに、川の変化の象徴として語られるのである。

3　ウナギで一夏暮らす

●今年はウナギとりをするけえ

このあたりで、アユ以外で売って金になる川魚はウナギで、そのほかの魚はほとんど金にならなかった。ウナギを一夏《ひとなつ》とって、暮らしたことがありまさあ。ええと、私が三〇（歳）そこその昭和七、八年の頃でしたかなあ。六月から八月のはじめ頃ですなあ。

わしはアユとりもだが、ウナギとりが好きでねえ。ツケバリして、その間にもウナギカゴを三八本ぐらいつけてとりました。ここらでは延縄《はえなわ》のことを、ツケバリといいますがな、両方でウナギを一夏に一二三キロとりましたなあ。

みんな衆は、暑いのに土方に行っとった。

「わしは、今年はウナギとりをするけえ」

いうたら、みんな笑いよりましたが、わしの方がだいぶ収入がようありました。江津の料理屋と契約しといてね、持って行きよりました。

とったウナギは水通しの穴をあけた大きな箱に入れ、人が来ないところにかこっておいた。先輩から大豆を入れておくとウナギが痩《や》せないと聞いたので、箱に生の大豆を入れた。大豆を入れるとウナギは死なないだけでなく、とれたときと重さも変わっていなかった。

ウナギは売るとき、大きさで三通りに分けた。一番値が高いのは、五〇匁前後（一匁は三・七五グラム）のウナギだった。それより小さいウナギは二割、大きいウナギは三割ほど値段が安かった。

料理屋には、小さいウナギは串刺しにして、一本売りで売りやすい。大きなウナギは大人数の宴会などでは切って出せるが、大きすぎて見栄えが悪く、大味だといわれた。大きいウナギになると、一五〇匁から二〇〇匁ぐらいまでのがいた。

ウナギは、一〇〇匁いくらで売った。一番値の高いウナギは一〇〇匁が、五〇、六〇銭だった。当時から「土用の丑の日はウナギ」といって、日頃より少し高く売れた。ゲンノショウコやジュウヤクなどの薬草も丑の日に採るのがよいといい、欲しい人がいると和太郎翁はよく採ってきてあげたという。

●場所を変える苦労

ただし、毎日ウナギをとるためには仕掛ける場所を、毎日変えなければならなかった。

「よっぽどのことがなけりゃあ、とれた覚えがありません」

というように、ウナギカゴやツケバリは、昨日たくさんとれたからといって、今日も同じ場所に仕掛けてもとれない。

一番いいのは、ハツカワというはじめて仕掛けた川で、ウナギカゴにも入り、ツケバリの食いもよい。ウナギをとったあと、ひと水出ればとれるようになるが、そうでないときは一週間も一〇日も間をあけないとウナギがとれない。

八戸川は仕掛ける場所が狭く、長尾から江川との合流点までの間でも、ツケバリを二五から三〇もつけると、三晩ほどで仕掛ける場所がなくなる。長尾から上流の江尾《えのお》までの間でも、二晩つけると場所がなくなる。

それで、ツケバリにしても、ウナギカゴにしても、毎日とるには遠くまで通わなければならなかった。江川筋は川越《かわごえ》方面へ自転車で行ったり、八戸川はさらに上流の八戸の上まで行った。川越でウナギカゴをつけるときは、昼間はウナギカゴを地元の家に預けておいて、餌だけを持っていった。

当時、和太郎家では牛を飼っていたので、川越など遠くまで行くときは夜中の二時半に家を出て、仕掛けを上げ、帰りの道中で牛の草を刈り、帰ってからようやく朝飯となった。

「一週間ぐらいやりゃあ、休まにゃあえろうてやりきれませんな」

と、和太郎翁は当たり前ようにいう。脇にいた奥さんも、

「いよいよ、好きなんですよねえ」

とおっしゃるのである。それほど好きだからこそ、夜も夜中もなく、体がタッチョッタ（動ける）かぎり

和太郎翁は川漁に出たのである。

●さすがプロはひどいもんだ

和太郎翁が一夏暮らしたウナギ漁は、ロウニン（カワロウニンなど）から習った。

昭和八、九年頃まで、川漁を専門にする人がよそからきていた。ロウニンは、一人で来ることも、夫婦連れや子供連れで来ることもあった。

広島県の高田《たかた》郡や比婆《ひば》郡から二、三組来て、江尾に一組、長尾に一組と別れて住んだ。空き家があればそれを借り、ブゴヤ（歩小屋）、ハンヤ（灰屋）、あるいは橋の下でシートを掛け、炊事や寝泊まりをした。歩小屋は護岸用などの石出しのとき使った作業小屋である。灰屋は焼土をつくるために石で囲った小屋で、たいていの農家は持っていた。

ロウニンが来るのは四月から梅雨の六月頃までが中心で、ここらでは籾蒔きから麦刈りまでの農繁期だった。四、五月は一年中でウナギのツケバリに一番よい時期で、なかでも四月三日の月遅れの節句頃が一番よく釣れた。八月になると地元のアユトリの網が入り、ツケバリの鉤《はり》が網に引っ掛かることもあって、

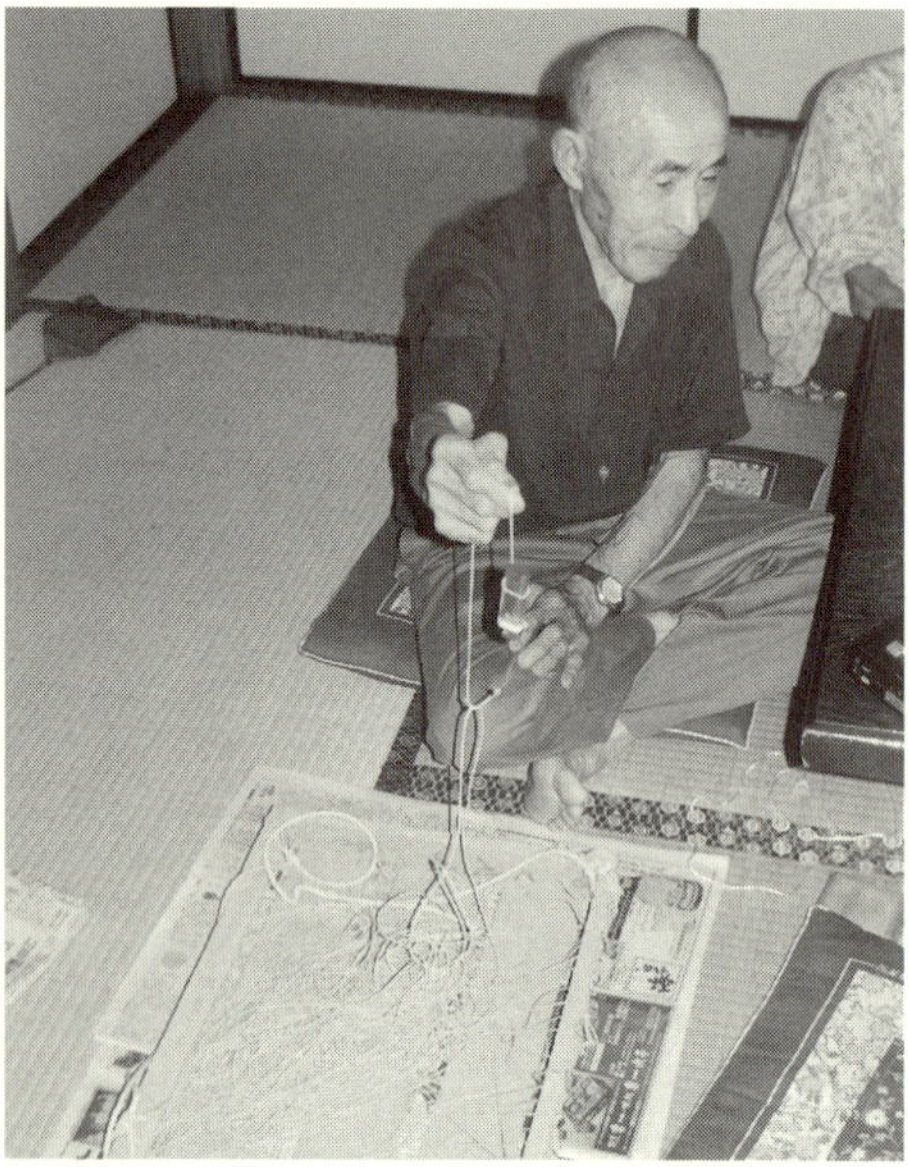

居間にナワバチに入れたツケバリを出してきて、ハリイトに餌をつけたところを再現してくれる和太郎翁（1990）

その頃には帰っていなかった。

ロウニンは男が夜にツケバリで魚をとり、午前中に魚の腹を裂いて骨をとり、長い串に刺してすぐ焼ける準備をしてから、夕方からの漁に備えて餌をとった。そして、午後からはツケバリのナワゴシラエ（縄拵え）をした。

女は魚を焼いて竹籠に入れ、風呂敷に包んで旅館に持っていった。当時は川戸に三、四軒の旅館があったし、魚の多いときは江津の旅館まで持っていった。その頃はまだ汽車もなく、江津まで歩いて行くので一日がかりの仕事だった。

さらに仕事合い間に、柄の長い棕櫚箒《しゅろぼうき》をつくって売った。ロウニンがここらの人々から嫌われがちだった一つの理由は、「これ、こうちゃんさい」と、押し売のように箒などを置いて帰ったからである。

ロウニンゆうて、広島県からよう来よりましたわな。箒をつくって売って、夜はツケバリをして、叔母さんが売って歩きよりました。そこへ野菜を持っていったりして習いましたわな、魚のとれる時期と、ツケバリのこさえかたねえ。ウナギカゴのつけ方も習いましたわな。

この上でちょうどウナギカゴつけるけえいうて、わしもついて行ってつけたことがありましてな、

「おまえなあ、入らんぞ」

いわれたんじゃが、

「なして、入らんことがあるか」

いうて翌日いったら、わしのは入らんで、先生（ロウニン）のには入っとる。魚は、夜こういうところを遊んで、こういう具合じゃけえ、と教えられました。夜ウナギは浅瀬に餌食みに出ますけえなあ。その道を知っていて、そこに仕掛けるんですなあ。

さすがプロはひどいもんだと、思いましたなあ。

ロウニンはツケバリ専門であったが、ウナギカゴも少しは使った。ロウニンが使ったのは竹で編んだ円筒形のウナギカゴで、和太郎翁もロウニンにつくってもらった。そのウナギカゴは竹細工屋がつくったものより、よほど上手にできていたという。

●だいぶ失敗しましたわな

ウナギはほとんど年中とることができ、八戸川ではツケバリが一番よくとれた。

ツケバリの餌には身の固いドジョウや、ゴリッチョ（ヨシノボリ）をとってつけた。ミミズはツケバリには身が軟らかすぎて使わないが、餌がないときはミミズの内臓を絞り出し、一匹鉤にさした後、カケモドシといってハリイト（道糸）でしばった。ミミズの皮だけだと、小さいウナギは皮が固すぎてくわない。ときにはアユを餌につけることもある。ウナギはアユを一番喜ぶが、肉が軟らかいのではずれやすく、これもカケモドシにした。

八戸川は川幅が狭いのでヒトナワに八本か、せいぜい一〇本しか鉤をつけられない。ハリイトは長さ一尺五寸（約四五センチ）で、一尋（約一・八メートル）ほど間隔をあけてオヤイト（親糸）に結びつけた。

ツケバリは三つのナワバチに入れ、二四、五カ所に仕掛けた。川幅の広い場所では親糸をつないで長くして仕掛けた。親糸の一方に細長い石を括りつけて重しにして沈め、仕掛けた場所に石を重ねるなどして目印にした。

ツケバリを上げるのは、早朝の、まだ暗いぐらいの方がよかった。薄暗いので目印を見落とし、仕掛けた場所を行き過ぎて引き返したり、見つけられずに竹の枝などで川をかきまぜて糸を探すこともあった。上げに行くのが遅れて明るくなってからだと、ウナギが逃げた後のこともある。ウナギが逃げようと体を巻いて巻いて、あげくに死んでいることも少なくなかった。

夏は夜の一一時頃に一度餌を持って、ツケバリを上げてまわる。餌のなくなった鉤に餌をつけたり、釣れた魚をとるためである。多いときには、一日で四キロ以上とったこともある。カニがツケバリの餌を鉤ごと取るため、ハリイトが切られることもあった。ツケバリの鉤だけは魚の種類に関係なく、掛かった魚がはずれないように鉤先が曲がっていた。

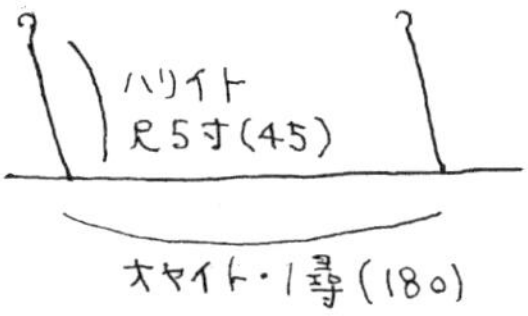

ウナギのツケバリの仕掛け

ウナギを釣るのに夜はツケバリが中心だが、昼はアナヅリでもとった。アナヅリは鉤にミミズかアユをつけ、エサシ（竹竿）の先に鉤を引っ掛け、ウナギが潜んでいそうな岩場の穴に差し向けて釣る。千丈渓《せんじょうけい》でアナヅリしたとき大きなウナギが釣れ、エサシが折れそうになったこともある。アナヅリは水に入って釣るため、夏間が中心で、せいぜいが一〇月頃までだった。

ウナギは夏と冬で棲《す》みわける。夏間はホコで夜突くこともあった。餌を探して餌食みに出てきて、馬鹿になったようにじっとしているのを突いた。冬間は川底のヘドロの中にウナギが入るので、ホコでは突けず、ヘドロが溜まったところにツケバリを仕掛ける。冬間はウナギは動かないが、餌をそばに持っていくと臭いでわかるのか釣れた。

魚もねえ、時期時期によってねえ、今頃は何を餌に持っていきゃあ、何を喜んでくうというのが、たいがいわかりますけになあ。

なんぼ雪が降っとっても、釣りに行きよりました。やっぱり釣れまさあ。時期ありませんけえなあ。魚の好む餌を持っていきゃあ、釣れまさあ。

だいぶ遊んで失敗せにゃあ、なかなかわかりませんでな。

ウグイはいくら雪が降っていても、イカの身やヤナギムシといった軟らかい餌を持っていくと釣れた。コイは蒸かしたサツマイモを持っていけば釣れる。どの魚も、冬は軟らかい餌を好むのである。

雪の降る二月にツケバリをヘドロのところに仕掛け、ウナギやらナマズ、ギギ、イダ（ウグイ）などをいっしょに、総掛《そうが》けで二貫七〇〇匁釣ったことがある。このときも、みんな近所の欲しい人に配った。

和太郎翁は、ウナギはとっても食べない。長尾でも、ウナギは脂っこいと食べない人が多い。蛇に姿が似ているので気持ちが悪いと、食べない人もいる。ウナギは近頃食べる人が多くなったという。

ウナギをとってもねえ、開いて、炭火で焙るんですなあ。よそにあげてもねえ、ウナギよう開かん家がありますけえなあ、ちゃあんと開いてあげるんですなあ。一応下焙《したあぶ》りしてかこうといて、なごうかこわんこに、食べてしもうてもええ、よそにやりたけりゃあ、やれいうて、かこわんこに食べてしまいよりましたがなあ。そりゃあ、ウナギでも長持ちしますよ。最初はヒアブリ（火焙り）だいいますがなあ。間で一日ぐらいして、また火にあてとかなきゃあいけんいうて、二度焙りをしますなあ。

●ウナギカゴ

ウナギカゴは六、七月になってもとれたが、川にアユ漁の網が入るため五月までしかとらない。トアミを打ったり、タテアミを入れて、川をまぜくったり、ウナギカゴの上に人が乗ってつぶれたりするからである。それで、アユ漁のある夏場はツケバリで釣ったが、高く売れる土用だけは八戸川でもウナギカゴをつけてとることがあった。

ウナギカゴに入れる餌もアユがよかった。和太郎家の下にある長尾橋のところでアユを四匹入れて仕掛けたとき、川から上げてもなかで音がしないので、のぞいて見るとウナギが一杯つまっていた。川原でとり出して逃がしては大変なので、家に帰って出してみると四二本ウナギが入っていた。小さいウナギのなかには、せられて（圧迫をうけ）死んだウナギもいた。ただし、これほどウナギがとれたのは、これが最初で最後だった。

一つのウナギカゴにアユを一匹だけでなく、四匹も五匹も入れることがある。ウナギが移動する道が決

〈水の民具抄録〉

和太郎翁のウナギ漁具・ウナギヅツ（ウナギカゴ）

ミミズなどを餌にしてウナギをとる、陥穽（かんせい）漁具である。ウナギヅツとしては大型で一キロのウナギがとれた。一キロもあると無理に入るため、クチ（かえし）にウナギのネバリがついていた。一キロより大きいウナギは、竹で編んだウナギカゴでとった。

筒はモウソウチクだが、太いマダケでもよい。表皮はすべって、重いのでむく。それでもウナギカゴより重く、自転車に積んで運んだ。尻側の節に小さな穴をあけ、穴から入った水が餌の臭いをクチ側から外にだしてウナギをおびきよせた。クチは筒にあわせ、ベロの口の部分からマダケで編む。編み終わるとベロの部分をすぼめ、ウナギが出れないようにした。ベロはマダケの表皮を薄くはいで使い弾力性がある。ウナギが入るか入らないかはベロの加減で、最も注意してつくる。筒に餌を入れて古布を巻いたクチを押しこみ、左右から針金でとめて補強した。

ノロ・セ・フチで使い、フチには重しにボルト二本を結びつけて沈めた。アユ四、五本を餌にして、ウナギを四六、七本とったことがある。

ウナギツツ

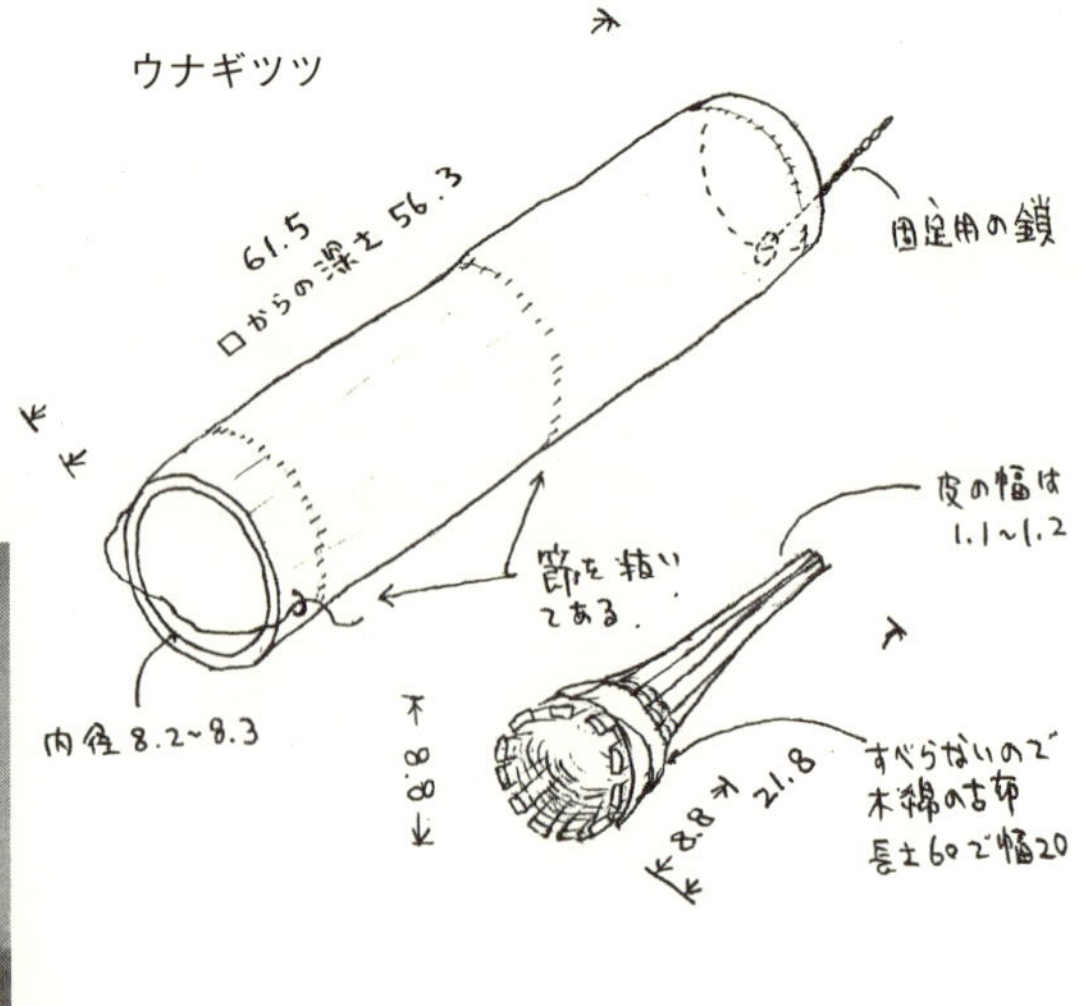

和太郎翁が使ったウナギツツ。左から流れないように紐がついた筒・マダケのクチ・筒に固定するためにクチに巻いた布（1992）

まっているからである。アユは三〜四匹、ミミズなら一つかみは入れた。

翁が福岡県の叔父の家にいたとき、タニシを潰してウナギカゴの餌にした。アユはもったいないと思ったからである。餌のミミズが少しかとれないときは、ミミズを棕櫚《しゅろ》皮に包んで入れた。ミミズの臭いでウナギはとれたし、ミミズが生きているので翌日また使えた。

ウナギカゴの入り口にカニがつかえ、ウナギが入らないこともある。和太郎翁が使ったウナギカゴはハコ（木製箱型）で、カニが入り口に詰まりにくかった。ウナギカゴには必ず綱をつけ、流れてなくならないようにした。ただし、ハコは運ぶのに重く、浮きやすいので増水したときはよく流された。

ハコを使ったのは、このあたりでは和太郎翁だけである。竹で編んだウナギカゴは大きいウナギが入らないが、ハコなら大きいのが入る。大きなウナギが入ったハコの入り口には、ウナギの皮がいっぱい剥げてねばねばがついていた。ツケバリならハコよりさらに大きな、二〇〇匁を超えるウナギがとれた。

ウナギが昔ほどとれなくなり、ウナギカゴもツケバリもする人が少なくなった。

4　消えゆく川漁文化

●マスがよう上りよりました

コガワにもマス（サクラマス）が、むかしはよう上りよりましたからなあ。四月のなかば頃から五月いっぱいぐらいでしたろう。五月が最盛期でしたなあ。

マスは淵にしかおりませんけえなあ。夜に川戸の方まで下りながら、クラメでなにも火を使わんこに、淵を狙って船からトアミを打つ。ときによりゃあ、二本も三本も入っとるときがあって、網のテズナ握ってみりゃあ、こりゃあ何本入っとるいうのがわかりますけえなあ。逃げよう思うて、チョイチョイと網の天上へ突き当たりますけえなあ。

船のアタマに一人おって、両方に二人おって、トモに一人おって、四人ぐらいアミウチが乗りました。少ないときは、一人でもやりますがな。

魚はマスでもいくミチ（魚道）が、たいがい決まってますけえなあ。ここでとれたときにゃあ、こんどはあそこへ行くいうてねえ。船でちゃんと行きゃあとれる。タビ（他所）からねえ、あそこがマスよけいとったいうてから、とりに来ますがな。川の様子知らんけえ、ようとりませなんだ。

「長尾のもなあ、あんだけよけえとるのに、なしてとれんのじゃろう」

いいますがなあ、そこんとかあ、教えられんけえねえ。わしら川戸の方の淵にマスがいるいうて行っても、なかなかとれやしませんわ。川の様子がわかりませんけえ、ダメをして帰ったことがさいさいありまさあ。ここでなきゃあ、あきませんわ。

マスアミはメ（網目）が三、四センチありましたなあ。網の粗いサケアミも使いましたなあ。イシ（錘）がようけ付いとりますけえねえ、重いですわ。わしは、あまり投げたこたあ、ありませんわ。アミウチのときには、わしは船ばっかりやりよりましたけえなあ。四、五軒ありましたがな、マスアミ持っとる家が。マスアミもサケアミも、持っとる家は少なかったですなあ。マスアミはおもに夜漁ですが、昼はタテアミでとりよりました。持っとる人はようけおりませんでしたなあ、マス専用の網でねえ、長さが一五メートルそこそこですなあ。高さは人間の背丈ぐらいで、一・五メートルぐらいですなあ。メは二寸もありましたかなあ。船で淵に網を巻いてなかを竹竿で叩いてかけるんですなあ。ときによりゃあ斜めから弓型にひいてねえ、淵の上流に張るんですなあ。川岸からずっと、川の幅の広いところは深いところから先にやっといて、水加減もありますけえなあ。水がひどいと網がねて（横になる）しまいますけえなあ。アユの網でも同じことで、流れの速いところは張りませんけえ。

下《しも》（下流）から石を投げたりして追うてとるときもありますさあ。石は船に積んどいてねえ、ポンポン投げるんです。必ず網の下の錘のところには袋がついておりますからなあ、あれに入るんですなあ。

だいたい魚は、下って逃げるいうことはめったにありませんけえなあ、追い上げるんですなあ。海の網は底につかんで中間でもとれよりましたが、川の魚は下を潜るけえ川の底に錘がつくように低う網を張りますがなあ。

あれは五月でしたかなあ、タテアミでとって違反をくって、裁判所にいったのは。あんときにゃ、この沖でねえ、果物箱に四杯ぐらいとれたかなあ。私は人数じゃあ、ありませんでしたがな。

マスはおいしゅうありましたからなあ。赤身がほんの桃色できれいでねえ、味が違いますわ。そのかわり、サケのように大きゅうありません。小さいので一五〇から二〇〇匁、大きいので三〇〇から四〇〇匁でしたろ。味としてはアユに続く味でしょうなあ。好き好きがありますけえ、同格としても、食べる人の好みがありますがなあ。

マスは煮て食べたり、造りにもしようりましたなあ。多いときにはねえ、内臓出して塩にして、保存食みたいにしよりました。この頃マスは、ぜんぜん上りません。

●サケアミを打ち込む

三・五キロから四キロもあるサケが、八戸川へたくさん産卵のため上ってきた。

サケが上るのは一〇月から、遅いときには一二月。一二月になりゃ、たいがい産卵して死にますけえなあ。

サケが産卵で川を掘りますわなあ。ホリいうとりましたが、だいたい瀬《せ》が多いですなあ。小石があったり、だいしょう大きな石もあったりねえ。どっちかいやあ、流れは急ですなあ。ホリをするのに大けな音がしますけえなあ、ガボガボ、ガボガボと鰭《ひれ》で掘って石をはねるんですけえなあ。掘るのはだいたい夜ですが、聞いとると音がしますけえなあ。それを昼間見つけといて、竹かなんかで印しといて、印からなんぼ離れたところにホリがあるいうのをちゃんと見といて、印のとこへサケアミを打ち込みます。川が深いとサケアミの沈みが悪うて流れるけえ、三〇センチくらいのところがとりよかったですなあ。ときには二本サケが入るときがありまさあ。

サケは売るでもなし、なんでもないけえねえ。ほんの娯楽みたいにとりよりました。

サケアミはアユ用のトアミよりメが粗くて大きく、一二段から一四段あった。網は麻糸に柿渋を塗ったので、ナイロンに変わるまで和太郎家では柿渋をたくさんかこっていた。サケアミは糸が太いため、一貫五〇〇匁から二貫の重い錘をつけた。サケアミの錘は鉄で、鍛冶屋につくってもらった。網が大きいので鉛では重すぎ、網が広がりにくいからである。鉄の錘はチャカ、チャカと音がして、鉛は音があまりしない。夜に網を持って歩く人の音を聞けば、サケトリかどうかすぐにわかった。

●ホコでもサケをとった

サケはホコでもとった。先の数で二本ボコと三本ボコがあり、ナマズ専用の五本ボコもあった。

サケがよけいおるときには、網でとらんこにねえ、ホコでよけい突きよりましたわな。ホコの柄の長さは四メーター、五メーターはしっかりありよりましたなあ。船に乗っとってね、道や高いところからねえ、セコが今度はどっち、今度はどっちいっとると指示するんです。船の上からはサケの動きが見えませんけえなあ。

一〇月頃が最盛で、一〇本サケが見えたら、七本ぐらいはとりよりましたなあ。船でサケを追い散らかしよりゃあねえ、藪の底やらワク（岸の木枠）の間に頭突っ込んでねえ、そいつを突くんでさあ。腹を突いたときにはじっとしとりますがなあ、突きそこのうておっぽに近いところを突いたりすりゃあ、ガサガサ死に狂いですからなあ、身を切って逃げるときがありまさあ。翌日頃

〈水の民具抄録〉

和太郎翁のサケの漁具・サケホコ

サケホコは江川を産卵にのぼるサケをとる、ヤスの一種である。陸から投げてとるナゲボコがあり、投げて突くことが多かったのでホコと呼ぶようになったのかもしれない。

現在、失われている柄はクロダケを使い、四メートルから七メートルにおよぶ長い柄もあった。ヤスと柄のつなぎ目は胴金で固定し、目釘を打ってとめた。

ヤスは第二次世界大戦前に、市山小学校前にあった長谷川兼市鍛冶屋に頼んでつくってもらった。兼市さんは川漁が好きで、サケホコも上手につくった。サケホコのホ（先）の数は、人の好みで二・三・五本があった。ナマズを突くナマズホコは、サケホコに比べホが短くて幅が広かった。

サケを突くときホの先を石にぶつけることが多く、漁の前には鑢で先を尖らしてから使った。鉤（かえし）は普通もっと大きいが、これは使い減りして小さくなっている。

サケホコと同じく、サケをとるのにヒッカケも使った。

広島県立歴史民俗資料館所蔵の国指定重要有形民俗文化財の『江の川流域の漁労用具』（一二五三点）には、江川下流の江津市川平から上流の作木村香淀までのヒッカケが七点ふくまれている。

報告書『江の川流域の漁労用具』によると、ヒッカケには鉤をイカリ状にしたのと、鉤を二本か三本合わせてクマデ状にした二種類がある。

サケの産卵床を「カマ」と呼び、その近くに沈めておてから隠れてサケを待った。イカリ状のヒッカケは竿の先の紐につけて、引っかかったサケを釣りあげた。クマデ状のヒッカケには白布をつけておき、白布がサケで隠れるのを見て素早く紐を引いてかけた。クマデ状でかけるとき、メスをとるとオスは逃げるが、オスをとると別のオスがまた寄ってくるので、オスだけをいかにとるかが腕のみせどころだったという。

和太郎翁が使ったサケホコで、柄が欠失している（1992）

サケホコ

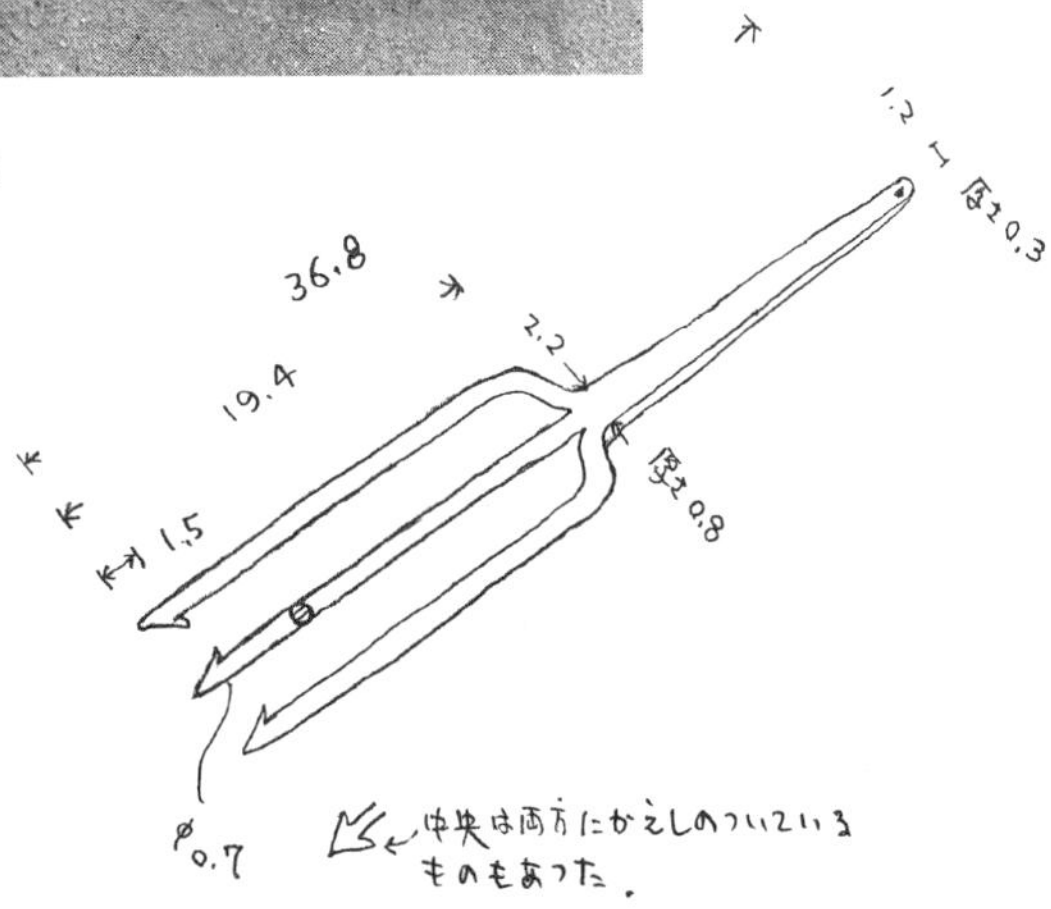

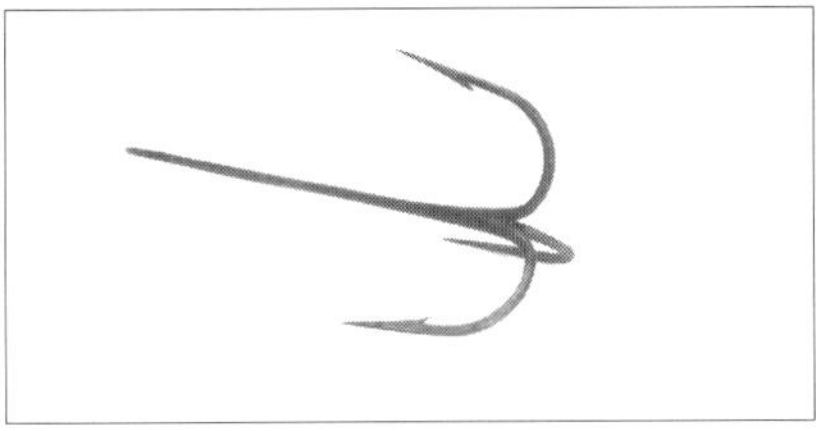

左上＝邑智郡邑智町港のイカリ型のヒッカケ（写真提供：広島県立歴史民俗資料館）
左下＝江津市川平の三本のヒッカケ（写真提供：広島県立歴史民俗資料館）
右下＝双三郡作木村香淀の二本のヒッカケ（写真提供：広島県立歴史民俗資料館）

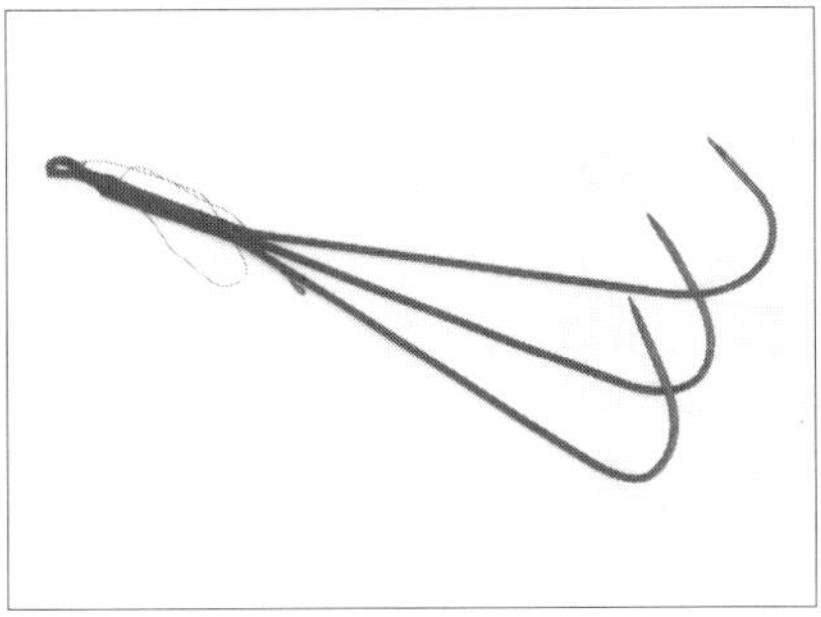

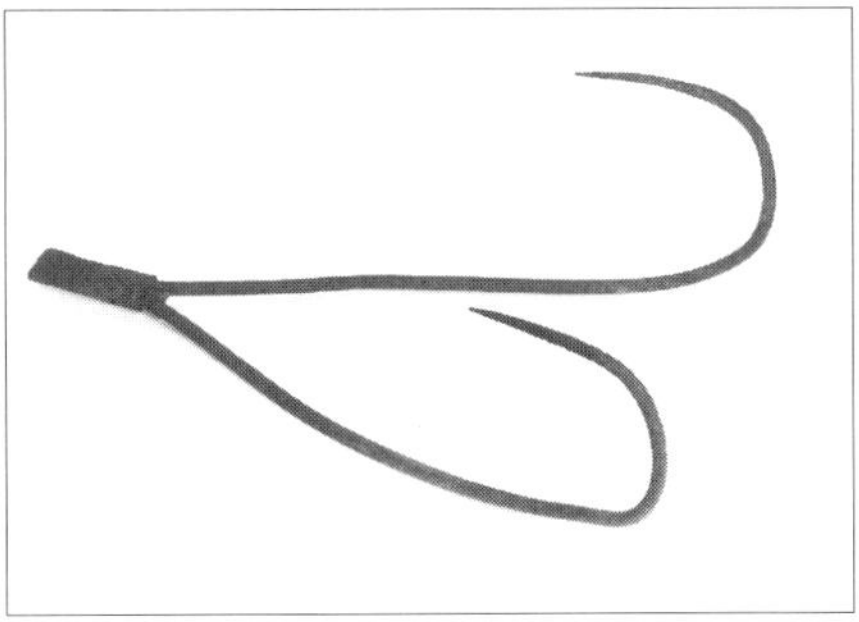

には、それが傷をおうて、死んでねえ、漁いうのもなかなかねえ・・・。むこうも死にもの狂いじゃけえ。

サケホコで、ときにはナマズやコイも突いた。ナマズもコイも産卵期が五月頃で、水田から流れる水路を上っていたが、水路がコンクリートになって上らなくなった。夜に一人で松明を灯し、ホコを持っていくと、いやらしいほど突けた。コイはあまり突くことはせず、たいがい生け捕りにして池に入れた。ナマズやコイを突くのも楽しみで、欲しい人がいればあげた。

●サケのナゲボコも

サケホコにはナゲボコもあり、ホコに紐をくくりつけてから投げてとった。

道路から沖で、とても行かれんけえいうて、柄が六メーターからあるようなナゲボコをバーッと投げて、それでもとれるときがありましたけえなあ。

バカな魚だけえねえ、サケは。石やワクの間に頭だけ突っ込んでねえ、細引（細麻紐）持っといてねえ、ワサ（輪）にこしらえて、大きな輪にしといてソローッとしりっぽにはまったところに、ヒャーッと締めて引っ張り上げよりました。そういうことは、めったにないがねえ。

一一月から一二月の頃になると、江津からわしら船（荷船）で帰るときに江川で（産卵後のサケを）よう捕まえよりました。手で捕まえよりゃあ、ヒョロッとまだ逃げますけえなあ。船のニナイボウ（担い棒）を持って叩くんでさあ。三匹も四匹もとって帰りよりました。

まあ、産卵のためというて、あの、はあ、背鰭《せびれ》も腹鰭《はらびれ》もみな切れてしもうて、体白うに傷ついとって、一生懸命やって産卵させたのが、夫婦愛いうてええんか、繁殖《はんしょく》愛いうんか、いいようがないが、可愛そうなようですなあ。ヒョロ、ヒョロしとりますけえ。

そのかわり味は、仏さんに向け（供え）られんような、ぜんぜん、もおー、不味《まず》い、不味い。だいたいここらに上るサケは、肉は不味いですけえね。

北海道や東北でとれるサケたあ、味が全然違いますけえ、捨てても惜しゅうないですなあ。サケは卵が美味しいですけえなあ、わしゃあ、卵しか食べませんでした。

●川で違うサケ漁

サケはアイカケのように、鉤で掛ける漁法もありまさあなあ。わしゃあやったこたあ、ありませんがなあ、オオカワじゃあようやりよりました。川が大きいけえねえ、ホリがわかりません。ホリがわかっても水深が深うて網の沈みが遅いけえ、サケが逃げるおそれがあります。

八戸川の長尾橋付近に流れついた、産卵後でボロボロになったサケ（1990頃）（写真撮影：山崎禅雄氏）

漁の名前ですか、特に聞いちゃあおりませんがなあ。海のブリ鉤のような大きな鉤を三本合わせて錨みたいにしといて、ホリを見つけといてから、ホリの中に沈めといてから、川原へずっと糸を張っといて、夜行って、ガボガボ、ガボガボとホリを掘る音がしますけえ、ヒャアーッと引っ張り上げるんでさあ。それがとてもじゃあないがねえ、三回引っ張って一本掛かりゃあ大事のとぐらいで。見てるんじゃのうて、ほんの見当で音をたよりに引くんですけえなあ。尻っぽに掛かるか、腹に掛かるか、頭に掛かるかわかりませんなあ。オオカワとコガワでは、そりゃあサケも漁法は違いますよ。

●カワウソもサケをとった

大正時代までは、カワウソもサケをとった。

この頃はおりませんがねえ、カワウソがサケを夜とってねえ。カワウソは内臓しか食べませなんだなあ。あとは、川原に引っ張り上げて投げとります。それを、朝早よう起きてねえ、川原ずうっと上って拾うて歩くんです。ヒトアタマ（一朝）に三本ぐらい拾うたことがありまさあ。ほんの趣味漁でねえ。日がよけりゃあ拾らうし、駄目なときもあるしねえ。

大正時代までですなあ、昭和になってから拾うたこたあありません。カワウソは皮が値打ちでねえ。魚を餌に捕獣機でとったのを見たことあります。この頃はカワウソは足跡もないし、見たこたあ、ありません。

カワウソばかりかサケも、近頃では年に一人か二人が見る程度となっている。

●ツガニのカニモチ

九月から一一月頃まで、ツガニ（モズクガニ）が産卵で下るのをカニカゴでたくさんつかまえた。秋の夜漁は、ツガニとりぐらいだった。

昔は八戸川でもカニカゴを仕掛けてさかんにとったが、今は八戸川ではツガニはあまりとれなくなり、江川が盛んである。ただし、八戸川でも長尾橋の下の方で、魚のあらを餌にしてカニカゴをつける人はいる。和太郎翁も水が出たときにはツガニがとれるので、長尾橋の下にカニカゴをつけられるよう、準備だけはしている。堰堤《えんてい》ができるまでは、ツガニが沢にも上った。

長尾でツガニが一番とれたのは、昭和一八年の水害の後である。

「あれぐらいとれたときは、ありませんわ」

というほどで、松明を灯しては毎晩とりにいった。一晩で三一、三キロとれたときもあった。二斗袋と、もう一つの袋も一杯になり、両足でカニを踏んだまま、始末がつかないことがあった。

水害の後は川が変わり、淵もどこもかしこも一面の白砂で歩けるようになる。石の間にいるときは甲羅が黒くて見つけにくいツガニが、白砂の上ではよく見えた。井堰のところで下る途中、迷ってうろうろしているツガニをタモですくっても、五〇や七〇はとれた。あまりにツガニがたくさんとれたので、子供の友だちにまで分け、カニモチもつくった。

カニモチは生きたままのツガニを石臼でつき、豆腐をこすようにソョウケ（竹籠）でこし、さらに布袋に入れてこしてしぼり、沈澱《ちんでん》したものを水切りし、小麦粉を混ぜて団子にしたものである。団子は一度煮てから、味付けして食べる。あまりにも美味しいので、はじめて食べた人は、「これは何」とたいてい聞いたという。

●変化した食文化

ゴリ（ヨシノボリ）は、たくさんとれると延縄の餌にしたが、あまり食べなかった。北九州の方から、春先にゴリやハエ（オイカワ）を釣りにきた人たちは、

「こんなうまいもん、なぜ食べないのか、馬鹿だ」

といって笑っていたという。このあたりでは、コイも昔からあまり食べなかった。ニゴイもたくさんいたが、小骨が多くてあまり食べなかった。川沿いに住みながらアユを例外として、川魚を食べないという人が、和太郎翁をふくめ桜江町に少なくない。

ただし、ナマズは今では食べる人はいないが、焼いて醤油をかけたり、好きな人は刺し身でも食べた。ギギ（ハゲキギ）は、大きいものは刺し身、小さいものはつけ焼きにして食べた。イダ（ウダイ）はアユに比べると味は落ちるが、刺身や焼いて醤油をかけたり、煮付けにして食べた。近頃になって、食べなくなった川魚もあるのである。

八戸川は魚種も棲息数も多かったが、川魚の販路は限られていた。自給用の川漁なら遊漁で十分足りた

上＝今では貴重なツガニ（1991頃）（写真撮影：山崎禅雄氏）
下＝桜江町の江川で秋に産卵で下るツガニをカニカゴでとる
（写真提供：広島県立歴史民俗資料館）

し、少しの魚種だけで間に合ったのであろう。

第三章　和太郎翁の山の世界

1　狩猟も生きものとのかけひき

●おもしろいですけにな、ヤマリョウは

狩猟も川猟と同じ遊猟としておこない、生きものとのかけひきがおもしろかった。

和太郎翁は昭和七、八年に鉄砲を買い、ヤマリョウ（山猟）をはじめる。当時は鉄砲の甲種鑑札が一年で五円、猟期は一〇月一五日から四月一五日までと今より長かった。ただし、昭和二〇年頃、鉄砲を売って狩猟をやめてしまう。その理由についてはあえて問うことをしなかったが、息子が狩猟の魅力を覚える前に、やめなければと思っていたからだという。

和太郎翁が子供時代を過ごした福岡の叔父が、川猟と狩猟が好きだった。福岡では、イノシシはいなかったが、ウサギのほか、冬はカモやキジをとった。深い山にいる、ヤマドリも少しはとった。渡り鳥の夜猟は禁止されていたが、水辺に鳥がおりるとカスミ網を張り、空撃ちして脅してとることもあった。

桜江町《さくらえ》は昔から渡り鳥が少なく、ヤマドリはいなかった。和太郎翁はウサギを中心に、キジなどをとっ

た。タヌキやキツネ、ムジナなどのアナモノも少しはとった。

和太郎翁には遊猟仲間が今田《いまだ》に四人ほどいたが、ウサギ猟はたいてい一人だった。ウサギは一人で午前中に二羽とれるときがあり、二、三人の仲間で行っても二、三日空振りすることがあったからである。

ウサギは足跡を見つけてから追った。ウサギ猟で猟犬を使うのは、足跡で見当がつかないカラノ（雪のない）のときである。ただし、猟犬で追うとウサギの逃げ足が速くなり、人が追いつけずに逃がすことがある。雪のあるときは藪《やぶ》の下にじっとしているので、それを撃つ。イノシシ猟と同じで、ネヤウチといった。

キジは猟犬を使ってタチウチした。猟犬はキジを見つけると、尻尾《しっぽ》を振りながら一度猟師のところへ帰ってくる。銃をかまえてから猟犬に「よし行け」といってキジを追わせ、キジが飛び立った直後を狙い撃った。タチウチはキジが飛び立つのを狙い撃つことからついた呼び名で、撃ちやすかった。

穴にいるタヌキは、よい猟犬なら穴にもぐってとってきた。スコップで穴を掘ってとることもあり、それでもとれないときは抜け穴を探し、下の穴から火を焚いてくすべ、煙にまかれて上の穴からタヌキが出てきたところで網を被せてとった。皮は生皮のまま、広島県の三次《みよし》から来た皮の仲買人に売った。ウサギはあまり需要がなく、テンとタヌキの皮はよい値段で売れた。

●猟犬も叔父をまねて

戦前は、桜江町に専業猟師が川越《かわごえ》の高宮末吉さん、川戸《かわど》に木村定吉さんがいた。

高宮さんは冬場は狩猟、夏場はアユトリをして暮らした。高宮さんはウサギ専門で、一冬に二五〇羽から三〇〇羽を鉄砲でとった。

和太郎翁が谷住郷《たにじゅうごう》の日笠寺《ひがさじ》奥の石山で仕事をしていたとき、上から猟犬がウサギを追い出し、高宮さんが石垣の端に座って七発ぐらい撃って、どうにかこうにか倒した。そのとき、高宮さんは、

「わしゃあとるんじゃない、犬がとるんじゃ」

といった。

ウサギに限らず狩猟では猟犬の役割が大きかった。猟犬は、自分で仕込む人と、仕込んだ猟犬を買う人がいた。桜江町でも、熊本県のイノシシ専門の猟犬屋から買った人がいた。

和太郎翁は狩猟をはじめて、手前（自分）で猟犬に仕込んだ。叔父が猟犬を仕込むのを見て、知っていたからである。よい猟犬は、よい猟犬の子を仕込むことが大切である。和太郎翁はウサギや鳥をとったときは、薦《こも》に内臓や毛を包んで、あちこちの山道を引いて歩いた。犬に、これはキジ、これはウサギと、臭いのかぎ分け方を教えたのである。

●イノシシの落とし穴

明治四年生まれの父親八重吉は、二〇歳頃にヤマバタ（山畑）の山番に交代で行っていた。番小屋で火を焚きながら作物を荒らしに来るイノシシを警戒し、燃えさしの薪を投げてイノシシを追った。山には番小屋の跡が、今も残っているという。

イノシシの落とし穴が、山の奥のあちこちにたくさんあった。自分で掘った落とし穴を忘れて、落ちて怪我する人がいたほど多かったのである。落とし穴は落ちたイノシシが上がれないよう、深さが約二・五メートルはあった。

イノシシが多かった頃は猟師が多く、山口県にまで猟に出かけていた。猟のときに勢子《せこ》が持ってイノシシを追った槍が、和太郎家にも残っていた。

和太郎翁の子供の頃には、イノシシにかわってノジカが多くなる。近所に住んでいた猟師が、多いときは一度にノジカを三、四頭もとってきて、皮と肉にばらして別々の買い手に売っていた。その後、大型獣は少なくなり、作物が荒されることもなくなった。

戦後になって、イノシシがふたたび増え、山や狩猟について豊富な知識をもつ和太郎翁を、猟師が訪ねて来るようになった。

冬になると、川戸や川越方面から猟師がイノシシを追いにきんさるがね、必ずうちによって、

「イノシシはどぎゃんねえ、どこに行きゃあええかねえ」

と、尋ねんさる。

「どこ行きゃあええいうて、今頃きんさってもつまりませんがね。山をずっと一回りまわって、どこに何頭はいって、何頭抜けとるということを計算して、それから山に入らにゃあつまりませんがね」

いうと、

「あんた、あげなことばかりいうて、つまらん」

いうてたが、それくらいせにゃあ、とれませんけねえ。ウサギでも同じことですけになあ。そりゃあおもしろいですけにな、ヤマリョウは。しかし、ヤマリョウじゃあ収入あげられませんけになあ。鳥も近所にあげよりましたがな。

現在は、イノシシとサルが増えて、田畑を荒らして作物が収穫できないときもある。そして、四国から猟師が来ているという。

●イノシシと格闘したことが

狩猟を断念した和太郎翁には、イノシシとの忘れられない思い出がある。

あれは、昭和三一年の一月の三〇日でした。わしゃあ、イノシシと格闘したことがありまさあ。このあたりでも、昭和三八年の豪雪のときにゃねえ、一メートル四、五〇ぐらい雪がありました。山に伐ってある木を取りに行こう思うて、スコップもって雪道あけに蓑《みの》をかぶって行っておったら、黒いのが動きよる。それがイノシシで、

「さあっ、猟師さん呼びに行けえ」

いうてね。猟師さん呼んで見とったら、猟師さんが二、三間ほど近づいて、鉄砲撃ったが不発でねえ。手にはスコップしかなかったけえ、スギの丸太拾うて行きよったら、岩の上に寝そべっとった。

「ここに、寝たけえ、寝たけえ」

いよったら、ガフッと起きてねえ、上に向いて行きよる。上に抜けちゃあつまらん思いよったら、なーんの、わしの方にまともにやって来よる。イノシシも雪が深いけえ、ほんの首だけ出して、ちょうど水の中泳ぎよるようなもんじゃけえなあ。まともに来るのを丸太で、ボコボコと頭を三回も四回も叩きました。そいじゃが、わしにつっかかってきたけえ、ほんの体をかわしたら、すかたんくって前にのめりよりました。また後戻りしてねえ。わしの股にのめりこんで、左の足を二、三回かみましたなあ。チカッとした思うたが、下着のメリヤスの厚いのに、ラシャの厚いズボンを履いて、ゲートルまいとったから傷はつかんと思っとった。どうしても叩かにゃあやれんけえ、もぐっとるのをバレーボール叩くようなもんじゃ。そうしたら、クニャア、クニャアとなったけえ、猟師を呼びに行った若いのが小さなヨキ持っとったけえ、とどめをさしました。雄のイノシシでねえ、八五キロぐらいありました。

家へ帰って見てみたら、イノシシの牙《きば》でズボン引き裂いて、肉が裂けとりました。牙は切れそうに思わんのじゃが、マツで牙を研ぐと聞いたことありますが、本当のことですなあ。

竹の杖ついて、市山まで行きましたがなあ。医者の奥さんが、

「イノシシにやられたのを見たことがないけえ、見しちゃんさい」

いうて、見にきましたがなあ。チカチカするけえまだ縫いんさらんか思おとったら、指つっこんでなか掃除しちょりました。八針縫いましたがなあ。格闘したいうて、大評判になりました。

肉は、その頃はまだ冷蔵庫もなく、親戚や組内に配っても食べきれないほどあった。その年はイノシシが多く、邑智郡《おおち》だけで六百何十頭とれ、川越でも中学生がイノシシにかまれて、四〇何針縫ったという。

私が、イノシシと格闘した人と出会い、話を聞いたのは二人目である。最初は、京都府の南山城地方（相楽《そうらく》郡和束町《わつか》）の山村で、伐木のソマをしていた前田政一さんだった。前田さんは明治生まれとしては体格がよく、突然出会ったイノシシに馬乗りになって腰鉈《こしなた》で頭を割って倒した。山は、こうした武勇伝を生みだす世界でもあったのである。

2　タケコギもヤマリョウ

●いつの間にか、山の話になりましたなあ

山の豊かな自然と対峙《たいじ》する生活は厳しく、危険がともなった。その一方で、山は生活をうるおし、楽しみをもたらした。

建築用材や薪炭などの林産資源、砂鉄などの鉱物資源、イノシシなどの大型獣は冬の動物性蛋白質として重要だった。木の実や山菜、茸類は、食生活をうるおすだけでなく、採集自体が季節ごとの楽しみであった。そして、生きものを追う川漁や狩猟とは違った、採集をめぐっての人どうしのかけひきがあったのである。

タケコギ（茸採り）の話は、和太郎翁が船頭をしていた頃に、江津《ごうつ》通《がよ》いの産物を奥から運び出していた

山道を地図でたどっている途中ではじまった。話の流れからは離れたが、和太郎翁が好きな話をするときの熱気が感じられた。そして、いつのまにか私は、和太郎翁の山の世界に引き込まれていたのである。

●人が笑うぐらいに行きよりました

わしがタケコギいうたら、人が笑うぐらいに行きよりました。コグいうのは、折るちゅう意味でも使うですが、ここじゃあ採りに行くことをいうんですなあ。おもにコウタケをねえ、奥の方まで探しに行きよりましたなあ。山を知っとるのも、コウタケコギによう行ったからでしょうなあ。

コウタケはマッタケたあ違い、香りのええねえ、

「臭いコウタケ、味マッタケ」

いうてねえ。それがあんた、あんた見なさったことがありんさるかどうか、ぼた餅の大きなものみたいに重なりこうてねえ。

マッタケは、この山にはマツが少ないですけえ、割合少ないですけえなあ。マッタケはたった二本ぐらい、コイだこたありますがなあ。

季節的にはねえ、コウタケはほかの雑茸《ざつたけ》たあ、少し遅いけえねえ。はようて一〇月の二、三日頃から、一〇月の八、九日が最盛期でしょうなあ。早いときには九月の二五、六日頃に行ったこたああリますなあ。年によって違いますけえ、遅いときには一〇月の末でも生えとることがありま

上＝和太郎翁がタケコギに行った三田地の山（1992頃）（写真撮影：山崎禅雄氏）
下＝三田地の山で採取した直径30センチもあるコウタケ（写真撮影：岡本時好氏）

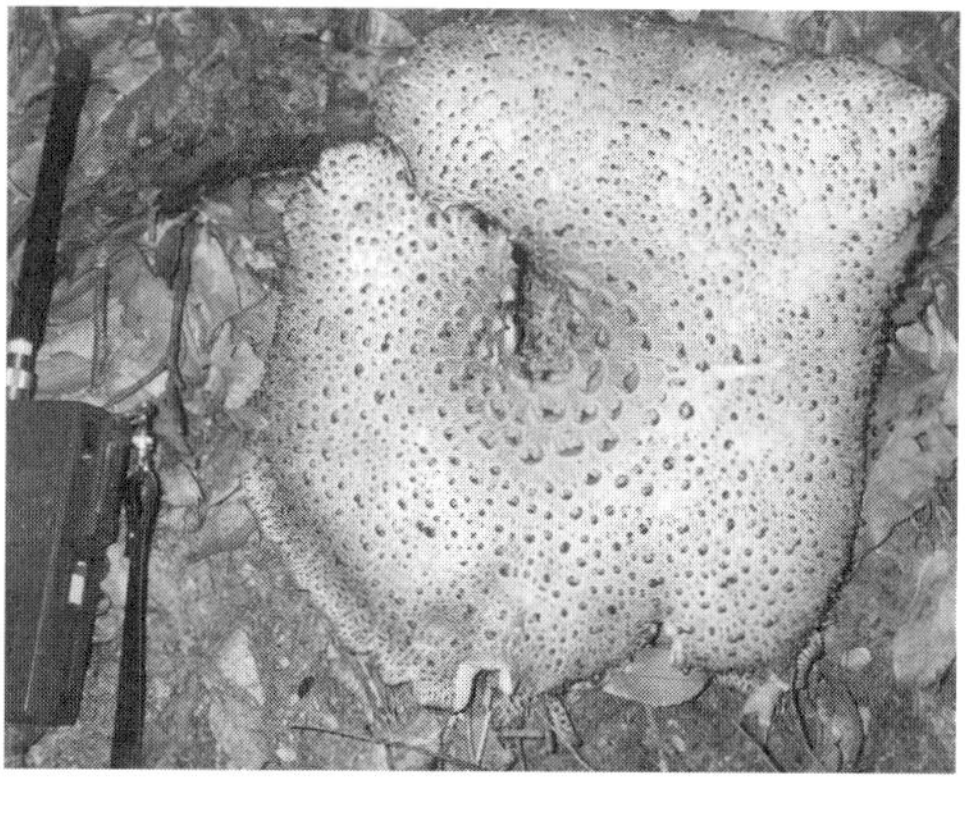

すが、三分がたぐらい腐っとるときがありますけえなあ。腐っとるとねえ、ここからお宮さん（約二〇〇メートル）ぐらい離れとっても、風の具合じゃあ、プウーンと臭う。ありゃあ、こりゃあだいぶ傷んどるわいと思うて行きゃあ、かならず・・・。

ベニタケ、シメジ、ネズミタケやらの雑茸は早いですけえなあ、だいたい。ああゆうのは、めんどくさいけえコギません。コウタケジロに行って、よいよないときには採って帰りますがなあ。それから、雑茸でカブタケいうのがありますなあ、おおけなこんな株になってねえ。生でそのまま、すき焼きなんかに入れて食べられますけえ。カブタケが一番美味しいですわ。カブタケは、めったに生えておらんですけえなあ。

カブタケも、コウタケも同じですが、ワセジロと、ナカジロと、オクジロと三通りぐらい生える時期によって分かれてますがなあ。稲でも同じですがなあ。

●遊んで、駄目をしとらにゃあ

コイだコウタケは、そうですなあ、大けなササ（クマザサ）の茎に目分量で二枚、三枚と通して、それを一レン（連）いうてねえ。ずっと大きいのは一枚で、コウタケはずいぶん大けなのがありますよ。

まあ、今頃は目方売りですがなあ、あの頃は連売りで、一連がいくらいうてねえ。コウタケは、生でも食べることは食べよりましたけど、おもに乾燥して食べよりましたなあ。ササで輪にして下げといて、乾燥させるんです。

コウタケが多いときには採って山において、ササやなんかを刈って被せといて、帰ってまた取りに行かにゃあやれん。着物やなんかに入れてくりゃあ、ハ（笠の部分）がおれてしまいますけえなあ。タケホボロ（竹籠）を負うて取りに行くんです。

わしは、一五〇連も二〇〇連も採りよりましたが、売ったこたあほとんどありません。売らずにねえ、よそに土産にあげたり、おもにコウタケは法事やなんかのときの精進料理に使いよりましたからねえ。ほじゃけえ、

「長尾の花屋（和太郎家）に行ってみい。あそこならあるかもしれん」

いうて、市山の奥からでもきんさりゃあ、分けてあげよりました。ほとんどただでねえ。採るのが、おもしろいんじゃけえねえ。

また、山にコギに行ってようとらんこに帰った人が、わしがここに下げたるもんじゃけえ、家に帰るのに帰りにくいけえ分けてくれいうてねえ。そんな人もだんだんあり、小田の人らでも、ようそんなことしとりましたでな。

ほいで、わしがよけい採るもんじゃけえ、人がよう連れてってくれ、いうてきよりました。

そのときは連れて行くのか、ですか？

ええ、連れて行くんです。わしはだいぶ人を連れて行きよりました。見たことがない、コイだことがないいうのをねえ。連れて行くがねえ、あたりまえのところを入らんこに、山から山へ、山

の中ばっかり通りますけえ、後からどこに行ったか覚えとらんいよりますけえ。シロがわかってもねえ、かまやせん。その人らは一度や二度じゃあねえ、なかなか・・・。

遊んで、駄目《だめ》（無駄）をしとらにゃあ、漁でも同じことですがなあ。わしはだいぶ山で遊んで、それに炭焼きなんかもして山を歩いとりますけえなあ、よけい知っとります。

●重なりこうて、生えとるだけえ

炭焼き窯《がま》に火が入っとるときやなんか、山に泊まることがありますけえなあ。火を入れといてから、その時期には歩いてみるんです。歩きよりゃあやっぱり、新たに生えたところを見つけることとありますけえなあ。

「よし、今日はええシロを見つけた」

いうようなことでねえ。

炭を焼く以前からもずっと行きよりましたよ、親父さんに連れて行ってもろうてねえ。小さいときは長尾におらんかったが、それでも一五、六（歳）から連れて行ってもろうとりますよ。親父さんからだいぶ教えてもらいましたからなあ、シロを。

コウタケが生える場所をシロいいます。コウタケジロがこの奥に、わしが知っとるだけでも三六カ所ありよりましたけえなあ。

うち（和太郎家）には三代前の、おじいさんの代からのコウタケジロがありました。オオジロでねえ、六〇連から七〇連ぐらいとれました。あんた、タケホボロに三杯ぐらいありよりましたけえ。オオジロはこの一シロでしたけどねえ。

うちの母親とねえ、一〇月の、あれが二日だったかしらん、イネハデ（稲掛け）を立てるんでカズラタテ（取り）に行くんでさあ。今頃は縄を使こうたり、ナイロンを使こうたりしますが、昔はみなフジカズラで立てよりましたけえなあ、ハデを結わえるのに。ときによりゃあ、クズマカズラ（葛《くず》）で立てることもありましたがなあ。クズマカズラは今でも、堤防に生えとりますがなあ。クズマカズラは弱いですがなあ。

カズラタテに行って、おじいさんの代から習うたシロへ行ってみたですわ。そしたら、大けなのが生えとるです。

「おばあさん、明日はタケコギ連れてったげるけえなあ」

いうたら、

「どこに生えとるなあ」

いうけえ、

「おじいさんの教えてくれたシロに生えとる」

ここから近いですけえなあ。八〇〇メー

タケコギに背負って出かけたタケホボロを、横から見たところ（1991）

トルぐらいありますか。タケコギしたら、重なりこうて生えとるだけえなあ。おばあさんが、

「わしゃ、はじめてこげな大けなもの見た」

いうて、喜んで、手を合わして拝みよるだけえ。二人で、タケホボロで二杯入れて帰ってきました。この、おじいさんの代からのシロの山をこうて炭に焼きました。

「ここは伐らんここに、生える秋まで待って、コウタケ採ってから伐ろうや」

いうて、そこだけ残しといてねえ。人が行かにゃあええが、行かにゃあええが思うて心配したことがありまさあ。

●山の様子がようわかっとらにゃあ

よその山じゃけえいうて多少遠慮はありますが、限界はありませんなあ。ほんの家の裏やなんかにあるときは、遠慮はしますがなあ。それに奥の方に行けば、共有林やら個人の山（の区別）はありませんからなあ、町有林やら部落林でねえ。個人の山も多少はあっても、

「あそこにタケコギに行かしちゃんさい」

いうて、頼んで行くようなことは、誰もしたことたあありませんけえなあ。ほんの、内緒で行くぐらいでねえ。この辺では、タケコギは自由に行けたんです。

歩いているときにシロに行き当たるときがありまさあ。それは、わし一人が知っとるじゃあない、一〇人知っとるやら、八人知っとるやらわかりません。そこへは遅れんように行く。今年はしも

うた、人が行っとった、一つもなかった、いうようなことがようありよりました。よそのシロにも、行くこたあ行きますなあ、その人より先に行きゃあ先に採るしねえ。（自分のシロだけで）採らにゃあならんと、決まったこたあありません。どこそこのシロはわしが行くいう権利はないですけえなあ。早いもの勝ちで、人情的にからんじゃおりませんけえなあ。おのおの、自分の得意先がありますけえなあ。たいがい、誰がどこへ行っきょるかわかっとりますけえなあ。それで、コギ衆の人が山に行くときは、わざっと家のまわりを回って見て通るんでさあ。採っとりゃあ、乾燥させるためにササでさして家のまわりに下がっとりますからなあ。この人らあ、どのシロに行っただろうかのおと思うて行ってみりゃあ、あるときもあるし、ないときもあるしねえ・・・。

小田の方から二人連れで来よるのを見て、ああーっ、あのシロに行く思うて、わしゃあ道の様子をよう知っとるから先回りして、コイでしもうとるころに、ゴソゴソ、ゴソゴソ下から上がって来よる。

「コギんさったか」

いうから、

「あったわな、わしはここはじめて来たわ」

おお嘘《うそ》いうてねえ。その人らスカタンくらわしといてねえ。ああいう、かけひきもありますわなあ。そりゃねえ、山の様子がようわかっとらにゃあ近道できませんけえなあ。その人らあ、一つしか行くところを知っとりませんけえなあ。あれが来たけえ、あっこに行くに違いない思うて、近道しやあ間違いないいんですなあ。タケが生えてるところで、ササが背丈ぐらいあるところがありますけえなあ。なんかササがゴソゴソする音がして人が来た思うて、コイでもまにあわんけえしかたない思うてじっとしとると、気づかずに知らん顔して行く人がありまさあ。そこにあるのを知らんとねえ。そういうかけひきもありまさあ、おもしろいですなあ。

●下見が大切なんですなあ

おもに金尻《かなしり》から月ノ夜《つきのよ》、三田地《みたぢ》の、あの辺に行きよりましたなあ。略称、オシダニヤマいいよりましたがなあ。向こう側の枕ノ滝川から千丈渓《せんじょうけい》にかけてねえ。千丈渓にだいぶありよりましたけえなあ。帆柱《ほばしら》山にまでは行きませんが、日野城《ひのしろ》山には行きよりましたなあ。シロを見つけたら、どこのシロにはどがいな石が、木があるいうのを覚えといてねえ。人によっちゃあねえ、サイダー瓶やらビール瓶を紐で結わえ、そこからなんぼぐらいゆうて木に下げといて目印にしよりました。

「ああ、ここにあるわい」

思うてねえ。そのあたり探がしゃあ、必ずありまさあ。

わしら、そういうことはせん。ちゃあんと地図にかいといてねえ。地図みて、今日はどこからどれを回ってこうか決めて、行きよりました。思うところに行くときゃあ、一時間か一時間半ぐらいで行って帰りますけえなあ。

「そちは、どこに行きよるなあ、はよう戻るが」いうが、ちゃんと検討しとるんじゃけえねえ。置いたものをとりに行くような感じで行きよりました。そのかわり、空振りで帰るときもありますがなあ、人が先に行って採られたあとでねえ。そんなことはよけいありますよ。それがねえ、またおもしろいんじゃけえ。

ただし、いっぺんにゃあ行きませんけえ、下見に行きますけえなあ。どのシロはいつ頃生えるいうのは、見当でわかっておりますけえなあ。ただ、年によって気候の関係で遅れることもあります。

どのシロはハヤジロだけえ時期がどうなるけえ、生えとるか生えとらんか下見をして、あと何日ぐらいすりゃあどのくらい大きさになるか見当しますけえ。それで、駄目が少ない。そのかわり、下見に行った手間だけは駄目になりますわなあ。

アユ漁でもアユ漁の前に下見をしますがなあ。コウタケコギでも、下見が大切なんですなあ。

●ときによりゃあ、シロが歩きますよ

山はねえ、慣れるちゅうと、あそこの山は生えるなあ、あそこの山は生えんなあいうことが、だいたいわかりますなあ。

コウタケはナラやらマキの生えとる、八合目以上のところにおもに生えますなあ。地の極悪《ごく》いところの、シダンバいいますか。シダは正月に使いますわなあ。あれやクマザサが生えるところにコウタケが生えよりました。山の向きは、北向きがええです。南向きでも生えるとこはありますが、だいたい北向きに生えますなあ。

傾斜は急か緩やかか、ですか？

山の八合目になると、はあ、急なところが少のうなりますが、急なところによけい生えますなあ、だいたい。それから、石がゴロゴロあるようなところも多いしねえ。地がとにかく、赤土のやせ地の、アカマサのあるようなところがええですなあ。それに、湿度や日照時間も関係するんでしょうがなあ・・・。

慣れればねえ、わかるんですなあ。

ただ、ときによりゃあ、シロが歩きますよ。仮にここにシロがあると思うて、「おかしいなあ、今年はないが」

思いよりゃあ、二〇メートルも三〇メートルも先の方に生えるとるこたあ、ありますけえなあ。めったにないことですがなあ。よその人も、

「あのシロ歩いとって、分からんようになった」

いいますけえ。わしが「歩く」いうのも、違やせんと思いましたなあ。

千丈渓の奥でねえ、炭を焼くのに市山の衆らと日貫《ひぬい》との境の日野城山を買うてねえ、山分けする

いうんで、立会いに行きました。山分けするときには最初に分けといて、籤引《くじび》きするんですわ。不公平にならんようにねえ。籤ならしかたないけえ。平等に分けたようでも、確かに不平等がありますけえなあ。そのとき、市山の衆に山分けのあとにねえ、

「あんたらええ山をとりんさったのお」

いうたら、

「なしてなあ」

いうから、

「ここには、ええコウタケが生える」

「ここに、コウタケが生えるかな」

「ここから、上にずっと行ってみんさい、ここは確かに生えるけえ」

「ほんとかなあ、あんたごまかしんさるな」

「いや、わしの目で見ちゃあ生えるけえ」

それから秋仕舞いの正月前になってから、

「おっさん、あんた嘘いいんさらんのお」

どないしたんなら、いうたら、

「あっこにコウタケが生えるいよりんさったが、えっとコイだでなあ」

「嘘はいわん。わしは経験でいうだけえ」

と、いうたことがありました。

おもしろいですわ。川の漁と同じことですわ、ヤマリョウいうてねえ。ほんの、空振りして帰ることもあるし、どっさり二回ぐらい取りに行かにゃあ持って帰られんぐらい採れることもあるしねえ。こちらがあると思った通りのところにあって採れるいうのが、おもしろいんですなあ。タケコギには昭和三二、三年頃まで行きよりました。それ以降江津の山陽パルプに木を出して、スギ、ヒノキの植林をはじめましたからなあ、でませんなあ。今どないなっとるか、あれから行きませんけえ、知りませんなあ。

ここからふたたび話は本題の搬出路の話しに戻り、タケコギの話は終わった。

タケコギをめぐる話のおもしろさは、毎年生えるシロがほぼ決まっていることにある。シロは個人や家の財産とも考えられ、シロを知ることで豊かな成果が約束される。だから、シロは代々伝承され、シロをめぐって知恵をしぼり、競いあい、ときにはだましあった。しかし、だましあいにすら、気心のしれた者同士の仲間意識が感じられる。

こうした、人と山、人と人の関わり方は、山がもたらす豊かさを素直に信じ、分けあうことのできた時代であったことを物語っているように思える。

狩猟やタケコギのヤマリョウにおいても、和太郎翁の確かな山の自然認識は役立った。そして、船運や川漁にも共通する、日頃から準備して「だんどり（計画的）」よくすすめる知恵がみられた。だからこそヤマリョウにおいても成果をあげることができ、和太郎翁を頼って多くの人がたずねてきたのである。

3　生業としての山

●好きでなかった炭焼き

和太郎翁は、イシブネ（石船）を降りた昭和二六年から一〇年ほど、炭を焼くため山に入った。背後の山は今田の共同植林が二二、三町歩あるほかは、個人所有になっている。共有の山が広かったので、六〇年ほど前に共同で植林し、残りを反別割りにして各戸に分けた。分けた当時の山は雑木が多く、よい炭山になった。

この付近は、古くは白炭が主体で、製鉄用の黒炭が混ざり、やがて黒炭に変わる。石見町《いわみ》日貫《ひぬい》、旭町《あさひ》の市木《いちぎ》・和田《わだ》・都川《つがわ》から出て、江津まで江川船で運んだのは白炭で、薦《こも》に包んだ八貫俵であった。製鉄用の黒炭は、木質が残り炎が出るような炭だった。

本格的に黒炭を焼くようになるのは、昭和一二、三年頃に桜江町の後山《うしろやま》からマルゴの黒炭を出荷するようになってからである。マルゴの「ゴ（後）」は、後山の地名からとった。マルゴの黒炭は良質で、横浜市場で人気を博した。黒炭になってから、おもに四貫俵に変わる。後山から、イチモトサダノブさんと、ウシオヨシオさんという炭焼きの指導者が出て、昭和二五年以降このあたりは大半が白炭から黒炭に変わる。

八重吉さんは船頭の合い間に白炭を焼いていた。和太郎翁は、八重吉さんのテゴ（手伝い）をしながら炭焼きを覚え、船を下りてから山を買い、炭窯を三つ築いて炭を焼いて暮らした。ただし、和太郎翁が焼いたのは、白炭とは製法の違う黒炭だった。

後山の炭焼きは、地元の炭山だけでは足りず、石見町の山など遠くまで焼きに行った。山に小屋がけして住み込み、長期的に黒炭を焼いた。

長尾でも、炭山に小屋がけして泊まる準備はしたが、炭窯の都合で帰れないときへの備えで、住むためではなかった。黒炭の善し悪しは、窯の口を密閉するときの原木の焼け具合で決まり、焼け具合によっては家に帰れないこともある。特に、品評会に炭を出品するようなときは二晩も三晩も泊まり込むため、鍋がわりの飯盒《はんごう》や野菜を少し持って行った。小屋には炭の粉が豊富にあり、炬燵に入れて寝ると冬でも汗をかくほど暖かかった。

品評会で入賞したことがありますよ、わしゃあ。そのときには、二晩も三晩も泊まりこんで番をして、ちゃんとしてねえ。黒炭を焼くのはほんの最初でねえ、熱心にやらにゃあとてもやれんけえ、先輩の話を聞いたりねえ。長谷で焼いたときには、後山の人が隣におりましたけえねえ、窯が。それに習うたりねえ。入賞したので、それで自信がつきましたがなあ。

炭焼きやなんか、感心しません、手足が荒れてねえ。ひび、あかぎれが切れて始末がつかんので、あまり好きじゃあありません。

――川仕事と比べて、ですか?

川仕事はそう荒れませんなあ。水につけてねえ、つめとうても、川仕事でひびがきれたようなこたあ、ありません。山仕事は炭の粉がねえ、しみこんで、ここらじゃあイラクいいますが、乾燥しすぎて割れるんですなあ。

和太郎翁は炭焼きを生業と割り切り、よい黒炭を焼くために多くの人から教えを受けた。ただし、和太郎翁は炭焼きが好きではなかった。品評会に出品して入賞をめざしたのは、あくまでも自分の技術を確認するためだった。だから、入賞後は勧められても、品評会に一度も出品しなかった。

●一〇月のクダリミズ、ノボリミズ

和太郎翁が子供の頃、長尾に、神田さんという夫婦連れの椎茸のナバシ（茸山師《なばやまし》）が大分県から来た。枕ノ滝川の端に小屋と炭窯を築いて、椎茸栽培と炭焼きをした。椎茸のホダギにならないカシなどを炭に焼き、炭窯で椎茸を乾燥した。神田さんを長尾の人が手伝い、八重吉さんも手伝って毎日椎茸飯を食べさせてもらったという。

しばらくして、神田さんは椎茸栽培のため江津市の有福《ありふく》温泉に山を買って出ていった。山を買う資金の不足分は、長尾の森下さんが五〇円ほど貸した。

その頃の五〇円いや、たいしたもんだったですけえねえ。

「こりゃあ、旅から来た人に金を貸すのは危険性があるが思うたが、ちゃんと利子をつけて、きちっと返してくれたけえ。あれで、旅のもんでもあてにならんもんばかりおらんのう」

いうて、森下さんが笑いよりましたけえなあ。

私じゃあハッキリわかりませんが、自然栽培の頃だから、五年以上は（返済に）かかったんじゃないですかねえ。

椎茸の場合は、

「一〇月のクダリミズ（下り水）、ノボリミズ（上り水）」

と原木の伐り旬をいった。

和太郎翁が記憶する神田さんの方法は、原木に鉈目《なため》をつけて天然椎茸の胞子がつくのをまつ、自然に依存した原初的な椎茸栽培である。なかで、秋の土用頃を基準とする原木伐採の時期が、収量を左右する栽培技術のポイントだった。こうした技術的な難しさに加え、鉈目式椎茸栽培は収穫までの期間が長かった。そのため長尾に栽培技術が定着しなかったのであろう。

長尾で本格的な椎茸栽培がはじまるのは、昭和四三年に県の第一次構造改造事業でお宮の前に共同乾燥場をつくってからで、以後椎茸栽培が盛んになる。炭焼きから椎茸への転換は、栽培技術の進歩と、燃料革命で木炭価格が急落したからである。時代の流れのなかで、和太郎翁も炭焼きをはじめたが、椎茸栽培へと転換した頃には表舞台から降りていた。

和太郎翁の活躍した時代の桜江町は、広葉樹の雑木山が多かった。雑木山が多くの動物の棲息を可能にし、コウタケなどの菌類を育《はぐく》み、全国に知られた石見炭の原木となった。

和太郎翁の山の世界は、豊かな雑木山に支えられていたのである。

第四章　和太郎翁の里の世界

1　本職は農業

●農業が本職ですなぁ

和太郎翁はいう。

本業ですか？

わしは農業が本職ですなあ。

好きなことですか？

漁と船と石ですなあ。

和太郎翁は船頭や川漁をしたが、それは季節的であったり、一時的なもので、農業の作間稼《さくまかせ》ぎとしておこなったのである。

和太郎家は多いときは田を八反五畝、養蚕を主に畑を二反五畝耕作した。これは長尾《ながを》でも耕作面積としては広かった。それでも、和太郎翁が船頭や川漁などの川仕事を続けたのは小作地が多かったのと、奥さんが農業をよくし、両親が健在で農業や子育てを手伝ってくれたからである。両親の体が弱くなるにしたがって耕作面積も少なくなり、戦後の農地改革のときは六反そこそこ、現在は五反ほどしか耕作していない。

農業で忙しいのは稲と麦で、麦は牛の飼料に大麦、麦飯用に裸麦、さらに小麦もつくった。五月中頃から苗代をつくり、六月五日頃から麦刈りをはじめる。小麦は少し遅れて六月半ば以降で、田植え後に刈った。田植えは早いところは六月中旬にはじまり、末頃が中心だった。今田《いまだ》の水田は小田《おだ》の水田より早く用水を入れるため、田植えも一週間は早かった。田植え後の田の草取りはタグルマ（除草機）を押し、難しいところは手で抜いた。稲刈り後の麦蒔《ま》きは、一一月末か、一二月初旬からはじめた。

和太郎翁はこうした農業の合い間を利用して船に乗り、川漁やヤマリョウを続けたのである。

●農業だけで生活できませんなぁ

一町以上あっても、農業だけで生活できませんなあ。

それはねえ、手前のが一反六畝ぐらいで、カカリウケがおもでしょう。カカリウケいうのは、地主さんの田の委託栽培ですわなあ。

田によって、ここは一三場所、一六場所、一八場所と区別がありますわな。一六場所いやあ、一反に対して一石六斗を納めるようにねえ、今でも田の等級をいいましょお。

一八場所が一番ええ場所で、悪いのは九場所ぐらいのところもあるしねえ。砂地で地質が、ガリ

今田の水田は整然と道路と水路が通る。遠くに見える集落が長尾（1989）

田植え前の小田の水田で、苗を条植えするため六角を転がし筋をつける（1992）

ガリしたようなところが安かったですなあ。それから水害であろうてガレキになったのをねえ、整地したところが安かったですなあ。

だいたい、五割以上地主さんがとりよりましたなあ。少ないときには耕作者が四割ぐらいしかとれませんけえ、六割は地主がとりますけえ。ケンミいいますがなあ、

「割引きしちゃんさい」

いうたら、

「そがい割引きするようなら、ほかにつくり手があるけえやめてくれ」

いうてねえ。地主本位ですなあ。今頃は反対に年貢はいらんから、つくっちゃんさいですからなあ。

水害におうたときは、だいたいできた米の半分出しよりましたなあ。一八場所と決めはしてあっても、作柄が悪いとかで一六ぐらいはろうたり、なお悪いときには一四しかはらわんときもあったしねえ。

トウショクいうて、地主さんに専任の世話役がおりまさあ。そうですなあ、地主の番頭ですなあ。それが権利を持っとって、田を見て歩くんでさあ。地主さんは、旦那さんでわかりゃあしませんだけえなあ。

「おまえ（トウショク）、まかしたあるけえ、ええよにやってくれえ」

いうようなことでねえ。ケンミの相談もトウショクがおもにやりますからなあ。山の世話もトウ

ショクに頼んどくんですなあ。トウショクは、地主の家が耕作する田の手伝いをしたりするんですなあ。

地主さんはあの頃には、神さんみたいにねえ。地主さんの機嫌をとらにゃあ、耕作地を取り上げられるような恐れがあるもんじゃけねえ。

だいたい、今田と小田の田は地主がほとんど持っとりましたなあ。それに、コサクを持っとりましたからなあ。コサクは家屋敷も地主さんがみな持っとるんですなあ。地主さんから呼ばれてねえ、

「今日、お前なんなにに、家に来てくれ」

いうてねえ。なんぼ田植えで忙しゅうても、地主さんから呼ばれりゃあ行かにゃあならん。

コサクが地主さんの山仕事や田仕事の手伝いにいくのを、ヤトイといいよりました。ヤトイは一日が一〇銭ぐらいで、焼印を押した木の札をもろうて戻って、それをためといて、正月前の年貢払いのとき計算しよりました。家賃やら、地代から差し引いてもらうんですなあ。ここらは、とりいれが遅いから、だいたい一月三一日が計算日でしたなあ。それで、二月一日は勘定休みいうてねえ、ようやく勘定がすんだけえいうて休みました。

ヤトイは大正末頃が一〇銭で、当時石山に手伝いに行って一円、わたしは一円二〇銭貰いよりましたからなあ。ただの隣ですわな。その後多少は上がったかもしれませんがねえ。

うちは、田こそ借りましたがなあ、地主から家やら屋敷やら借ったおぼえがありませんけえ。こ

んな、いなげなところでも、昔からここにおりますがなあ。そじゃけえねえ、だいぶつくっても、ちいと人数の多い家やなんかは買わにゃあ、食糧が足らん家がありました、だんだん。地主さんも、農地改革でだいぶいためられましたからなあ。田は耕作権いうのがありましたからなあ、安うてあの頃一反が六〇〇円ぐらいで売買しておりましたなあ。

●秋はサクバシをかけた

カカリウケが多かったほかに、

「ここのものは、難儀しよおりました」

と和太郎翁はいう。今田や小田の川端の水田は、水害で一瞬のうちに瓦礫《がれき》の原になる。また、川は日常の交通の妨げにもなっていた。

長尾の家々が耕作する田畑は、ほとんどが八戸川をはさんで対岸の小田側にあり、今田側には少ししかなかった。住まいと農地が川で分断されている家が多かった。和太郎家は今田に一反余り、小田は四反少々あるが、全体ではその差はもっと大きかったという。

長尾と小田をつなぐ最初の吊橋ができたのは昭和二五年で、二回目の橋は昭和四〇年、今の長尾橋は昭和五六年に完成する。吊橋ができるまで対岸へ渡るには、サクブネ（作船）に乗るか、仮設のサクバシ（作橋）をかけるか、遠回りして別の橋を迂回《うかい》するしか方法はなかった。

長尾と下流の金尻《かなしり》では、作橋をかけた。ハシカケはすべての男が出るモヤイシゴトであった。長尾は家数が一三、四軒と多く、四、五日で完成したが、金尻は六、七軒しかなく、ハシカケに多い人で一六日も出た。

長尾の場合は、一、二日は材料集めで、橋を固定するカズラや材木をタテ（伐り）に行った。なるべく水に強い素材を選び、カズラは水に強いマツカズラ、材木は水に強いクリや、重くてよくささる樫木を使った。

小田の水田越しに、長尾橋（左方）と川向こうの長尾集落が見える（1992）

あとは橋の組み立てで、橋桁《はしげた》を組み、ソロバンと呼ぶ丸太を敷き並べ、その上に船板をおいて完成した。オオブネは、荷船の次は川漁に利用し、解体後の船板を作橋の歩行板《あゆみいた》に利用した。船板は四五尺（約一三・五メートル）と長く、幅もあり歩行板に最適だった。作橋を解いたあと、船板だけは水害にあわない安全な場所に保存した。船板以外の材料を、翌年に使うこともあった。

橋が完成するとみんなで祝い酒を飲んだ。完成祝いで一杯飲んでいると大雨になり、翌日には仮橋が流されたことも一、三回あった。

長尾では今の長尾橋の上流側に作橋がかかり、橋を渡って堤防まで牛が通った道が残るという。金尻の作橋は今の長尾橋の下流側にかかり、一八、二〇尺の長い柱を橋桁に立てて組んだ。作橋をかけなくなるしまいの頃には、長尾と金尻が共同で今の長尾橋のすぐ上にかけたこともある。

作橋は一〇月はじめの稲刈り前につくり、稲刈り後は麦蒔きの前に厩肥《きゅうひ》を運んだり、種蒔きに行くときも利用した。解体は一二月の麦の種蒔きや秋仕舞いが終わり、荷船を通すためのカワホリ（川掘り）の前であった。荷船がたくさん通った時代には、荷を積んだ船が楽に通れるように、船道にあたる橋脚《きょうきゃく》の一部分だけを高くした。

作橋は昔から秋だけかけ、春は作船を利用して渡った。ただし、作船は小さいので牛は乗せて渡せない。川の水が少ないときは牛を追って川を渡り、多いときは江尾《えのお》から市《いち》山《やま》を遠回りして小田に行った。近くの今田橋も当時まだ板橋で、牛が通れなかったからである。

わたしらねえ、今日は水が出る思うたときには、朝まだ人が起きてこん間に牛を追って向こうに渡って、竹藪《たけやぶ》につないで帰ってきてねえ。江尾に回るのと回らんのとでは、半日ぐらい仕事が違いますけえねえ。

長尾橋から見た八戸川沿いの長尾の集落。右の木が茂るあたりにサクバシを架けた（1992）

ときによって、水が増えて帰られんようなときには、小田の部落の親類やら心やすい家に頼んで牛の宿を貸してもらうんです。そういうことも、しよりました。

ここで、ツネヨさんがつぶやいた。

川はさんで農業すれば、たいがい苦労せにゃあやれませんでした。

農業を中心になってしてきただけに、ツネヨさんの言葉には実感がある。

それでも、この地域の農家はほかに比べて恵まれていた。そこ、ここに船頭がいて、農地に行くとき少々の大水でも渡るのに困らなかったからである。

わたしら、割合迷惑が多いかったですわ。船で人乗せて向こうに渡った思いゃあ、こっちから、

「今度も、また頼むけえ」

いうて遅れてきた人を、また渡しに帰らにゃならんいうことが幾度もありました。

船で人を渡す手間賃ですか？

そりゃあ、ないです。奉仕です。便利がられて、一口ありがとういうぐらいのことでさあ。そりゃあねえ、水の多いときやなんかは、船をあつこうたもんでなきゃあ、よう渡しませんけえなあ。

そういうときにゃあ、斜めに流れて自然と渡たらにゃあいけん。

和太郎翁には迷惑だったはずだが、口でいうほど嫌がった様子は感じられない。和太郎翁はそれほど川や船が好きで、船頭としての誇りを持っていたのである。

●補いとしてのステヅクリ

長尾でも第二次世界大戦前までは養蚕のほか、コウゾやミツマタをつくり、冬間に蒸して皮剥《かわは》ぎしてから、紙漉屋《かみすきや》に売って現金収入とした。それが、戦中戦後の食料増産のため、麦やサツマイモをつくるように変わった。さらに、イノシシやウサギ、サルが増え、山の畑では収穫できなくなり、スギやヒノキの植林に変えていった。

コウゾは山麓の斜面を中心に、畑とするには地味が悪い荒れ地に近いようなところや、畑のギシなどにも植えた。

ミツマタはコウゾよりさらに瘦地《やせち》でもよかった。雑木を炭に焼いた後の刈り山を焼いた山畑に、ソバや菜種、コウライ（アズキに似る代用）を植え、その収穫後にミツマタを植えた。土地が瘦せた場所では、山焼きしてすぐにミツマタを植えたところもあった。

コウゾやミツマタは手入れせず、せいぜい雑草を刈って肥料にするぐらいであった。毎年刈ることもあれば、一年おきに刈るところもあった。耕地を荒らすのがもったいないので作物をつくることをステヅクリといい、コウゾやミツマタはステヅクリであった。それに比べ、アサは平坦な畑に植え、クサラカシな

コウゾを刈る前に、巻きついた小枝をはらう（1993頃）（撮影：山崎禅雄氏）

どの肥料を使った。

コウゾやミツマタは年末からということもあったが、正月が明けて一月、二月の農閑期に刈った。刈るのはミツマタよりコウゾが、少し早やかった。

●コシキウムシはテマガエで

刈ったコウゾやミツマタはムシバ（蒸場）で束にし、大釜にのせた大きな甑《こしき》でコシキウムシをした。甑を個人所有する家もあったが、蒸場となっているカマモトの家の甑を共同利用することが多かった。

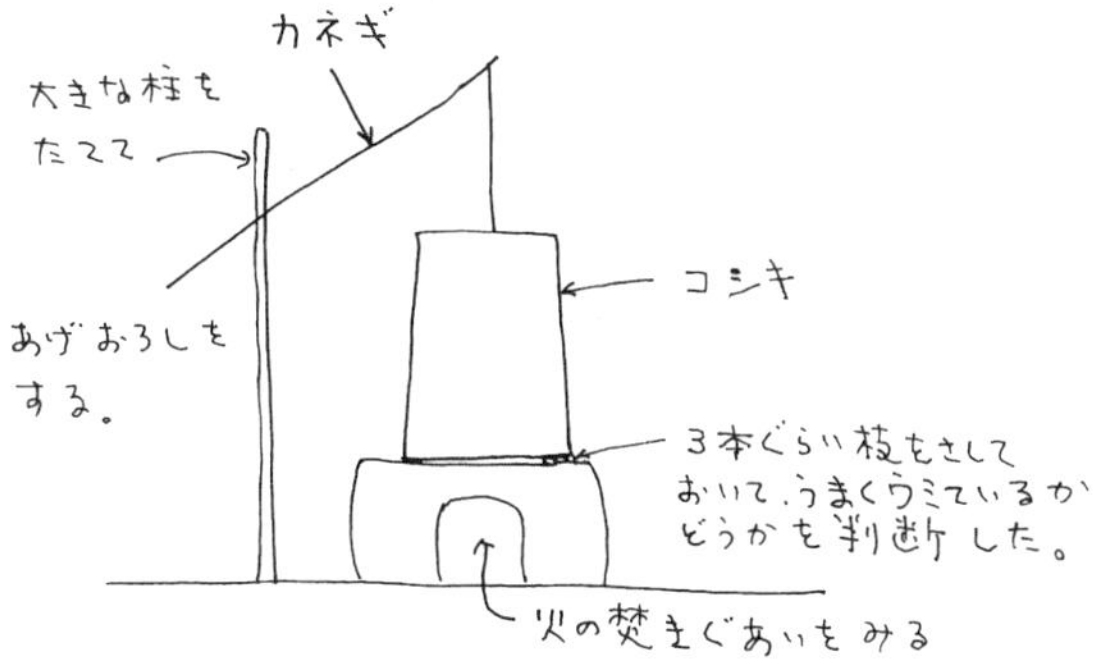

コシキウムシの概略図

カマモトは、長尾では佐々木千代太家、岩本安市家、金尻は井上寅太郎家と決まっていて、今田にも三カ所ほどあった。カマモトは水が容易に利用できる川に近い家だった。大釜の端に大きな柱を立て、上にカネギを取り付け、綱で甑を上げ下げできるようにしていた。

コウゾやミツマタは、甑の大きさに合わせて小束をひとまとめにしてから蒸した。大束にまとめるためフジカズラで巻き、カケヤで叩いてしめるのに力が必要で、コシキウムシは男の仕事だった。テマガエで、三、四人から多い場合は、六、七人で作業した。

蒸すのには四時間から五時間かかり、蒸し時間に差があるのは釜の焚き方の上手下手によった。炎ができるだけ大釜の後ろまでまわるように焚くのがよく、そのため竈《かまど》の奥の木を浮かして燃えやすくした。

皮剥ぎはカマモトの家の庭や、持ち帰って自宅の庭でした。熱いほど皮はよくむけた。皮剥ぎは女の仕事で、これもテマガエでした。

剥いで乾燥させた皮は、市山の三軒の紙漉屋が取りに来た。紙漉屋は、それぞれどこから買うかお得意さんが決まっていた。コウゾがミツマタより少し高く売れたが、量的には山畑を利用するミツマタの方が多かった。ステヅクリのわずかな収入でも、当時はほかに働くところもなく、貴重な現金収入として期待される金だった。

●川原でのイシウムシ

コシキウムシは昭和一〇年頃まで続いたが、大釜が傷むなどしてイシウムシ（石蒸し）に変わる。

イシウムシは川原に長方形の風呂桶の形に石を高く積み、その中で木を焚いて全体を温めたあと、中にミツマタやコウゾを並べ、上から濡れムシロを掛け、さらに上から水をかけて蒸す方法をいう。ミツマタより長いコウゾの枝が入る長い石漕だった。イシウムシも水をたくさん必要とするので川原で、コシキウムシと同じくテマガエでおこなった。

イシウムシは施設が簡単で、便の悪い場所でもつくれる。ただし、隅の焼けの悪いところは蒸しむらができ、やり直すこともあった。蒸したコウゾやミツマタは川に浸け、石でよそうて（囲って）水が流れる

桜江町勝地でのコシキウムシ。上右＝コウゾを大束に結わえる、上左＝滑車でコシキをおろす、下右＝熱いうちにコウゾの皮をむく、下左＝コウゾの皮を束ねて干す（1991）（写真撮影：山崎禅雄氏）

ようにしてから、皮をむいた。

イシウムシは広島から石工仕事できた森野さんがはじめ、広めたのである。森野さんが上手なので、みな頼んで築いてもらった。

紙の原料として、ガンピもとれた。月ノ夜《つきのよ》の高橋春男さんは、岡山県から炭焼きで来て養子に入ったが、ここにガンピがあるのを見つけ、専門にとって歩いた。

2　盛んだった作間稼ぎ

●マルモノヤとカワラバ

森野さんや高橋さんのようによそから桜江町に働きに来ることも、桜江町からよそに働きに出ることも多かった。はじめは作間稼ぎとして、農閑期に出て行くことが多かったようである。

このあたりから、マルモノヤ（丸物・陶器屋）やカワラバ（瓦場・瓦屋）に職人で行っとりますけえなあ。季節的に、夏がおもですなあ。今とちごうて天日で干して乾燥しますけえ、冬はマルモノヤもカワラバも休みますけえなあ。小田からは、私がおぼえてからも四、五人マルモノヤへ行っておりましたなあ。長尾からは、マルモノヤへ行ったもなあおりませんでした。

カワラバには八戸《やと》の衆がようけ行きよりました。わしも二、三カ月程雇われて、カワラバに行ったことありますがなあ。九州で叔父が瓦製造しよりましたけえなあ。慣れとるけえ、だいしょう知っとろうがいうてねえ。

そりゃあ、えらいよお、えらいよお、あんた。

「石州瓦師、日向の鳥を、朝もとうから・・・」

とかいいよりましたがな。マルモノヤでもカワラバでも、仕事がえらいですけえなあ。

「朝星を見て、星でしまう」

いうようにねえ。食べるのは、窯元から食事が出よりましたがなあ。食べて、一日に一〇銭貰いよりました。一月二五人役働いて、二円五〇銭ぐらいしかなりませなんだ。大正七年頃でしたかなあ、米が一升一七銭しよりました。それから米騒動がおきて五〇銭ぐらいになりましたなあ、このあたりでも。

食べて一〇銭から一二銭の人がおる、一五銭の人も、窯を焚いてねえ四〇銭から四五銭貰いよる人もいました。窯焚きは慣れた最高職人がねえ、焼きよりました。薪で焚くんだけえ、火が過ぎたときやなんか、瓦がドロン、ドロンにな

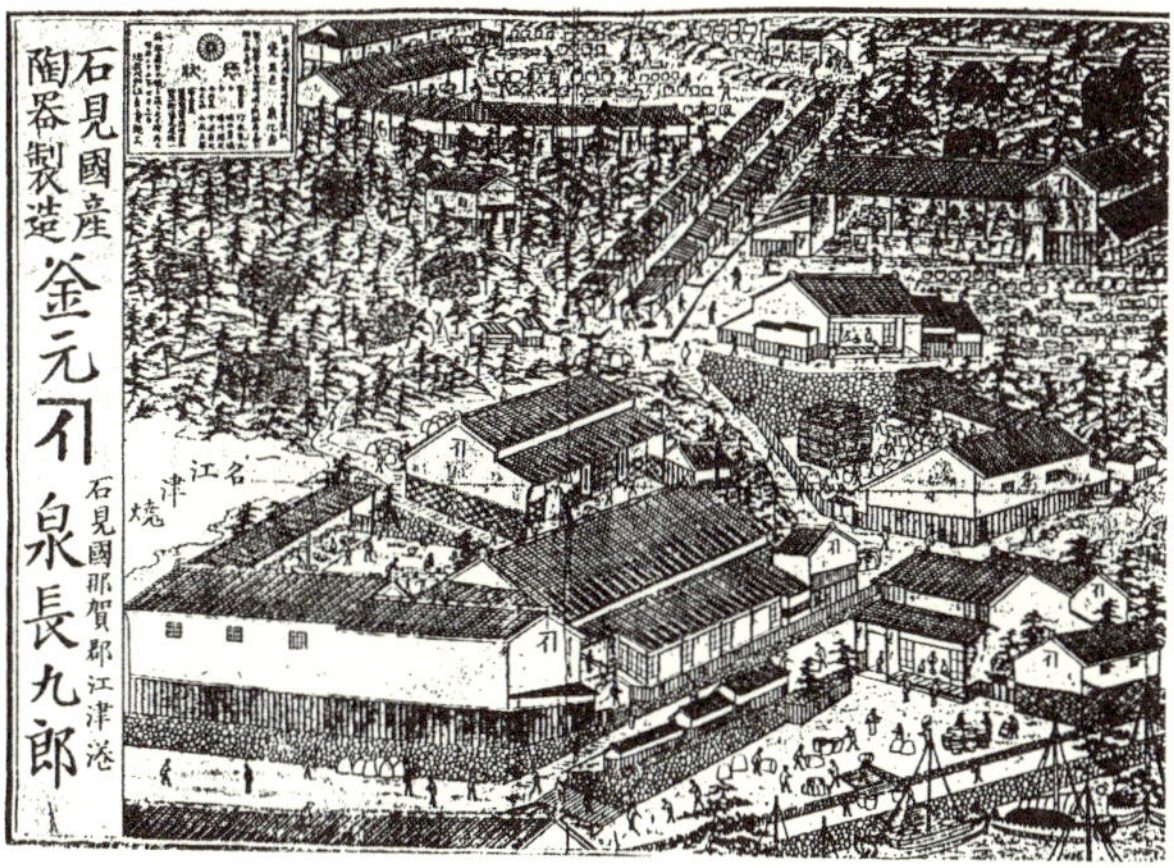

明治27年の『石見国商工便覧』では江川岸で盛んに江津焼きをつくり、和船で運んでいた様子を知ることができる

りますからなあ。ガラスがとけて柔らかくなりましょう、あような具合になります。上手下手があってねえ、あれの窯じゃあよかった、悪かったいうて批評があるんでさあ。それで、窯を焚く人は競争でやりよりました。

江津《ごうつ》の丸物や瓦の窯場は江戸時代から続いていて、この地方からも早い段階で作間稼ぎに出ていたのかもしれない

●遠賀川の石炭船

作間稼ぎは、陶器や瓦の窯場だけではなかった。

親父さん（八重吉）の時代に、ここらじゃあ、遠賀川《おんががわ》の石炭船に行かなかったもなあほとんどなかったですけえなあ。小田・川戸・市山・今田あたりでねえ。まだおりましたろうが、それから先は知りませんけえねえ。

船に乗るもんもおるし、仲仕もおるしねえ。冬の農閑期の出稼ぎにねえ、百姓もっとりますけえなあ。本業の人もおったかもしれませんがねえ。

浜田まで歩いて行ってねえ、汽船に乗って江崎《えさき》（山口県阿武郡田万川町）とか、萩《はぎ》とかに寄港して、今晩の八時か九時頃に乗ると、翌日の昼の一時頃にならんと門司《もじ》につきよりゃあしませんだった。

あっちにちゃんと人集める周旋屋がありますけえなあ。あっちから、なんぼなんぼぐらい雇うて

くれいうて指示がありますけえなあ。通知があれば雇うて歩くんですわ、（地元の）慣れた人がねえ。

遠賀川から、イツカイチですか、そこから若松（北九州）の双子島《ふたごじま》まで石炭を運びよりました。大きな船でした、ダンペイ（団平船）いうてねえ。遠賀川を石炭船がようけ下りよりました。わしが九州におるとき、修学旅行いったときにでもねえ。

●住郷コビキに長尾イシヤ

長尾からの作間稼ぎが少なかったのは、イシヤ（石屋）が多かったことが関係している。また、住郷《じゅうごう》にはコビキ（木挽き）が多かった。コビキには木を伐採するバッサイと、板に挽くイタヒキの仕事があり、人により得手不得手があった。

長尾のイシヤは初期の段階では山から石を割って出すコワリシで、三江《さんこう》線の鉄道工事や水害復旧工事が盛んになってからは、石を積むツキマエも次第に多くなっていった。イシヤは、石割りから石積み、細工までを含めた、職人の総称として使われたのである。和太郎翁は船頭として石を運んだだけでなく、イシヤではないが石が好きで、コワリシを手伝った。

昔から標語みたいにねえ、

「住郷コビキに長尾イシヤ」

いうてねえ、住郷にはコビキさんが多かったですなあ。住郷には一盛り、五四人コビキがいたいいますからなあ。ここは、コワリシやツキマエが多かったですなあ。この集落（長尾）だけでもコワリシが一二、三人おりましたからなあ。うちも、若いもんがイシヤでさあ。石も築きよりましたがなあ。

湯浅修造さんがイシヤでねえ、井上藤太さん、隣は親子連れイシヤだったしねえ。水害からこっち災害復旧工事でよそから来たツキマエが増えましたが、それ以前からイシヤがおりましたよ。月ノ夜の山崎栄吉さんは有名なツキマエでした。前の町長の湯浅さんの客殿の石垣やなんか栄吉さんが築いとります。農業をやりながらでしたがねえ。そうですなあ、五〇年ももっと前に亡くなっとりますなあ。八〇歳近うなっとりましたかねえ。背の高い大けな人だったが、そりゃあええ石垣を築いとりまさあ。

ここから、仁摩《にま》町（邇摩《にま》郡）の琴ケ浜から瑞穂《みずほ》町、石見《いわみ》町まで、すてきなほどアオイシの石山がありました。三江線の石はみな同じような石ですけえ、同じアオイシじゃあないですかなあ。アオイシは彫刻用には難しいですなあ、石が硬すぎて粘りがないけえねえ。風化はせんかわりに、角やなんかがあたった場合に壊れやすいですなあ。うちの二軒上の岩本安市さんは本職はコワリシだったが、体を悪うしてアオイシで墓石をつくりました。

長尾ではアオイシ（青御影石・安山岩）がとれ、コワリシがいた。墓石などをつくるイシヤをセッコウといったが、長尾のアオイシは彫刻に適さず、セッコウはいなかった。ただし、岩本さんのように器用なコワリシは簡単な彫刻ができた。イシヤは石のメ（割れ目）が読め、石の性質がわかるので、技術の応用がきいたのである。

山の石は発破（火薬）で割るか、オオデコでおこして下にこかす（落とす）。オオデコは全部鉄で重さが二〇キロはあり、長さは使う場所によって一・五メートルから二メートルまで使い分けた。オオデコは山に持って上がるのすらが大変だった。普通のテコは二、三キロだった。

だいたい、オオデコで落とすことが多かったですなあ。石にはどこかにメがありますからなあ。

一個であんた、五〇〇個から七〇〇個ぐらいとれる大きな石があります、四畳半一間ぐらいの大きさの格好でねえ。そのときには火薬でやらにゃあやれん。火薬でやるのを、発破いいますわなあ。

わしは職人じゃあありませんがねえ、イシヤさんにずうっとついとりゃねえ、見慣れで自然とメを覚えてやりよりました。

発破にも、ヨコアナいうのもあるし、アゲアナ（下から掘る穴）いうのもあるし、タテアナいうのもあるしねえ。三通《みとお》りも、四通《よとお》りも、石によって穴の開け方が違いますけえなあ。

和太郎翁との話の途中でときどきながめたフタマタ山の尾根でアオイシがとれた（1991頃）

わしが石の真上に登って、六分のハッパノミで発破穴をくりよった。

「こりゃあ、石がいごくようなけなあ」

いうたら、イシヤさんが、

「なにが、うごこうな」

それからどうもおかしいと、発破穴にオオデコ、二〇キロデコ入れて、

「こんな、ほんとにいごくわや。火薬かけんこに、うごかしてみよう。」

いうて、グスリ、グスリうごかして、とうとう谷川まで落ちました。

だいたい、二〇〇メートルぐらいかしら（高さのところ）に止まって、そこで割って（小割り）、木馬《きんま》で出してやりよったのが、なにが対岸まで落ちましたけえ。その石から七〇〇個となんぼ、間知石《けんちいし》が出たいうとりました。わしがおぼえてから、あれが一番大きかったと思いますなあ。


山から割り出した石は、山の中腹にあるコワリバ（小割り場）で間知石に小割りする。コワリバから船着き場まではトロッコで、人を日当一円六〇銭で頼んで出してもらう。当時の船頭の日当は一日二円から二円四、五〇銭ぐらいになり、石船は川を下って運ぶので楽な仕事だった。

このあたりでは三田地《みたぢ》が一番大きな石山で、コワリシが一六人から一八人いた。そして、このあたりの鉄道工事の石はここからおもに出していたという。

石積みで、石組の背後にセメントを使う積み方をネリヅミ、セメントを使わない積み方をカラヅミという。鉄道に使う切石は、石のツラ（カオ・表面）が一尺角で、ヒカエ（奥行き）がネリヅミでは一尺二寸、

カラヅミでは一尺五寸と長くして強度を確実にした。

トンネルの入口の巻き石に使う間知石は、イントランスといって大きめの石を使った。ツラが一尺五寸角でヒカエが二尺二寸ぐらいあった。イントランスは近原のトンネルに使っている。

今でもあっこ（近原のトンネル）を通れば思い出しまさあな。重いですけなあ、二〇貫から二四、五貫ありよりましたなあ。山からトロッコで出しまさあなあ。一寸ほどの厚い板でねえ、川端から船に道をかけるんでさあ。石がずれませんけえ、青竹がよう滑りますけえ敷いてねえ、引っ張りこむんですなあ。

担いでも二人でどうやらこうやらくらいのことです。チンチョ（チェーンボロコ）いうて、鎖で縛って担ぎあげよりました。チンチョは朝鮮の人がよう使いよりました。鉄道時分には、朝鮮からようけ来とりましたからなあ。

（鉄道時分には）いろんなところからイシヤさん（ツキマエ）が来よりましたからなあ。宮城県の仙台の方からでもねえ。「わしやどこ」「わしやどこ」いうてねえ、訛《なまり》もみな違いよりましたからなあ。

戦後の堤防の護岸工事に使う間知石はヒカエが一尺五寸が普通で、一尺五寸でも場所によってはネリヅミにすることがあった。最近になって、堤防に一尺二寸を使うようになったという。さらに、一尺八寸という間知石もあり、肝心なところに使っていた。そのうえに、二尺二寸もあって隅石などに使ったが、あまり多くは使わなかった。

長尾にはアオイシの出る山はあったが、その利用は鉄道工事がはじまるまではそれほど多くなかった。切石を使った一部の屋敷の石垣などに限られていたのである。それが、大規模な鉄道工事、水害復旧工事などによって、近くでとれる石積みに適した石として利用されるようになった。石山に近い長尾に次第にイシヤが増え、技術も小割りから石積みへと広がった。ツキマエの手元まで石を運ぶ人をテコマエというが、テコマエをしながら石積み技術を覚えたのである。そして、専業のツキマエとして外に働きに出るようになったのである。

3　水害とつきあう

●水害とのつきあいも、上手になる

川沿いに暮らす人々は川から多くの恩恵を受けたが、生活や生命を脅かす水害も避けられなかった。長尾の集落は八戸川が大きく湾曲した右岸（外側）に位置している。そのわずかな谷間に開けた集落に、二つの谷川（枕ノ滝川と宮ノ谷川）が河口で合流して八戸川に流れ込んでいる。和太郎家は、長尾でも一一

和太郎家の脇を流れる枕ノ滝川は、護岸に石積みとブロック積みが交ざる（1992）

つの谷川が八戸川に合流する接点に位置し、川と向かいあって暮らした和太郎翁の生き方を象徴しているかのようである。

和太郎翁をはじめて訪ねたときうかがったのが、水害の話だった。その後、和太郎翁の好きな船運や川漁にテーマは移ったが、里での暮らしが話題になったとき、ふたたび水害の話になった。川沿いの人々の水害への関心の強さと、暮らしを貫く大きなテーマであることを改めて思い知ったのである。

水害は川沿いに住む人々には不意に訪れる不幸な出来事ではあるが、人々はただ恐れてばかりいたわけではない。度重なる水害に対して、日頃から備え、水害を予測してから水害後まで適切に対処する知恵をつちかってきた。それは、水害が生活のひとこまとして、暮らしの中に織り込まれているかのようですらある。そして、和太郎家の母家や納屋の新築や改築、養蚕などの生業の変遷も水害を契機としていたのである。

和太郎翁はおもな水害として、五つの水害をあげた。

そのうちの三つの水害は、八戸川が江川本流にぶつかって、そこから逆流（バックウオーター）してきた水による水害である。地元では「エ（エミズ）」と呼び、「エがくる」といって恐れた。エは長尾から上の今田と市山の間に架かる鮎見橋まで上ったことがあるという。和太郎家の母屋を基準にすると、二階の床上二五センチまであがった昭和一八年、床上六〇センチの同一九年、床上二〇〇センチの同二〇年の水害は、エによるものであった。

あとの二つは、集落の背後の谷川から流れ出て引き起こす水害で、地元では「タテミズ」と呼ぶ。昭和四七年と同五八年は、タテミズによる水害である。

長尾でもことに水害にあいやすい場所に建つ和太郎家は、エとタテミズで前後から脅かされたのである。

和太郎翁にとって一番印象深かったのは、昭和一八年九月一八日の水害である。水害の経過をおいながら、長尾での水害とのつきあい方を和太郎翁に語ってもらった。（＊と＊の間はツネヨさんの話）

●これは、大水が出るわい思うたですなあ

そんとき（九月一八日）にねえ、親父さんは家におんなったが、こんなら（奥さんと和太郎翁の妹）養蚕をしよりましたけえ、朝から向こうの部落に桑取りいってねえ。雨が降って八戸川が増水しはじめたけえ、早めに桑を取りにいったんです。もうちっと、もうちっとと、桑をとっとる間に水が増えて、よう帰らんようになってねえ。よう帰らんこに向こう（谷川の向こう）の家まで帰って、川を渡れませんけえ、そこのニゴサエ（荷拵え）のテゴ（手伝い）してねえ。

＊養蚕は私が嫁にきて（昭和六年）からはじめました。それまでは、桑の葉を養蚕家に売っとりました。蚕棚は、表の二間に置いておりました。養蚕間は、おじいさんやらは二階に寝て、私ら下に寝よおりました。（昭和）一八年に養蚕道具もみんなつまらんようになってから、養蚕をやめました。オキ（川端）の方の桑畑も全部流れて桑もなくなりましたからねえ。桑掘り返して、

麦つくったりアワつくったりねえ。それから、今度は戦争がひどうなって、食糧増産のこと考えにゃあならんからねえ。それでサツマイモ植えて、みな供出しとりました。＊

荷物は、昼前にあらかたかたずけ、下（一階）にまとめといてねえ。これは、大水が出るわい思うたですなあ。

どうしてわかったか、ですか？

大水になるに違いないという想像からの判断ですが、その想像は的中しとりました。なんというても雨がひどいだけえ、雨足が違いますけえなあ。ここらじゃあ、ああゆうときの荒い雨のことを「細引きみたいな雨が降る」いうてねえ。よそじゃあ通用しませんが、ここらじゃあそういういい方で通用します。細い綱さげたようにねえ、ほんの筋になって降りましたけえ。細引きみたいな雨が二、三時間も連続で降りゃあ、大水になりまさあ。

昭和47年7月12日の大水害で、屋根まで浸かった川戸の町場（写真提供：桜江町役場）

それから、八戸川の水が増えはじめ、それがおさまったかな思う頃には、江川の水が増えて、こっちへエミズが上がってきますけえなあ。

●お昼食べてから避難しはじめた

牛は第一番に出さなけりゃあ、やれませんけえなあ。大けな、繁殖（牛）がおりましたけえ。昼前にねえ、餌を食わしといて。一日《ひして》や二日食わさんでも、死ぬようなこたありませんがねえ。それを上の家のモウソウ藪《やぶ》の中に、両方に綱をとってつないどいてねえ。牛も水が増えて腹に届くようになりゃあ恐ろしがって、いやがりますけえなあ。

へいぜいはねえ、牛は水が怖いいうても、裸にして乗ったりして川を渡りよりましたけえなあ。八戸川の向こうの小田の田圃《たんぼ》に行ってねえ、帰りに水が増えてやれんようになったときに、よその衆はずっと上の江尾橋をまわって帰りますがなあ。私はたいがい、牛に乗って帰りよりました。ときによりゃあ水のせいで、振り落とされることもありましたが、綱持っときゃあ牛が泳いで引っ張ってくれる。

牛はよう泳ぎますなあ。この前話しましたが住郷の渡し船でねえ、水の多い日に四歳のコットイ（雄牛）が向こう岸まで泳いで船を曳いた話ねえ・・・。

動物は泳ぎが達者ですなあ、シカでもイノシシでもねえ。昭和三八年は大雪の年でイノシシが邑智郡で六〇〇頭とれましたが、そのときイノシシが八戸川を渡るのを実際に見とります。小田に渡ったところで殺されましたがな。

お昼食べてから避難しはじめたんですなあ、わしら。子供が三人ぐらいおる。一番上の姉が七、八つ頃で、乳飲み子も一人おる。よわりました。姉が負うて、めざまし時計持って、おばあさんもいっしょにねえ避難しました。この上のお宮（大山祇神社《おおやまづみじんじゃ》）の森に、ここの並びの三軒が皆ねえ。川向こうに渡ろうにもあんた、お宮の橋も落ちとるし渡れんのです。

子供を先に出して、それからおやっさんと二人で荷物を二階に上げましたが、おやっさんも先にサクブネに乗して出した。サクブネはねえ、イマズ屋のイチギ新一さんが当番だったが、

「当番ようせんけえ、ここに預けさせてくれえ」

いうて来てねえ、うちの裏のクリの木につないどいて、トモヅナを寝間の柱にくくりつけといたのがありましたからねえ。

わしが一人終いまで残って、荷をあらかた上げてから、荷が流さたりするけえ戸をたててねえ。釘を打つ余裕はありませんなあ。トット、トットと、逆渦みたいに水が打ち寄せますけえなあ。昔は木で作った雨戸がありよりましたが、あれをたてると（家の中は）暗うなるんですが、一つの防備だけえねえ。

それから、（裏山まで）わずかじゃけえ泳がれると思うて、バーッと泳いだところが、ズウーッと下の方へ流されてねえ。長尾橋の下にハチクヤブいうて竹藪がありました。あっこに入いらにゃあ入るところがない思うたら、逆渦でギリーッとまわって、またここに戻って来ました。それ

から、岸に上がりました。

綿入れ着とらにゃあ、濡れりゃあさぶうなりますけえなあ。綿入れは濡れとっても、割合暖かでしたなあ。綿入れを着てねえ夕方からじっとしとると、朝まで体温でだいぶ乾いておりまいたなあ。

岸に上がって見とりゃあ、クズヤ（草）葺《ぶ》きの家が流れるのがわかりますけえなあ。奥の方から、旭町のクズヤ葺きの家がそのまんま流れるのがねえ。流れた家が川戸の鉄橋へ引っ掛かってねえ、そのころにはオオカワ（江川）が増水しとって、ほんのノロ（野呂）になっとりますけえなあ。エミズが来とって、あっこに全部溜まっておりました。志谷《したに》の下まで溜まっておりましたけえ。四間ぐらいな梁のクリの木ばっかりでつくった丈夫な家で貫がついたそのまんま流れとりましたけえなあ。瓦葺きでも流れますが、クズヤ葺きは流れやすかったですなあ。クズヤ葺きはよう浮きますわなあ、（屋根が）鳥が羽を広げたようになってねえ。
＊ここらはちょうど、大水（エ）のときにはヨドになりますけえ、長尾で家が流れるいうことはありません。＊

●自然とわかってきまさぁ

うちも昭和二年に二階屋に建て直すまでは、クズヤ葺きでねえ。その頃までは山に、水害のときの避難小屋がありましたなあ。

二階に建て直してからは瓦葺きでねえ。へいぜは二階の一部屋には藁をおいて、あとの一部屋は年寄りが寝とりました。布団も濡れんように二階にある程度上げとりましたけえなあ。水害のときは二階でも木の箱や桶を台にして一尺ぐらい高こうして、畳をおいて、その上に布団を置くんですな。

仏壇は上げんこに、仏さんだけ上げてねえ。仏さん上げても仏壇やなんか水に浸かって、ドべがついてごちゃごちゃになりますけえなあ。やりかえなやれんで思案しよって、とうとう昭和五五年にこの小さいのを新調しました。うちは、住郷の長玄寺（浄土真宗）です。ここらはたいがい西本願寺が多いですなあ。

神様は高いけえ（鴨居の上に祀る）そのままにしてねえ、御札が濡れるぐらいでこらえてもらいました。

便所ですか？

便所は外の納屋にたいがいありました。今でも納屋にあるところが多いですよ。母家にもお客さんのためにあるが、農作業していていちいち上がるのが大変ですからなあ。風呂も母家の庇の下にありました。

便所の蓋ですか？

しよりました、ときによればねえ。竹を編んで簀《す》をこさえてねえ、その上に古ムシロを被して、浮かんように石を置いてねえ。竹の簀はみやすいもんだけえ、あっちに一〇セン（センチ）、こっちに一〇センと余分を見て編んでねえ。板やなんか置きますと、バラバラになって浮きまさあ。どっちみちきたのうはありますがなあ、ちょく（直）に流れるより、ええけえいいよりました。一八年のときはやりませんでしたなあ。

昼の大水なら避難するのにも、荷物を片付けたりするのも便利がええがねえ、夜はやれませんなあ。それで避難するときには「最初に畳と床板は上げるものじゃあない」いよりました。荷持を上げたりするのに床に落ち込み、怪我あするからねえ。畳は濡《ぬ》れてもねえ、仕方がないいうてねえ。

昔はちゃんと、座板も釘で固定しとりましたけどなあ。それが水が入るようになって、釘でとめんこに目を詰めて敷きよりました。さいさい水害にあいますとねえ、自然と利口になって、今度はこのくらいの水じゃけえ、このくらいにすりゃあええいうことが自然とわかってきまさあ。どっちかいやあ、上手になるんですなあ。

お宮の下に井上いう家がありますがな。そこの若い嫁さんがねえ、済生会の看護婦に行きよりますが、川越の田津《たづ》の駅の前から来とりますがなあ。あっこら、水害の常襲地帯ですけえなあ。水害のときゃあニゴシいいますがな、

「お母さんこんだあ何、こんだあ何」

と、あれが避難のとき上手にニゴシするけえ、わしゃあ楽だと喜びよりました。

日頃からの、心構えですか？

大雨が降る頃にゃあ危ないけえいうて、避難ゴサエに二階にある程度上げよりました。食料品がおもですが、米に味噌、おかずは漬けもんぐらいしかないけえねえ。炊事道具やなんかはそのまま置いといて、持って歩きませんでしたなあ。普段着るものは上げてないですけえなあ。チョイチョイ着や、季節外れのものを上げとったですかなあ。

籾は納屋の二階の物置きに上げとりました。籾は少々濡れても干せば使える。米は玄米でも水に浸かっちゃあ、つまりませんけえなあ。籾摺《もみすり》は年二回ぐらいにやり、母家の二階に上げました。精米は、あまりおいとくと夏は虫がつきますけえ、さいさいねえ。その頃は個人で精米機持っとる家はほとんどありませんけえなあ。市山の農協で二月に一回ぐらい、荷車に積んで持っていきよりました。

ここで、最初の調査のときのノートから、水害について少し補足しておこう。

和太郎翁は畑に作物を植えるとき、水害で水に浸かることを想定して植える場所を決めていた。

水に浸かりやすい畑には、サトイモ、ナガイモ、トウモロコシ、キビを植える。トウモロコシ、キビは背が高いので、

和太郎家の直ぐ前の八戸川端から見た
現在の長尾橋（1990）

水に浸かっても強かった。

反対に水に弱いのは、ジャガイモ、サツマイモ、大豆、アズキ、ウズラマメ、スイカなどで、水の浸かりにくい高い畑に植えた。

長尾と金尻は作船を持っていて、川向かいの小田への耕作に利用したほか、水害時に救護船としても利用した。日頃は「船番札」を回して当番が管理していたが、昭和二五年の吊橋、同四〇年には強固な長尾橋ができ、作船も必要なくなる。救護船には荷船として使われていたオオブネが使われたこともある。

ふたたび和太郎翁の水害についての語りにもどりたい。

●宝ひろいするようなもんで

水は朝（一九日）には引いとりましたが、いつ引いたかわかりませんだった。

帰って、ここを見たら、さっぱりやれんようになっとる。それでも、ご飯ごさえせにゃならん。水に浸かって竈《かまど》が使えませんけえなあ、家の前で石油缶を切ってね、竈にしました。あれで一週間も、それ以上も炊きよりましたろうかなあ。こんなら、朝遅うなってから、ポカーンとした顔して帰ってきましたからなあ。

そりゃあ、あんた、ほんに、あの水害あげくいやあ、家ん中ざまあない。こげなとこによう入られるか、いうぐらいでねえ。荒れとりますけえなあ。雨戸は流れ、半分ぐらい残こっとったですなあ。丸太やなんかが突き当たって、戸車から外すんですなあ。それでドベ（土砂）が（家の中に）入って、畳は腐って、みな捨てにゃあやれんしねえ。

衣類やら家財道具が、ギリギリ渦にまかれて土砂の中にいか（埋）っとつたからねえ。毎日掘り出すのに、宝ひろいするようなもんでした。今日は何が出た、今日は何が出たいうてねえ。ミズハンドウ（水瓶）がねえ、わからんがどこ行ったいうたら、寝間の奥の土砂の中にいかっといて、わからんように土砂が溜まっとったからねえ。家の中の上に溜まり、床下に溜まりましょう、そいだけえ、砂利と砂とが深さ一メートル五〇ぐらいありました。

それでも、川戸あたりみたいにエミズが来て、水がスーッと自然に入るようなもんだったらね、引くのを待っといてドベを掃いて掃除をするけえ、水がないようなったときには大概きれいに掃除がすんどりますがなあ。ここらじゃあ、エミズの引きが早いけえ、掃除はできません。

あのときゃあ、二階の上七寸ほど水が上がって、二階にみな箪笥《たんす》を上げとったが、箪笥の下棹《したざお》がみな浸かっとりましたけえなあ。ここらで浸からん家は、ほとんどありませんでした。山手の方の人が浸からんぐらいのことでねえ。あのときには、ここらで何軒流れたかいのお、カワナ屋・オオミ屋・ナカダ屋、それから、モトナカ屋、ほれからナカ屋の五軒流れました。
＊寝るのも、二階に寝たり、水の浸かっておらん家に寝してもらったりねえ。＊
うちの家も半倒壊してねえ、役場から調査に来ましたけえ、

「どのくらいな傷みですか」

と聞いたら、

「まあ、全壊いうてええなあ」

といよりました。水害の後には役場からねえ、石灰ふったり消毒しに来てくれまさあ。それが、さいさい水に入りますけえなあ、壁が一番落ちよりまさあ。たんびに塗りかえですなあ。床下の柱の下が、ドベが溜まって腐っとってねえ。それでやれんようになって、おぎないで修理しましたがなあ。

納屋においといた肥料やら、船の帆一つは流しましたなあ。その晩に、納屋が倒れてしもうてねえ。つぶれた納屋は昭和三二年に、母家は四八年に建てかえました。

水害の後始末で協力し合うこたあ、ここらじゃあありませんなあ。田植えやなんかで忙しいときにねえ、ご飯炊いて当番で回りばんこで準備しょったことが一回だけありましたが、長続きしちゃあおりません。

●すぐきれいな水が流れてきますよ

井戸は埋まってしまい、川へ行ってきれいな水を汲んで、澄まして飲みました。水の施設がありませんのじゃけえ。

井戸は昭和九年のときに、水があんまり不自由なけえ、井戸掘ろうじゃないかいうて、うちと上と上隣であっこへ井戸を掘りました。一四年の年に、水が切れてやれんけえいうて、井戸をまた一メートルぐらい深こう掘りましたけえなあ。それまでは井側埋めとりましたが、新しゅう掘ったところにゃあ井側は埋められませんけえ、桶つくってもろうて埋めました。松板で桶をつくってもらいました。それでも、日照りのときには、掘ってさらえよりました。井戸さらえだ、いうてねえ。

それまではオオカワ（八戸川）の縁に、谷川の底を通って出る清水がありましたけえなあ。きれいな、冷たい水が、堤防の縁に湧きよりましたわな。そこの水、汲みに行きよりました。まわりのものもそこに汲みに行きよりましたわな。ワキミズいいよりましたわな、清水のことをねえ。

寒の水を水害の備えにしたか、ですか？

＊昔は寒の水なら腐らんとか、体にあたらんとかいうてねえ。一升ビン二本でも三本でもためてねえ、夏暑いとき飲みよりました。水害に備えるというじゃあありませんねえ。水害の後は、どこでも一寸きれいげなところでとって飲みよりました。山の中だから、すぐきれいな水が流れてきますよ。＊

ここらでもへいぜいは水がないのに、大雨が降ったときは水が上がるんですなあ。

●一八年は一番ひどうかったですなあ

一八年は一番ひどうかったですなあ。それから、川もところどころ直すようになるしねえ。それに昭和一八年、一九年、二〇年と続きましたからなあ。

一八年の水害あげくに、復旧工事に学徒動員でねえ、来られた人もおられました。県下からでもだいぶ救援物資を貰いましたわなあ、松江の方からねえ。礼状もだいぶしょう出しました。長尾に亡くなったもなあおりませんが、市山で家が流れて、おじいさん、おばあさんが亡くなりましたなあ。水害のときゃあ、家の中にいたんじゃあ危ないけえねえ。

昭和五八年の水害で一番悪いのは、この前の橋が悪かったです。その頃にねえ、林道が修理になって、橋をつけかえることになってねえ。日高さんいうて世話やきの人がおったが、

「わしが、サービスに橋に欄干《らんかん》つけたげる」

いうて木の欄干つけちゃんさった。それへ材木やなんかが引っかかってねえ、見る間に水が上がりましたけえ。今でも、橋の下に柱がありますわなあ。あれへ材木やなんか流木が流れこんでかかって、それで五八年の水害も、はようここに水が上がりましたけえなあ。昭和五八年には、床上二五センチほど上がりましたろう。夜寝てる間に水が出て、寝間ようあげんこに裏山に飛んで出ましたからなあ。

今度は、奥に堰堤《えんてい》ができましたからなあ、流木がほとんどありませんけえなあ。ほじゃけえ、この橋にかかりませんが、どうせかけかえてもらわにゃあやれんいうて、みな話よりまさあ。下の脚が悪いんじゃあけえねえ、あれに物が引っかかるんじゃけえ。うちはどっちかいやあ長尾でも水の入りやすいところですけえ。

ダムの調節でねえ、だいぶ緩和してくれますけえ。夕べらでも江川の浜原ダムで毎秒何トン放水しますけえいうて放送しますけえねえ。浜原ダムでも五〇〇〇トン以上を超えりゃあ、ここいら

でも警戒しますけえなあ。エが恐ろしいけえねえ。

八戸川（ダム）は三五〇トンから四〇〇トンぐらいの放水なら、まあまあですみますがなあ。八戸川は出るのは早いが、引くのも早いですけえなあ。

今朝の水はまだ濁りがありましたろうがね、いくぶんかは。わしちょっと、四時半すぎと早かったが、橋のところまで出て見たんじゃがね。川霧があってはっきり見えんかった。あんた、よう見て来んさったり、いにんさったりした、思うてねえ。


水害の緊迫感は伝わるが、すべての行動がマニュアルに沿っているような流れがある。それが、長い経験を積んできたということであろう。

なお、最後の水の濁りの話は、前日の話とつながっている。前日は大雨で川が増水していたので私は八戸川沿いを歩き、和太郎翁と川端に出て増水時における水の色の変化についてうかがった。早朝、わざわざ水の色を見てくれたのは、今日の私との対話への準備の意味があったのである。

第五章　和太郎翁の知恵をたどる

1　伝承文化を育んだ子供時代

●おじいさんは、器用な人で

和太郎《わたろう》翁は明治三六年に、八重吉の長男（七人兄弟）として長尾《ながを》に生まれる。幼年時代から山と川が好きで、祖父の作市さんについて遊んだ。

川や山で遊んだのを、よお覚えておりまさあ。おじいさんがアシナカをこしらえてくれてねえ、川へ遊びに行って流して怒られたのを、よお覚えてます。あれが、五つ六つ頃でしたなあ。

どんな遊びをしたか、ですか？

こまいけえ、魚とるまねごとでさあね。テミ（手箕）を持っていって、小魚すくったりするくらいでしょうなあ。ようとりゃあせんのじゃけえ。

それから、山へ行ってウサギをとるいうて、針金で罠《わな》こしらえてねえ。人が、

「なんしに行くん」

「ウサギとりに行くん」

いうて、よう笑われたの覚えとります。

おじいさんのことですか？

おじいさんは農業で、船には乗っとりません。私が六歳のときに、六七歳で死んどりますなあ。

おじいさんは川が好きで、器用な人でねえ。わしらの着物やら何やら縫うて着せよったいいますけえな。あの餅つきの臼ね、あれもこさえ、桶をつくるね。いろんなことをやった人ですな。桶やなんかつくっといて、火事やなんかあったときに見舞いに送る。小田《おだ》の池田いう家に、貰うたいうて話よりました。

――人にさしあげるなら、いい桶でしょうねえ？

いや、たいしたことじゃありませんがね。

つくった桶やなんか、まだ、わしは壊さんこにとっとりますわ。桶をつくる鉋《かんな》がありますな、マルガンナ（桶の内側を削る）いうて、鑿《のみ》からね、易《えき》を見る本やらね。

それから大工のまねをする。家はあんまり建てんがね、大工仕事を手伝うてやりよった。昭和一八年の水害でつぶれた納屋、あれが作市が建てた家でした。で、易を見たりね。

田植え前に代掻《しろかき》に行くのに牛に乗して連れてってもらってねえ、田についたら易を見てくれいうて人がきんさる。

「おまえは、綱あもっとれ」

いうて、おじいさんは道端に上がって、かしこまって草の葉並べ、目をつぶって拝んで草の葉を取らして、草の葉の数で判断して、

「あんたのこれは、こうがよかろう」

いうとりました。

易が好きだから勉強も好きだったか、ですか？

さあ、どうか知らんがねえ。字はあんまりええ字ではありませんが、易の本にずっと書いとりました。あの病気の患いはじめは、こうこうで患いはじめる。それから、いつからいつ頃まで患った人はすぐ治るとか、長引くとかいうことを、時刻によって書いてあるのを見たことがありますがな。（本は）神さん棚に上げといたのですが、一八年の水害は二階へあんた二〇センチから上へ水が上がりましたけえな。

おじいさんの弟の房次さんは、ええ左官さんでねえ。山口県の方から、あっちこっちまわったんですな。蔵の土蔵の扉がありますわなあ、あれをつくるのが専門で、上手だったいうことを聞いとります。おじいさんは房次といっしょについて行ってね、左官の手伝い、左官の手元ですなあ。それから、津和野《つわの》ですか、あそこにワサビをつくりよりましてな、そこから苗をなんぼか三銭で買うて帰ってね、うちのこの奥に山があるところに植えて、それからワサビが広がったんですなあ。

おじいさんの仕事のよしあしはわからないが、いろんなことを器用にこなしたのである。

平田和太郎翁の年譜

明治三六年一二月一二日　七歳　桜江町今田字長尾に父八重吉（明治四年生）・母キミ（明治一〇年生）の女五人・男二人の七人兄弟の長男に生まれる。

明治四三年　七歳　小学校一年生のとき、福岡県で瓦屋をしていた叔父の平田徳市家に行く。

大正　六年七月　一四歳　叔父が四二歳で亡くなり、和太郎翁は長尾に帰る。

大正　七年一二月　一五歳　山口市内の佐々木文太郎酒屋で，タルヒロイとして．年程奉公する。

大正　八年　一六歳　佐世保相浦の鉄道工事の工夫募集のため、朝鮮半島で鹿島組の募集事務員として約四カ月働く。

大正　九年　一七歳　門司・台湾・上海を結ぶ客船森島丸で働く。

大正一〇年　一九歳　脚気になったので長崎に行って漁船に乗る。三信丸（延縄船）で五島列島の玉之浦港を中心に、台湾・東シナ海で操業する。

大正一二年四月　二〇歳　徴兵検査で長尾に帰り、以後は長尾で農業を中心に暮らす。

昭和　二年　二四歳　天保頃に建てた平屋のクズヤ葺き母屋を新築し、二階建て瓦葺きにする。それまで水害時の避難場所として山に仮小屋があった。

昭和　六年八月一六日　二八歳　山崎ツネヨさんと結婚。結婚後、平田家でも養蚕を始める。

昭和七、八年　二九、三〇歳　一夏、川漁で暮らした。猟銃を買って狩猟をはじめ、昭和二〇年頃に猟銃を売るまで続ける。

昭和一〇年　三二歳　コウゾやミツマタを蒸すのが、コシキウムシからイシウムシにかわる。

昭和一三年　三五歳　水難事故で、サクブネで人命救助する。

昭和一四年夏	三六歳	日本板ガラスの大阪航路の第一二三島丸に三月ほど船員で乗る。この時にタバコを吸うことを覚える。
昭和一七年夏	三九歳	高津川に山口線の補修工事で、一月ほど石船に乗る。
昭和一八年	四〇歳	水害で自宅の二階が床上二五センチほど水に浸かる。納屋が水害でつぶれ、養蚕をやめる。
昭和一九年	四一歳	水害で自宅の床上六〇センチほど、水に浸かる。
昭和二〇年	四二歳	水害で自宅の床上二〇〇センチほど、水に浸かる。
昭和二五年	四七歳	長尾の橋が、サクバシ（作橋）から吊橋にかわる。
昭和二六年	四八歳	石船の船頭をやめて、炭焼きで山にはいる。
昭和三一年一月	五三歳	イノシシと格闘する。
昭和三二年	五四歳	納屋を新築する。
昭和三二、三三年	五四、五五歳	この頃までタケコギに行っていた。
昭和四七年	六九歳	水害で自宅の一階がほぼ水につかる。
昭和四八年	七〇歳	現在の母屋を新築する。
昭和五八年	八〇歳	水害で床上三〇センチほど、水に浸かる。
平成　元年	八六歳	印南との対話が始まる。
平成一三年	九八歳	長尾の自宅で亡くなる。

●継承は、見覚え

明治四三年、小学一年生の入学前に福岡県で瓦屋をしていた叔父の家に行く。叔父には子供がなくて寂しいからと、福岡の小学校に通わせてくれることになった。福岡時代の和太郎翁は、狩猟や川漁の基本を叔父を見て学んだ。ちょうど、大人の遊びに関心を持ちはじめる年頃だったのである。

その叔父が、大正六年七月に亡くなり、和太郎翁は一二月に長尾へ帰ってきて父親の仕事を手伝う。八重吉は農業と船頭、山仕事をし、さらに川漁も好きだった。和太郎翁は、八重吉の船に乗り、山仕事も手伝った。

八重吉はどっちかいやあ、船専門でしたなあ。農業のかたわらですけえどな。八戸川《やとがわ》は船専門の人は割合少なかったでしょ。川筋（江川《ごうがわ》）にはおりましたがなあ。一七、八頃から船に出とりますけえな、五〇年からおおかた船に乗っとりましょう。

冬の時化《しけ》たりなんかするときやなんかね、船の合い間には山仕事をだいしょうしたりねえ。炭焼きや、それから木伐りやら、椎茸《しいたけ》栽培の木を伐ったりねえ。

八重吉が船を誰になろうた、いいんさるかな？

いくらでもね、あっちこっち船がおりましたけえな。ほいでトビノリいうてね、今日は相棒がちょっと都合が悪いけ、休むけ、行ってくれ、いよることでね。それに乗って、最初はそこで自然と覚えたらしい。それから慣れて、これはせわない思うてやれるようになって、それから問屋の船で最初はかまえたり。問屋の船ならフナマエ（借賃）いうのがありましたけえな。これじゃあ、自分が自由にならんし、親方の船じゃあ、遠慮だけいうて、自分が船をかまえてね。

長尾で暮らした作市、八重吉、和太郎翁は、農閑期の多様な季節稼ぎで暮らしを支えてきた。さらに、作市、八重吉、福岡の叔父、和太郎翁と続く平田家の川好き、山好きの系譜もつながるのである。その技術伝承は見覚えにより、継承されたのである。

和太郎翁は大木も上手に伐採したが、それも見覚えだった。

コビキ（木挽き）さんのを見て、

「ああゆう具合に、返すんだなあ」

「こうゆう具合に、返すんだなあ」

と、自然に半覚《はんおぼ》えに覚えて、大けな木でもあんまり怖れんこに、かえすんですわ。

ばあさんの里（奥さんは今田生まれ）にねえ、大きなクリの木があって、下のスギやヒノキが陰になってかわいそうなけえ、伐ってくれゆうてねえ。

木村（米吉翁）さんに褒められましたよ。

私が民俗調査で歩きはじめた三〇年ほど前には、瀬戸内の棚田地帯では、田の脇に建つどの農小屋《のごや》にも、いつでも修理

ノコでホンダオシ（伐採）するときノコミチをあけるカシのヤと、タキギを割るのに使った先が鉄のカナヤ（1991）

できるように石積み用具が置いてあった。素人とは思えない見事な石積みを、おじいさんが築き、父や私が修理したと一人の老人からうかがったことがある。多様な技の習得は、耕地の限られた村で暮らすために必要であった。子供の頃から見慣れ、体験しながら覚えた技は、高いレベルに達していたのである。

2　放蕩時代に学ぶ

●海が好きですなあ

長尾に帰ってきた翌年の大正七年一二月、ふたたび和太郎翁は山口市内の酒屋へ小僧として奉公に出る。

店主の佐々木さんは桜江町小田の出身で、讃岐の金毘羅さんの大祭の神輿担ぎを手伝い、おかげがあって、籤《くじ》で大金をあてて独立した人である。佐々木さんは和太郎翁以外の小僧はみな小田から呼んでいた。和太郎翁もその縁をたよって奉公に出たのである。

和太郎翁は山口で一年ほど奉公したが、船に乗りたくて福岡に行く。ただし、船の仕事はすぐにはなかったので、一時鹿島組の佐世保《させぼ》市相浦《あいうら》の軽便鉄道工事で働く工夫を、朝鮮に行って集める手伝いをさせられた。和太郎翁は子供のように小さくて若く、若い青年を集めるのに都合がよいと考えたらしいという。実際、和太郎翁が村に入ると、若い人々が集まり工夫も集まった。ただし、和太郎翁はその仕事が好きになれず、口入れ屋の世話で念願の外国航路の客船に乗る。

船は門司《もじ》（北九州）から上海、台湾に行く二、三〇〇トンの森島丸である。和太郎翁は体が細かったので、最初は朝から晩まで一日中船の掃除ばかりしていた。森島丸に一年間乗り、次に貨物船に乗ったが、長い航海で脚気《かっけ》になり、船を降りて治療する。船に積んだ水は死んでいるので、体に悪かったのではないかという。

それを知りつつも、船に乗りたくて病気を隠してまでして、長崎県五島列島玉之浦を基地にした延縄《はえなわ》漁船に乗る。日本水産の新造船、三信丸一一二トンであった。当時、一〇〇トンを超す大きな漁船は珍しかった。

三信丸はテンマ（伝馬船）を一六杯積み、漁場につくと一杯の伝馬船に三人と延縄を一三〜一五ハチ乗せ、本船のまわりで操業した。タイを中心に、グチ・ニベ・オオボ・イトヨリなどを釣った。台湾沖と東シナ海がおもな操業海域で、東シナ海では髪を後ろで編んで長く垂らした辮髪《べんぱつ》の中国人が乗り込む、一本マストで船体に目玉を書いた船も操業していた。日本漁船の船員がしきりに中国人の持っている焼酎を欲しがるため、日本の漁船は嫌われていたという。

●船で覚えた炊飯の技

当時、大型船は蒸気で飯を炊いたが、三信丸は薪で炊いた。三信丸は六四人乗りで、一度に一斗三、四升炊いた。大量に飯を炊くには、大きな平釜が炊きやすかった。船がゆれたとき蓋がずれて湯がこぼれないよう、蓋は平釜の縁に切れ目を入れて固定できるようになっていた。

船で大飯を炊くときは、湯立て飯を炊いた。煮たった湯の中に米を入れ、蓋をして炊きあげる。水から炊くときは指の節などで水加減をみるが、湯立て飯は熱湯なので手で加減をみれない。そこで、米を入れたあと釜の中に杓《ひしゃく》を立て、杓がフラフラゆれるぐらいがちょうどよく、真っ直ぐ立つとかため、倒れるとやわらかめと判断した。湯立て飯は、ガツガツして煮えないホッチン（芯のあるご飯）になることが割合に少なく、炊きそんじが少なかった。

船で湯立て飯を炊いた経験は、地元での御馳走づくりにいかされた。

戦時中でありましたが、警防団の会合のときに今日は飯を炊くけえということになって、鶏を四羽買い、ゴンボやなんかもろおてね。小学校のおなご先生に、

「一斗三升飯を炊こう思うとんじゃが、水みちゃんさい」

いうたら、

「わたしゃ、一升二升ならええが、一斗ものメシミズ（飯水）みたことありませんけに」

そんならええわ、わしがみてやら思うて、湯をわかして、醤油飯は割合難しいけえねえ。しまいにええ飯ができたけえ思うて、あの頃食糧不自由な時分じゃけえ、先生が七人おいでたが、うどん茶碗に一杯わて持っていったげました。そしたら、おなご先生が、

「やれやれ、おとこしでもこがな飯を炊きんさるけえ。わしゃあ、水をみんでよかった」

いうて、笑うて食べちゃんさったことがありますがなあ。

また、川でのツケバリ漁も、三信丸での延縄漁から学んだという。ただし、海の仕事は厳しかった。

「同じ漁いうても、海漁はえらいですけになあ。命がけですけになあ」

当時、二〇〇トン以下の船は無線も持たず、事故が多かった。毎年、船の事故がない年はなかった。和太郎翁の乗った伝馬船も台湾沖で横波を受けて転覆し、和太郎翁は四時間ほど泳いで本船に助けられたことがある。一一月頃の台湾沖はそれほど寒くはないはずだが、助けられた後しばらくは声も出なかったという。

コレラが流行して多数の死者を出した船もあり、船員は、食中毒になりやすいサバなどの青魚は食べなかった。船上での生活は病気や海難など危険が多く、いつも船出のときはこの港に帰ってこれるかと思っていたという。しかし、危険ではあっても、海に出る魅力には勝てなかった。

若々しい笑顔を見せる、和太郎翁（1992）

横で奥さんのツネヨさんが、

「よいよ、海が好きなんですよ」

というと、和太郎翁も、

「海は好きですなあ」

と、青年のような、若々しいてらいの表情を見せた。

大正一二年の春まで船に乗り、徴兵検査で長尾に帰ってきた。

「放蕩《ほうとう》ばかりして、親不孝の骨頂でした」

それまで自由な旅をしていたことに対する、長男としての気持ちである。そして、それまで家にいた弟が働きに出たため、以後長尾に落ち着くのである。炊飯や延縄技術などにも見られるように、広く世間を見てきた若いときの旅は和太郎翁の大きな財産となった。

和太郎翁は日誌を何十年来書き続け、特に珍しい出来事は朱書きしている。近所の人が家の先祖の命日など、聞きに来るほどだという。語りのなかでいつも驚かされる記憶力の背景には、日誌を書き続けてきた日頃からの習慣も役立っている。和太郎翁の姉も、一カ月に一度は今も手紙を書いてくるという。筆まめというのも、どうやら平田家の伝統といえそうである。

3 人の寄る家

●おばさんたちも泊まった

和太郎翁の優れた伝承者としての資質は、人の寄る家庭環境にもあった。だれもが気軽に立ち寄る、平田家はそんな家だった。

以前は、雑貨や衣料、食料品などを持って村を訪れる行商人が多かった。そうしたなかに、朝早く、走って魚を売りにくるアサバシリもいた。

アサバシリは夏間だけで、江津市《ごうつ》の浅利《あさり》や黒松《くろまつ》から大敷網《おおしきあみ》でとれた生魚を売りに来た。冷蔵技術もなく、夏は傷みが早いので、長く保存できない。草鞋《わらじ》履きで、シャッシャッ、シャッシャッと走って、サバなら四〇匹から四五匹も天秤棒《てんびんぼう》で担いで売りにきた。ほかのアサバシリに先をこされないよう、予備の草鞋を二足ぐらい持ち、互いに競争しながら走ってきた。なかには、浜でとれたての新鮮な魚に見せるため、川原で砂をかけて売るアサバシリもいた。いつも気安く買ってくれる和太郎家のような家は、「これおいとくけになあ」と魚を投げたまま、金も受け取らず次の家に走った。代金は、売り終わったあとや、暮れに集めにまわってきた。

村々には、こうした行商人が休憩したり、遠くから来たときは泊まる家があった。

毎年、四季折々に人がようけ来よりました。伊予からおばさんたち二人が、佃煮、塩昆布などの食料品や、子供の風船やら風車などを桶に入れて頭にカネッテ（乗せて）もって来よりましたなあ。にぎやかでさあ、風車の赤いのやら青いのやら色々さして来よりましたからなあ。

コガワ沿いに建つ和太郎家の母屋（白い中央の2階建）と納屋（右側2棟）（1991）

江津の都野津《つのづ》町の商人さんは、木綿の作業着の反物がおもでしたなあ。紋付きや羽織を、ときには仕立てて持って来ることもありましたなあ。四人がまわりばんこで、季節におおたような衣類を、おもに農繁期にきよりましたなあ。箱に入れ、天秤棒で六〇キロぐらいを運んできて、風呂敷に小分けして売りに行きました。佐藤タイジロウさんに、川崎セイノスケさんに、筑後ケイジさんに・・・、引田さんは名前を忘れました。

それから、安来《やすぎ》市の荒島《あらしま》のおばさんたちが、島根ワカメを春先の四月五月に売りに来よりました。一晩泊まったり、荷物が売り余ったときにゃあ、二晩泊まりましたなあ。

江津の波子《はし》のおばさんたちも三、四人、ワカメやら海産物を持ってきよりましたなあ。泊まりやしませんでしたが、うちで休んであちこちまわりよりました。留守中に後で届けてくれるよう書いて、荷を置いて帰ることもありましたなあ。

――薬売りは泊まらなかったですか?

泊まっちゃあおりませんなあ。売薬さんは市山や川戸の旅館を定宿に決めておりましたなあ。行商人が泊まるうちみたいな民家が、どの村にもありましたなあ。これが（宿賃）多少でも安いのも魅力だったんじゃないですか。どの村にもトマリヤド（泊り宿）が決まってましたなあ。旅館で一円くらいのとき、うちでは昼の弁当をつけて三食で七〇銭ぐらいでなかったかと思います。

それが、いつのまにか自然と来んようになりましたからなあ。鉄道がついて、便利になりよったからですかなあ。

●村の若者宿にもなっていた

和太郎家で泊めたのは行商人ばかりではなかった。村の若者宿にもなっていた。『桜江町誌』には市山や江尾の若者宿のことが書いてあり、江尾では昭和一八年の水害まで民家を借りて泊まっていたという。

さて、どうしてうちに寄るようになったかねえ。

とにかくうちにはねえ、私が憶えてからでも村の結婚前の若いもんが一八人ぐらい泊まりに来よりました。男だけです。

女は隣（家）にちょいちょい泊まりよりましたなあ。会社へおもに勤めよりましたから、正月とか盆に帰って来よりました。

男は会社に行ったりしよりませんでしたからなあ、こちらで農業や山仕事をしょおりよったから。たいてい農閑期の一二月頃から二月いっぱいぐらいですかなあ。時期によっちゃあ、公民館に子供部屋というのをつくっておりまして、おいはん（夕食）がすんで、泊まりに来ておりました。公民館には、自分が使うだけの布団を持って行きよりました。

うちでは布団は手前（和太郎家）で出しよりましたが、若いもんが騒ぐもんじゃけえ、炬燵《こたつ》で布団をよう焼きよりました。

炬燵炭は雪のあるときに山に焼きに行って、カマスに五俵も六俵もつくってうちに積んどいて、若いもんの炬燵、といって別にたて（分け）ておりましたなあ。

ほりゃあ、うちに泊まることが公民館よりも多かったですなあ。公民館じゃあ炬燵をたてらせ（使わせ）ませんでしたからなあ。

――家のどこに寝てたんですか？

六畳一間に、一八人ぐらい寝よりました、重なりこぶしでね。家は台所と三間あるだけで、オモテの六畳が若いもんや行商人の寝間になりました。ここらの屋敷はせばかったし、角《かく》（方形）な屋敷しかできなんだ。私の家も四間と四間ぐらいしかなく、せばかった方ですなあ。広い家ではなかったが、人がようけおりました、とにかく。まあ、一口にいえば、来やすいけえ、遊びに来よった思いますがなあ。

そのかわり、農繁期でも夜来て、若いもんが稲を扱《こ》いでよう手伝いしてくれよりました。寄り集まっておもしろい雑談したり、ワランジをつくったり、ジョウリやニカオ（背中あて）を、めいめいがつくりよりました。

おじいさんが、易を見るのが上手かったからですかねえ、わかりませんなあ。

隣家が娘宿だったが、日頃はよそに働きに出るようになり、若者宿より早くすたれたのである。

和太郎家は必ずしも広くて裕福な家ではなかったが、気安く人が寄れる雰囲気があった。行商人や若者

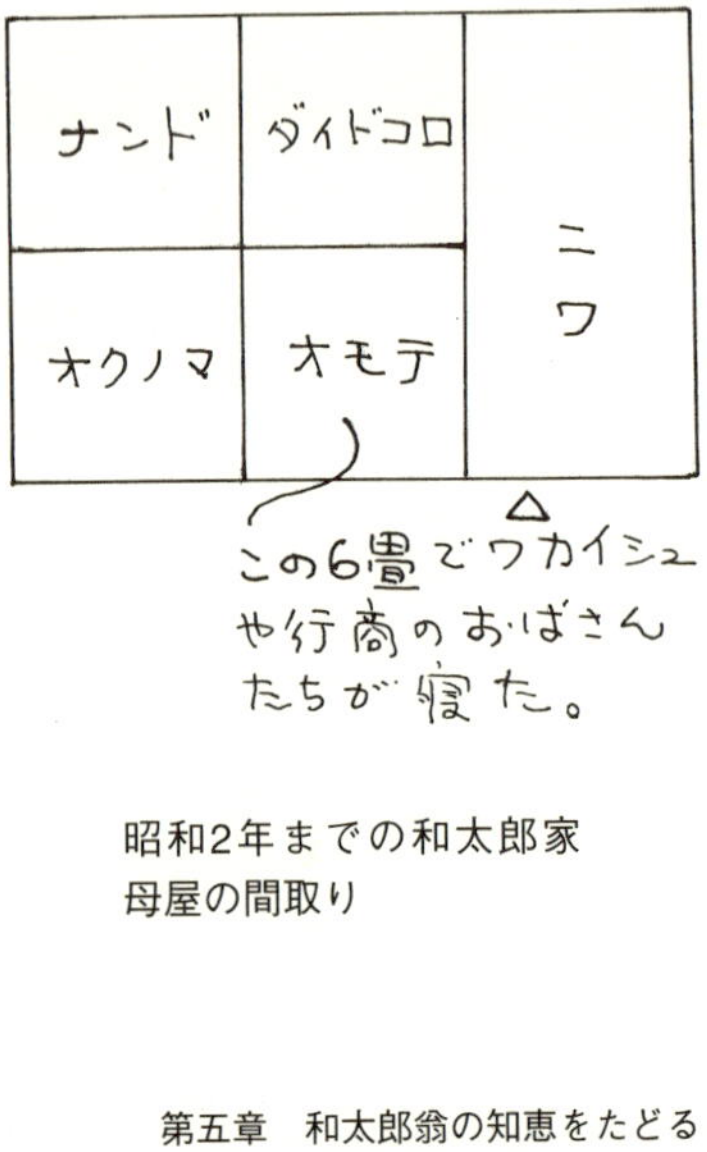

昭和2年までの和太郎家
母屋の間取り

も気兼ねがなく、世間話にも花が咲いたことであろう。和太郎翁は、そうした多くの人々にかこまれて子供時代を過ごしたのである。

●和太郎家での私

電話で連絡して和太郎家を訪ねると、いつも玄関の戸が少し開いている。戸口で声をかけてそのまま居間に上がると、いつもの場所に和太郎翁は座って待っていてくれた。そして、居間から窓越しに見えるフタマタ山にときおり目をやりながら話すのが常であった。フタマタ山は和太郎翁がアオイシを切り出し、炭を焼き、タケコギに歩いた山である。

和太郎翁の話には道具も出てくるが、水害で多くが流されて残ってない。川漁や船の道具が小屋に少しだけ残っているのを、小屋の前に出して話をうかがうこともあった。いっしょに八戸川端に出て、川の説明を受けたこともあった。

奥さんも畑に行かないときは、横に座って聞いていてくださる。和太郎翁は少し耳が遠いため、ときには私の質問を補ったり、和太郎翁が記憶を呼び起こすための話し相手ともなる。奥さんは、ご自分からは話すことはなかったが、ごくまれに補足する間合いと内容が的確であった。和太郎翁の記憶は、生まれ育った環境や、奥さんや息子の稔さんの家族といっしょに暮らすなかで守られてきたのである。

はじめの頃は、朝の九時頃から、昼食をはさんで夕方の五時、六時まで話をうかがった。終わりの頃は和太郎翁の体調を考慮し、半日か数時間ということも多くなった。しかし、淡々と、ゆったりとした語り

いつも送りに出てくれた、和太郎翁とツネヨさん（1992）

口は、少しも変わらなかった。それは、平田家の雰囲気についても同じだった。

対話を終えて私が帰るときには、和太郎翁と奥さんが門先まで送って出てくださる。私が長尾橋を渡って、見えなくなるあたりでふりかえると、いつも和太郎翁は大きく手を降って見送ってくださっていたのであった。

●和太郎翁の知恵を伝える技

和太郎翁の正確な自然認識や豊富な技、柔軟な考え方はどのようにして身についたのだろうか。

和太郎翁の人生は世代や地域で、長尾での幼年時代、福岡の叔父の家での少年時代、旅の青年時代、長尾に帰り嫁をもらって以後の時代に分けられる。

その間、川沿いの輸送手段は川船から鉄道、さらには自動車にとってかわられた。川漁も暮らしの支えではなくなった。石積みはコンクリートに、炭焼きなどの山仕事も過去のものとなった。本職の農業も機械化が進み、生活のおもな支えではなくなった。和太郎翁はそうした激動の時代のなかで、川船や川漁、石積みなど好きなことだけではなく、好きでない炭焼きなどにも積極的に取り組んできた。

和太郎翁が活躍した高度成長期以前は、自然認識の確かさを仕事や遊びなどの日常生活に生かすことができた。それが、現代は仕事と遊びが分離し、自然認識を日常生活のなかで生かすことが少なくなった。遊びやスポーツの場としての自然と、日常生活の場としての自然とがわかれ、自然に対する関わり方や認識のあり方にも差が出てきた。

和太郎翁は、桜江町を中心とした川・山・里の自然を、日常の仕事や遊びなどを通して一体として理解し、生きるよりどころにしてきた。そして、和太郎翁は繰り返し、

「常に見とらにゃ、いざというとき、つまりませんからな」

というように、いつも先に備えて自然への注意深い観察をおこたらず、認識を確かなものにしてきた。

さらに、人から学び伝えるために、なにが重要かも知っていた。

「教えてあげれば、あとで教えてくれますからな」

というように、和太郎翁は分け隔てなく人と交わり、教えられたことを実践し、学んだことを人に教えることができた人なのである。

「自然や人とあたりまえにつきあい、あたりまえのことをしてきただけです」

という和太郎翁から、私は水を中心とした自然とのつきあい方だけでなく、人としての生き方や、伝承文化の持つ意味を学んだのである。

エピローグ

1　フィールドで考える

●増水時の川の表情

一九九三年七月二八日から三〇日まで、和太郎翁を訪ねた。前年の後半は和太郎翁の体調がすぐれず、桜江《さくらえ》町まで出かけたが回復をまって訪ねるのを控えた。この年、和太郎翁は健康をとりもどして体調もよく、二八日の午前中は市山《いちやま》まで歩いてきたという。和太郎家への一五、一六、一七回目の訪問で、これが最後の対話となった。

この年は梅雨明けが記録的に遅れた。中国地方は長雨が続き、江川《ごうがわ》が増水したため、桜江町役場では職員を中心に監視体制が続いていた。この思いがけない悪天候が、川の表情を変え、新たな展開につながった。

私は、和太郎翁と昼からの調査を約束し、午前中は江川と合流する川戸《かわど》から増水した八戸川《やとがわ》を水の色の違いに注意しながら逆上って歩いた。

八戸川と江川が合流する鉄橋付近は、川がぶつかったところで線を引いたように色が違った。江川の水は黒いクロニゴリで、八戸川は黄色のシロニゴリになっていた。八戸川に小川が合流する月之夜橋・長谷橋・八戸橋付近では、八戸川のシロニゴリは変わらないが、小川の水は流れも少なくすでに澄みはじめていた。水量の少ないコガワが、オオカワより早く澄むという和太郎翁の話が実感できた。

江川沿いに住む川漁師の千代延好和さんから、江川の水の色を見て上流のどこで雨が降ったかを当てる人がいる、と聞いたことがある。そのときは信じられなかったが、日常の川では知りえない増水時の川の表情を見るうちに、水の色が風土をも写し出すということが理解できるような気がしてきた。水は川を通してさまざまな情報を伝えているが、私が読みとれないだけなのである。

オオカワの江川では、淵《ふち》や瀬《せ》の位置は地形図でも確認できる。ところが、コガワの八戸川では川沿いの道路建設のとき地形が変わり、曲がり角のタイヤ淵の位置すらはっきりしない。増水時の八戸川沿いを歩いたもう一つの目的は、増水で淵が確認できるかもしれないと思ったのである。

いつも通る車道を避けて、タイヤ淵がよく見える対岸の道を歩いた。はたして、淵に水が渦巻くのがはっきり確認できた。増水時の八戸川は平常より、川の表情を際立たせていたのである。

また、車道から眺めると増水した八戸川でも、流れは緩やかに見える。ところが、川端まで近づくと、ゴウゴウと流れる水勢と水音に怖れを感じた。川と生活の関わりを知ろうとしながら、私は川の表情を間近に注視し、耳を傾ける努力を怠っていたのである。

江川ではれていたが、八戸川下流の志谷《したに》では靄《もや》がかかっていた。上流の今田《いまだ》と小田《おだ》あたりではふたたび靄ははれ、さらに江尾《えのお》から上流の谷合いに入るとふたたび靄がかかっていた。和太郎翁に今見てきたばかりの靄について質問した。

いつもはおだやかな和太郎翁も、八戸川の水を読むまなざしは厳しい（1992）

和太郎翁は、モヤ（靄）は朝と夕に出やすく、夏場にかかりやすい。雨の後、ことに大雨のあとはかかりやすい。そして、雨のときかかる靄は、雨がこれから止むことを予知する指標になったという。ただし、現在の上流の谷間の靄は、八戸川ダムの貯水池の下の冷えた水が放流されてできる靄だという。

●言葉のもつ意味

靄が大雨のあとにかかりやすいということから、増水時の江川船の操船技術に話は移った。

操船技術は私がいく度も繰り返し聞いた話である。操船は、櫂・船棹・曳き綱・担い棒・帆など多くの道具があり、それぞれに使い方が異なる。船頭は、上りと下り、瀬・野呂・淵などの川の状況、刻々と変化する風向き、積み荷の種類や重さなどを考慮しながら、適切な道具を選択して操船した。その技術体系は複雑で、私には理解できないことが多かった。

なかでも、増水時の瀬での操船は、危険で難しかった。ノリコミは瀬を下るときの船の向け方と、以前聞いていた。この日、増水の瀬では通常のミズスジに対して、タコウトオルかヒクウトオルかの選択をしなければならない。その判断は、野呂から瀬に変わるセガタに入る前に、水を読みながらおこなうと教えられた。和太郎翁のいうノリコミという言葉は、船の向け方だけでなく、状況を読んだうえでの判断が含まれていることが、この時ようやくわかった。考えてみれば、技術と状況を読んで判断を下すことは、一体でなければならないはずなのである。

ノリコミに限らず、一つの言葉にこめられた意味の広がりと奥深さを、対話が終わる頃になってようやく実感できたのである。本巻では和太郎翁が語る言葉の多くをカタカナ表記にした。それはこの時の体験から、あらためて一つ一つの言葉の意味を考えながら使いたかったからである。

●繰り返し歩く

和太郎翁との対話の間に、たびたび有線放送でダムの放水量について広報が流れた。その都度、奥さんは襖を開けて、隣室の電話から流れる放送に聞き耳をたてる。和太郎翁は八戸川ダムの放水量が三〇〇トンを越えなければ心配ないという。水害予知の手段は科学的になったが、水害への備えや知恵は今もまったく変わっていないのである。

昭和28年に江川中流に建設された浜原ダムは、川の生態系を大きく変えた（写真提供：広島県立歴史民俗資料館）

和太郎家からの帰り江川堤防沿いの畑を見ると、一部がすでに冠水していた。この日江川上流の浜原ダムでは三八〇〇トンの放水があり、近年にない放水量だと後で知った。

江川の流れを桜江大橋の上から見ると、流木が列をなして規則正しく流れるのが見えた。上流には、渦巻く水神の淵が見える。淵の上に押し戻されて繰り返し回るもの、押し出されて流れ下るものなど、流木は幾通りもの動きがある。流木の動きを見ながら、水の流れの多様性と法則性を知り、対処する技を身につけた和太郎翁の知恵と技のすごさをあらためて思った。

フィールドワークは和太郎翁のような優れた伝承者との出会いとともに、調査者が実感を通して伝承文化を正確に受けとめ、検証する必要がある。大水の川沿いを歩き、フィールドワークは繰り返し歩き、現場で考えることの大切さをあらためて教えられたのである。

2　江川を船で下る

●ミズスジをはずすあやうさ

和太郎翁といっしょに川船で江川を下ったときのことを記して、和太郎翁との対話を終わりたい。

船運の聞き取りが一段落した一九九一年五月四日、私は和太郎翁と天野勝則さんのアユトリブネで、江川を川戸から江津まで下る幸運に恵まれた。船頭の天野さんは今では数少ない江川の専業川漁師である。

朝、和太郎家に迎えに行くと、「朝方山に雲がかかり、雲が川上にゆっくり流れていたから、今日はよい日和でしょう」と和太郎翁はいう。川戸の川原に下りると、五月晴れで、川風も穏やかで快かった。

遅くなると午前中でも江津の河口付近は海からの北風が強くなり、桜江町あたりの瀬を乗り切る構造のアユトリブネでは、正面から波を被ってしまう。出発の午前八時は、そうならないぎりぎりの時間だと天野さんはいう。

和太郎翁の適確な天気予測や天野さんの出発時間の決め方は、江川に生きるための基本的な知恵である。私は安心して小さな川船に乗ることができたのである。

川船が川戸の浜を離れるとすぐ、住郷《じゅうごう》の八幡神社前の市ノ瀬《いちのせ》、続いて川戸から下流では最大の難所といわれた七日淵《なのかぶち》の瀬と淵が続く。

七日淵での苦労話の数々を和太郎翁から聞いていた私は、岩に水が当たってできる逆渦《さかうず》を恐れていた。ところが、船外機をつけた川船は、市ノ瀬や七日淵をすいすいと下った。いつもより水量が多く、多少波は立ってはいたが、七日淵周辺は市ノ瀬に比べても穏やかに感じられるほどであった。

「川がすっかり、変わってしまいましたなあ」

と、そのとき和太郎翁のつぶやきが聞こえた。七日淵は、昔の七日淵ではなかった。国道二六一号線の建設工事のため半ば埋められ、大きくその姿を変えていたのである。変わったのは七日淵だけではなかった。瀬も穏やかになり、瀬尻《せじり》や久坪《くつぼ》の瀬など、どこで野呂から瀬に変わったのか、素人の私にはわからないほどであった。野呂で気をつけなければならなかった川中のコロゲイシも、和太郎翁は以前より少ないという。

江川と集落は堤防で隔絶し、船からはわずかに木が見えるだけとなった（1991）

　水の流れだけでなく、川辺の風景も大きく変わった。ハマビキして歩いていた頃の砂浜は草も生えずきれいだったというが、砂の採取などで地形が変わり雑草が茂っていた。今の川辺で目立つのは、土砂の流出を防ぎ、水勢を弱めるための竹藪ではなく、高く見上げるようなコンクリートの堤防である。堤防にさえぎられ、集落の家並すら見えないことが多い。変わらないのは、風と山だけである。

川面を見つめる和太郎翁と川漁師の天野勝則氏。背後に江津の橋と鉄橋が見える（1991）

こうした、川の変化は近年の河川管理が川を管理し、水を早く流すことを優先させたことによる。河川管理の専門知識を持たない私に、工事の是非を語る資格はない。ただ、川のもつ表情がいかにも乏しくなっているのが気になった。

途中、畑仕事のためか対岸に渡る小船をみた。船なら容易に渡れるが、橋がかかり船を捨てることで身近な対岸が遠くなることが予想できた。道路からだとわずかしか見えなかった小船が、川からだと多数見ることができた。江津通いの荷船や専業の川漁師が消えた今も、小船を日常生活のため必要とする、陸からは見えない川の世界が息づいているのである。

一時間半で河口の江津に着き、江津の駅通りにかかる江川橋の下に停泊した。そこは、和太郎翁がよく利用した仁科《にしな》の弁当宿の前にあたる。しかし、船からは堤防に隠れて高浜の陸の様子をうかがうことはできなかった。ただ、川岸に繋留された漁船のかたわらで網を繕う人や、カヌー二、三杯が河口をゆったりと上り下りしているのが見えた。

「オキイレが吹きはじめましたなあ」

と、しばらくして和太郎翁はいった。オキイレは上りの船が帆に受ける沖からの順風で、午前一〇時前後から吹きはじめる。私たちが乗るアユトリブネはオキイレにも押され、わずか一時間で川戸まで帰りつくことができた。

半日の船旅であった。しかし、視点を川からに変えるだけで、見える世界がまったく違うのである。私はあまりにも陸からの偏った視点でしかものを見てこなかったのである。

和太郎翁は船を下り、家に帰る車の中でいった。

「三つミズスジを、はずしましたなあっ」

ミズスジはいかに川が変化しても、水が流れるかぎりある。無論、天野さんはミズスジを知りながら、船外機の力で乗り切れると確信して近道を通ったのである。

現代の技術は効率や利便性を優先し、科学力で近道することを発展と勘違いしているように思える。地域の自然や生活の中で蓄積されてきた伝承文化をミズスジとするならば、伝承文化の消失はミズスジをはずすことである。現代社会は、ミズスジのあることを忘れ、危険であることを知らないままミズスジをはずし続ける過ちをおかしているように思えてならない。

「ミズスジをたどる暮らし」の意味を、思い出す必要があるのではなかろうか。

同時代に生きた人々

第一章　江川船頭大屋甚四郎翁

1　最後の川戸船の船頭

●終焉期のカワドブネ

桜江《さくらえ》町川戸《かわど》の大屋甚四郎翁《おおやじんしろう》（明治三三年生・平成三年死去）は、江津《ごうつ》通いの船頭として活躍した数少ない経験者の一人である。

近原《きんばら》の生家は祖父の代から三代続いた船頭で、甚四郎翁の兄弟四人はみな船頭だった。父親の喜代治さんはイシブネ（石船）の船頭として活躍し、川戸の水神付近の山から切り出した護岸用のアオイシ（青御影石・安山岩）を、江川《ごうかわ》下流の川平《かわひら》や八神《やかみ》に運んだ。甚四郎翁は子供の頃から父親の石船に乗って、遊んだり手伝ったりしながら川と船に慣れ親しんだ。

甚四郎翁は一六歳で学校を卒業してから、福岡県に行って石炭船に乗った。その後、徴兵で朝鮮に二年間行き、二三歳で川戸に帰ってきてから、一八年間江津通いの江川船頭をした。

甚四郎翁が乗った江川船は、今でいえば四トン車にあたる一〇〇〇貫積みのオオブネである。オオブネは、コブネと呼ぶアユトリブネと区別してついた呼称という。オオブネはコブネの四倍の大きさがあり、船の形は似ていた。

江津通いの江川船は川本《かわもと》から下流域と、川本から三次《みよし》までの上流域で大きく違った。上流域は川幅が狭くて岩が多く、早瀬があるため、船は幅が狭く、軽い杉材でつくり操船を容易にした。早瀬に乗り入れてもオモテから波が船に入らないよう、船首を上に大きく反らした。上流域と下流域の江川船は長さは似ていても、荷は半分しか積めなかった。

甚四郎翁が乗った船はすべて松材で、大口《おおぐち》の船大工森岡才次郎さんがつくった。松材は杉材より重いが、船は丈夫だった。松材の船は岩にあたっても、セメント樽など重い荷を積んでも壊れにくく、耐用年数も杉材の船より一〇年ほど長かった。ただし、下流域でも、全体としては荷船は杉材が多かった。

昭和五年の江津から川戸までの三江線《さんこうせん》開通以前は、現在の桜江町域で江津通いのオオブネは、小田《おだ》に二杯、近原に二杯、志谷《したに》に二杯、長尾《ながを》に二杯、住郷《じゅうごう》に三杯、そして川戸に二杯で、あわせて一三杯あった（江川上流の川越《かわごえ》地区はわからない）。荷船を扱う船問屋は、今田、川戸、住郷にあり、甚四郎翁は川戸の美川《みかわ》船問屋の荷を運んだ。

美川船問屋に集まる江津へのクダリニ（下り荷）は、石見《いわみ》町日和《ひわ》や三田地《みたち》からの炭を中心に、材木や米も運んだ。江津からのノボリニ（上り荷）は、肥料や砂糖、メリケン粉などの日用雑貨を中心に、セメント樽、盆前は素麺《そうめん》が多かった。

●ハマビキと帆走

オオブネはオモテとトモに一人ずつで、二人が乗る。下るときはオモテガイとトモガイを使い、オモテは岩にあたらないよう舵《かじ》取りする上手な船頭が乗った。

上るときは、トモに上手な船頭が乗った。風があれば帆走、なければもう一人が綱で曳っ張るハマビキをした。山間をぬって流れる江川にも、どちらか片側に川原がある。ハマビキは川原の砂浜を引っ張った。ハマビキの綱は、江津の長田《ながた》でつくって売っていた。帆走やハマビキのときは、トモの船頭が棹で舵をとった。

江川船には夫婦が乗るミョウトブネ（夫婦船）があった。夫婦船には、たいてい一人か二人の子供が乗っていた。夫婦船は父親がいつも舵をとり、母親がハマビキした。川原を四つん這《ば》いでハマビキする母親の姿が、翁には忘れられないという。

川戸の畑で酒を一口飲んだあと、たばこを吸ってくつろぐ甚四郎翁（1990）

江川船の航行は風や人力に頼り、天候にも左右される。強い雨が降り、大風が吹くと、船は出せない。ことに、冬は風の強い「アラシ」の日が多く、半分ほどは休航しなければならなかった。

夏は好天が続いたが、雨が降ると必ず川上から向かいの南風が吹いた。そんな日は帆走できないので、ハマビキだけで上った。秋は春と同じように気候はよいが、春より水に入ると冷やっとした。

船頭にとって、一番よい季節は春だった。江津では年間を通して、昼の一二時頃から午後二時頃にかけて、海から川上に向けて北風、あるいは西風が吹いた。この風を帆に受けると、楽に上ることができた。江津からの上り荷が多いときは、早めに船積みして準備を整え、風を待って上ることを心がけた。ことに、春に昼から吹く風は、真っ直ぐで、穏やかで、吹きむらがない。甚四郎翁はこの春風を受け、棹をささずに川戸まで帰ってきたこともあった。

甚四郎翁のオオブネは四反帆で、一反は風が強くなるとすぐ取り外せるオトシホだった。帆布はオオハバ（広幅）の薄い帆木綿を使った。厚い帆木綿を使う船もあったが、雨で濡れると重いので扱いが難しく、帆孕《ほばら》みも悪かった。薄いと少々風がやおう（弱く）ても帆孕みがよく、風を有効に利用できた。翁の船は船足の遅い松材で、帆の利用にはことに気を使ったのである。

●鉄道がつくまではよかった

江川船の運賃は、上り下りとも船荷の種類で違った。

下り荷の炭は、八貫俵を四俵で一駄《だ》とし、一駄の運賃が一七銭だった。一度に三〇駄積むと、約八円になる。船頭は荷物と船問屋からの送状《おくりじょう》を持って江津まで運び、船着場にあげ、問屋から船賃を受けとった。

上り荷は肥料が一〇貫入りカマス一袋三〇銭、砂糖は一〇貫入りが三〇銭で、一〇袋積むと三円になる。

上り荷は流れに逆らうため、最高でも下り荷の三分の一以上は積めなかった。上り荷も江津の問屋から荷物と書き付けをもらい、船頭が代金を払って持ち帰った。書き付けがあるため、船頭が問屋を通さないで直接小売店に卸す場合でも、無理な運賃の請求はできなかった。

上り荷は、川戸の薬王寺下の美川船問屋の倉庫に運んだ。美川船問屋は水害後移転し、駅前で旅館業を営んでいる。川戸には船着場と呼べるほど整った施設がなく、流れの穏やかな場所に船をつないだ。

江川に架かるカラフルな彩りの桜江大橋のたもとに建つ甚四郎家。すぐ下に川戸船の船着場があった（2001）

運賃から船の所有者に払うホウオンチン（報恩賃）は、二割と決まっていた。ただし、上り荷の肥料やセメント樽は重くて船がいたむので払ったが、軽いメリケン粉などはコウンチン（小運賃）といって、報恩賃は払わなくてよかった。一回の江津通いで平均八円の運賃収入があり、船の所有者に報恩賃を払っても、折半して一人が三円二〇銭の収入になった。船頭仲間の組合はなかったが、船問屋と運賃などでの争いはなかった。運賃は問屋が決め、船頭にうまみは少なかったが、それだけ気楽だったという。

普通、川戸から江津までは下りが三時間、上りが四、五時間かかる。江津では、荷物の積み降ろしや、上り荷を探す問屋まわりの時間も必要だった。明るいうちに帰ってくるには、朝五時には川戸を出なければならず、荷物の船積みは前日のうちにすませておいた。前日の船積みの手間を半日とみて、一回の江津通いは一日半で、一日の賃金は二円あまりになる。当時の土木労働者の日当は七〇銭、大工などの職人でも一円ほどで、船頭は高収入だった。甚四郎翁の場合は、美川船問屋と半々でオオブネを所有していたので、報恩賃がこれに加算された。

オオブネに人を乗せて運ぶタテブネも、鉄道開通まではしばしばあった。一度に多いときには一〇人ほど乗せた。一回のタテブネの船賃は六、七円で、荷物に比べると安いが、軽いので操船は楽だった。

「鉄道がつくまでは、よかった」

という、翁のつぶやきもうなずけるのである。

●クサラカシと酒好きの船頭

オオブネの積荷は時代とともに、変化した。

肥料は、甚四郎翁の時代は、江津の問屋から肥料袋に入ったものを江川船で運んだ。父親の喜代治さんの時代は、生イワシを腐らしたクサラカシだった。クサラカシは江津から海づたいに塩田村《しおだ》（江津市）まで行って購入した。農家から注文があったときだけで、コロガシという二抱えもある大桶を二個オオブネに積み、クサラカシを買いに塩田村まで行った。

桜江町まで運んできたクサラカシは、肥桶に一荷いくらで農家に売った。農家は三割ほど水を加えて薄め、地域特産のゴボウやアサの肥料に使った。中には、コロガシに入ったクサラカシを水で薄め、増量分を酒代にあてる船頭もいたという。

肥料を水で薄めて増量したのは、江川船頭だけに限らない。化学肥料のなかった時代、魚肥や下肥は金肥として売買された。ことに京都・大阪・東京といった大都市近郊の農村は、都市に供給する野菜や商品作物の栽培がさかんで、購入してでも肥料が必要だった。

私が調査した京都府の南山城地方では、大八車に桶を乗せて京都市内に下肥をとりに行くほか、大阪から下肥を積んで淀川を上ってくる肥船から購入した。ただし、下流から売りながら上ってくる肥船から、上流で買った下肥はずいぶん薄かった。船頭が下肥を水で薄めながら上ってきたからである。農家の中には指を下肥にいれ、舐《な》めて薄さ加減を確かめる人もいたという。水増しを知りながら購入したのは、下肥に勝る肥料がほかになかったのと、高収入を得ていたからである。

桜江町でも、クサラカシを肥料に使ったのは換金作物に限られた。水増し行為は誉められたことではないが、農家の需要が多く、それにこたえるためのやむをえない水増しであったのかもしれない。

赤ら顔で人のよさそうな酒好きの船頭と、おおらかな桜江町の人々の暮らしぶりがうかがえるエピソードといえよう。

●肝がええこと、水につかること

船頭は高収入の魅力ある仕事ではあるが、誰もがなれるわけではなかった。

操船の習得は無論のこと、気象や川についての知識、さらには水を恐れぬ気性がそなわっていなければ長続きしなかった。甚四郎翁は船頭の家に生まれ育ち、習得すべき船頭の技や気性を、日常生活の中で身につけることができた。甚四郎翁は生粋の船頭という意味でも、得難い伝承者なのである。

その甚四郎翁が船頭の条件としてあげたのが、

「普通のもんより、肝がええこと」

「水に入らんようじゃ、仕事にならん」

の二つである。船頭は、とっさのことに対処する冷静さと、冬でも川に飛び込める覚悟が必要だった。そして、実際にも船頭は水に入ることが多かった。

流れの速い瀬を荷物を積んで上るとき、船底に石があたることがある。そんなとき船頭はすぐに船を降りて、少しでも軽くして船底が石でいたまないようにする。それでもだめなときは腰まで水に入り、カシの棒でオモテ（船首側）を担い上げ、船底を浮かせながら瀬を上りきった。自分の体を犠牲にしてでも、船や荷を守ったのである。

船頭は年中素足で、アシナカ（足半草履）を履いた。足半は水の中を歩いたり、冬船に氷がはったときすべらないためである。船頭の足半は、水の中を歩くときパタパタしないよう、一般の足半より短かった。足半に使う藁も特別よく叩いて軟らかくし、稲藁の量を増して太く丈夫につくった。その足半でも、一回の江津通いで使えなくなった。

船頭は猿股《さるまた》をはかず、みな越中《えっちゅう》褌《ふんどし》をしていた。水に入るときすばやく脱いで、濡らさないためである。

褌の上にパッチをはくこともあったが、濡れたときの用心に、常に着替えを持っていた。船頭の支度は最初から、水に入ることを想定していたのである。

「川に入って難儀しとるけえ、長生きようせん」

という翁の言葉にも、船頭仕事の過酷さがあらわれている。

もっとも、こうも話す。

「水商売だけえ、体だけはぬくうしとかにゃあ」

言葉通り、甚四郎翁は船に乗るとき、腰まである真綿の綿入れやチョッキを着た。自宅で養蚕もしていたので、屑繭《くずまゆ》から真綿をとり、奥さんがつくった。メリヤスの上にチョッキや綿入れを着ると、冬でも温かかったという。

甚四郎翁も酒好きだが、酔いつぶれるほど飲んだことは一度もない。翁の肝玉の太さと矛盾するかに見える日頃の注意深さが、船の事故もなく、長寿の秘けつといえそうである。

●力仕事と五合飯

甚四郎翁はいう。

「船頭は力がないと、つとまらん」

船荷の積み降ろしやハマビキで船を引くときなど、相棒に迷惑をかけないためにも船頭は人並み以上の力が必要だった。和太郎翁の話にも登場したように、甚四郎翁は五〇貫のセメント樽を一人で背負って、

居間で話す甚四郎翁は、89歳とは思えないがっしりした身体つきだった（1989）

船着場から美川船問屋の倉庫までの坂道を一気に運び上げた力持ちである。二つ折りしたムシロを背中にあて、負い紐で樽を背負った。負い紐は前でねじって、手で押さえただけだった。負い紐を結ぶと、こけたとき樽がすぐ放せず、大怪我するからである。それほど、五〇貫は重かった。

船頭は体力を使うだけに、よく食べた。甚四郎翁は、一度に三合飯はいつものことで、五合飯を食べたこともある。朝食を食べてから川戸を下り、江津で昼飯を食べた。昼飯は、一升飯をお櫃《ひつ》に入れて持っていって二人で食べ、残った飯を帰る途中でハシマ（間食）として食べることもあった。

悪天候などで江津に泊まるときは、屋形を組んで苫《とま》屋根を葺《ふ》いた船の中で寝た。船にはいつも、泊まるための布団や鍋や竈《かまど》などの炊事用具が積んであった。荷船の竈は、木箱で竈の形をつくり、内側に粘土を塗ったものが多かった。

江津に泊まるときの夕食は自分たちでつくった。潮水が混ざる川の水を使って米を研いだ飯は香ばしかった。停泊中の船をあてこんで船着場に新鮮で安い魚を売りにきた。大きなサバでも七銭出せば買え、大根などといっしょに煮ると美味しく、腹一杯食べられた。イワシだと一匹三厘、そして酒は一合が八銭だった。

食べる楽しみだけでなく、江津には遊廓もあった。若い船頭などは芸者をあげてドンチャン騒ぎをして、夜の船着場付近はにぎやかだった。三次《みよし》（広島県三次市）から下流の物資はほとんど江津に集まり、大きな問屋は江津にしかなかった。当時の江津は江川流域最大の町場で、憧れの場所だったのである。

●消えた水辺の風物詩

船足を軽くするため、毎年夏にタデヤキした。

川原にコロを使って船を引き上げ、コロの上で船底の青苔を落とす。そのまま四、五日乾燥させてから、船底の下に麦稈《むぎから》を敷き並べて火をつけて焼いた。大麦が小麦より軟らかくてよく燃え、火の勢いも強かったのでよく使った。タデヤキすると青苔がつきにくく、船板も腐りにくかった。

私が生まれた瀬戸内海の海辺でもタデヤキはよく見られた光景である。当時の海水は澄み、海草や魚も多く、海辺は多くの人が働き、憩う場所であるとともに、子供たちにとっても魅力のある遊び場であった。しかし、近年の江川の川原がそうであるように、海辺も人影すらまれで、川や海と生活との関わりは薄れつつある。江川船やタデヤキは、川と人々の関わりを物語る風物詩として、記憶のなかにしかないのである。

●明治生まれの律儀さ

甚四郎翁の話は、一度目は御自宅の応接室で、二回目と三回目は寒風にさらされる畑の中だった。翁から、畑仕事で忙しいから、畑で作業しながら話しましょう、とおっしゃられたからである。

三回とも聞き取りは短時間で、質問は船頭の話にしぼった。江川船頭の話は甚四郎翁が最初で、浅くとも広範に聞いておきたいと思った。内容が概説的になっているのは、フィールドワークでのこうした事情による。

甚四郎翁が畑仕事をするかたわらで、私はテープレコーダを持って聞き取りした。録音を聞き返すと風の音で会話が十分聞き取れないほどだったが、サク、サクと雑草を削る金鍬《かなぐわ》の規則正しい音が印象的である。そして、休憩のときは家から背負ってきた竹籠から日本酒を取り出して、いかにも美味そうに飲んだ。

甚四郎翁は明治生まれの男としては大柄で、がっしりした体つきである。若いときから力持ち、酒好きで、いかにも船頭というイメージの人である。同時に、明治生まれの律儀さを持ち、あつかましい私の質問にも嫌な顔を少しも見せなかった。

甚四郎翁が畑の手入れを急いだのは、持ち主に借りていた畑を返すためだったと後で聞かされた。そのため、実に丁寧に、畑の手入れをしていた。そして、返してから間もなく、翁は亡くなった。

自分から話すことなく、質問にポツリ、ポツリと答え、好きな酒の話のときだけは顔をあげてニヤッと笑う、甚四郎翁はそんな伝承者であった。

第二章　キダシ木村米吉翁

1　恵まれた環境と才能

●キダシの三勇士と呼ばれるまで

木村米吉《きむらこめきち》翁は明治三六年に広島県山県《やまがた》郡戸河内《とごうち》で生れた。戸河内は、広島湾に流れる太田川上流の山村である。米吉翁は、伐採した材木などを流送するキダシとなり、後に伐木のコビキや筏師《いかだし》などの山仕事全般を請負うようになる。二一歳で桜江《さくらえ》町小田《おだ》の木村家の婿養子に入り、小田に住んで後も農業のかたわら、山仕事にたずさわった。

「キダシは、習うんじゃのうて、慣れるんじゃ」

これは、キダシ修行が経験がものいう世界である、ということを物語り、

「こまい頃からやっとらにゃあ、できゃあせん」

生まれ育った地域の自然や社会環境が大きく影響することをいっている。米吉翁が生まれた戸河内の風土

ヨコギリノコの目を透かして見る米吉翁（1991）

や社会は、キダシの修行にとっては恵まれていたのである。

戸河内は広島県でも有数の林業地帯で、耕地が少なく農業では生活できなかった。米吉翁が若い頃に戸河内で銭を得るには、強い男はキダシやコビキとなり山や川で働き、弱い男は養蚕をするしか途はなかった。そして、山や川で働く男が多かったので、山師や請負師は仕事の内容に厳しい注文をだした。戸河内では技に優れた者だけが、キダシやコビキとして働くことができたのである。また、戸河内から下流の太田川上流域は川が荒く、筏師は川に落ちれば生きては上がれないほどだった。こうした厳しい自然条件も、技を高める要因となった。

そうした環境のなかで、米吉翁は六人兄弟の次男として生まれた。翁は山も川も好きで、叔父に小笠原末吉という枕木専門のキダシの請負師がいて、早くから修行した。

一二歳頃から仕事に行き、最初はショクガイ（食事付き）で一日二銭もらった。キダシの一人役が三〇銭の頃である。翌年は五銭にあがった。

一人役の日当を貰えたのは一七歳の春からで、ジョウブ（上部）を飛び越え、いきなりジョウジョウブ

（上々部）となった。一人役には上部と上々部があり、上々部になると一人二分（上部の二割り増し）貰える。上々部は二〇人の上部の中に一人いるかどうかで、若くしてなれる人はめったにいなかった。

上々部は、日頃の作業は上部と同じで、大水など特別のとき、からまった枕木などを命懸けで直しにいくのが仕事であった。

「まあ、用心棒やなあ」

という米吉翁の言葉が上々部の仕事内容をいい得ている。翁は、キダシの修行中に、人が難しい仕事をしているのを見て、

「あれができにゃあええ、わしがやったるのに」

といつも心の中で思っていたという。それは、人の失敗を喜ぶというのではなく、難しい仕事になればなるほど、やってみたいと意欲がわいたのである。

もっとも、腕が上がったからといって、上々部には自分でなりたくてなれるものではなかった。米吉翁の場合は次のような経緯であった。危険に出くわしたとき、

おい、銭よけい貰えるんじゃけえ、おまえ（米吉）行け。

歳が上じゃけえ、おまえ行け。

いや、わしゃよういかん。おまえ（米吉）、行ってくれ。

それじゃ、わしが行こうかい。

と上々部の仕事を、次々こなしていった。すると、まわりの上部のキダシたちが、

はあ、あれ（米吉）にゃあ、上々やらにゃいけん。そうでないと、おまえたち行けえ、おまえたち行け、いうけえ。

というようになったのだという。

上々部になると、どこへ仕事に行っても顔がきくようになる。米吉翁の若い頃には紙のブキダを請負師が出した。ブキダには、請負師の印とショクガイの賃金、氏名が書いてあった。ブキダがキダシの技術証明書代わりをし、どこへ行ってもその賃金で働けた。そのため、若者は意地でも上々部になろうと、技を競いあったのである。

米吉翁は二〇歳で、森川氏、ハサモト氏とともに山県郡管内で「キダシの三勇士」といわれるようになった。当時は、三勇士の名前を聞いただけで、キダシ仲間がピリピリしていたという。

●請負師の条件

「やったもんでなけりゃあ、監督できんし、ついてこん」

米吉翁はキダシばかりか、コビキや筏仕事も請負ったのである。そのため、

「人並みのことをやっちゃあ、人の頭にたつことにゃあならん」

と厳しい修行に耐えた。同時に、

「おとなしいもんでなけりゃあ、請負師にゃなれん」

ともいった。前科者の渡りのキダシが来ても、ほかのキダシと同じようにあつかえなければ請負師はつと

まらなかった。請負師は常に冷静を保ち、みんなを納得させるだけの技と度胸が必要だった。

キダシの中には、すぐにケツヲワル（途中で仕事を投げ出す）人がいた。仕事が続かないのは、キダシだけしかできない男で、親方の銭の支払いが遅れると、ほかの働きで収入が上げられず、「米代がないけえ」と結果的にケツヲワルしかないのである。

キダシは酒好き、ハイカラ好きで、女に金を使うことも多かった。しかも、耕地を持たないものが多く、生活基盤がきわめて不安定なキダシが多かった。キダシに、結婚しない一人者が多かったのも、ケツヲワルのと同じく、危険が多く、派手で、生活が不安定なことに原因が求められそうである。

ケツヲワルもんが出ると、仕事がはかどらなくなる。

「これこれじゃけえ、木村やってくれい」

と、途中で止まっている仕事の後始末を頼まれるのが、米吉翁であった。

今は銭にならん思うても、仕事をしときゃあ、

「木村よ、あのときゃあ、しわかったろのお。こりゃあわずかじゃが取っとけ」

と銭ができたらくれる。さきじゃあ、親方にかわい

小田集落の農地に囲まれて建つ木村家は、農家のたたずまいである（1991）

がられる。それが義理人情ちゅうもんで、そこに信用ちゅうもんがあるんじゃ。

もっとも、それができたのは、親方からの請負師への支払いが一時とどこおっても、米吉翁はキダシが食べる程度の米は立て替えることができたからである。米吉翁が夏間は小田で水田をつくっていたことも、親方から信用され、請負師としての基盤を固めることにつながっていたのである。

さらに、若くしてキダシの請負師となれたのは、叔父の小笠原末吉から請負師の株を譲ってもらえたからである。

米吉翁は環境に恵まれたうえに、自らも努力して才能を開花させることのできた、まれなキダシだったのである。

2　水が流してくれるんじゃ

●クリの木と枕木

桜江町とも関係が深かった仕事に、枕木のキダシがあった。

米吉翁が生まれた山県郡はクリの木が多かった。戸河内にいた頃、山にクリ拾いにいくと、直径が二、三尺もあるような大木がたくさんあった。手で拾っていたのでは間に合わず、塵取《ちり》りで受けて実をかき集めたほどで、何石もとれたという。耕地の乏しい戸河内の主食を補い、おやつにもなるので、クリの木は伐採せずに残していたのである。

さらに、製炭業がさかんだったがクリの木は炭に利用できず、気候的にも暖かい桜江町より山間地で寒い山県郡の方が成育に適していた。

ところが、鉄道の発達とともに枕木としての需要が起こり、枕木材としてクリの木が切り出されるようになる。枕木は軌道上に敷いてレールの間隔を固定し、車輌の荷重を平均化する重要な役割をになう。この枕木が、第二次世界大戦まではクリ材と決まっていた。

クリ材が桜江町などの民家の地覆《じふく》材に多く使うことからもわかるように、水に強く、虫もつきにくくて枕木に適している。それが、クリの木がなくなり、マツ・シデ・ノブなどの雑木に油をしみこませた雑枕木となり、現在のコンクリート枕木に変わったのである。

米吉翁が八戸川の奥から枕木をキダシして、すでに半世紀が過ぎようとしている。

三江線川戸駅付近の線路に敷いた枕木（1991）

●枕木師と請負師

山師は山の立木を入札して買い、伐採して製材所などに運んで売る。なかで、枕木を専門に扱う山師を枕木師と呼んだ。広島県には枕木師の王様といわれた戸河内の山本吉五郎や、大朝《おおあさ》（山県郡大朝町）の水口、井原《いばら》（広島市）の野口、三次《みよし》

（三次市）の上野といった大きな枕木師がいた。その作業に携わる、コビキ・キダシ・筏師も多く、山師からまかされ現場を取り仕切る米吉翁のような請負師もいた。ちなみに、島根県側の邑智《おおち》郡内は山が浅いこともあり、炭以外の林産物の利用は盛んでなかった。キダシも、請負師も、米吉翁が婿養子で来るまで郡内にはいなかった。

枕木師となるには鉄道省からの認可が必要で、認可のためには年間何万丁（枕木は一丁、二丁と数える）と定まった数以上の枕木を納めなければならなかった。

昨日買うた木を、今日銭にするのが今の山師じゃが、昔の山師は三年ぐらいせにゃあ、銭あ入らんかった

というように、枕木師は自己資金の豊富な金持ちしかなれなかった。

枕木用のクリの木の入札は、個人の持ち山の場合でも何十町歩、官林の大きい山では百町歩もあり、何万丁と枕木が出る。作業はすべて手作業で、山で伐採して枕木に加工するのに一年、乾燥させるのに一年、運搬のため川を流すのに一年と、三年を必要とした。クリの木の枕木はよく乾燥させないと、流す途中で川底に沈んで損をする。ちなみに、流送中に沈んだ木を、エンコウ（河童）といった。

大金が動くだけに、枕木師にとって入札のとき山のクリの木の善し悪しを判断するのが重要である。米吉翁は枕木師から頼まれ、入札前に山のクリの木を見て歩いた。何年たった木で、その一本から枕木が何丁とれるか。枕木に使えない木がどれほどあるか、叩いたり、色を見たりして判断した。クリの木は古くなると中が腐って空洞になり、叩くと、カポ、カポと音がする。虫がくうとネト（根元）の皮が薄くなり、

木肌の色が白っぽくなる。

話の途中で米吉翁から、夏用と冬用の山折れ帽子を見せられた。その帽子は枕木師といっしょに入札に行ったり、請負師仲間の寄り合いに出るときにかぶった。

請負師の仕事は二面性がある。作業現場でシゴトシ仲間の先頭に立って仕事する監督の立場と、枕木師側に立って損をしないよういっしょになって考える経営者の立場である。

「請負師は山師のやること、思うこともみな元から知ってのうてはやれん」

とは、請負師の後者の立場からの発言である。山折れ帽子は米吉翁の請負師としての表舞台での立場を象徴的に物語るのである。無論、米吉翁はキダシに限らず山仕事全般に通じ、監督としての技と度胸と知恵も持ち合わせていた。そして、両者の立場が理解できたからこそ、米吉翁は枕木師からの信頼も厚く、小さな山ではコビキ・キダシ・筏師の仕事をまとめて請け負えたのである。

キダシの請け負いには、ソウウケとカブウケがあった。

ソウウケはキダシ仲間が共同で枕木師から仕事を請け負い、儲けも多いが損をする可能性も大きい。途中でケツヲマクルことがないと、枕木師からよほど信用のある場合に限られた。一方、カブウケは請負師が現場の責任を任される場合で、キダシなどの賃金は枕木師が払い、請負師は一丁いくらで監督を請け負う。

米吉翁も含めカブウケが多かったが、その場合でも株を持ち、信用できる請負師にまかされることが多かった。米吉翁の時代はすでに請負師株に特別な権利はなかったが、請負師としての信用を示す意味は大きかった。

●まずは、コビキが

枕木にかぎらず木を伐り出すためには、最初にコビキが山に入る。

クリの木はまとまっておらず、ここに一本、あそこに二本と、ポツン、ポツンと生えている。コビキはクリの木をヨコギリノコでコカス（倒す）ことからはじめる。なお、奈良県吉野などの大林業地帯では、別にサキヤマという伐採専門のシゴトシ（仕事師）がいて、コビキといえば丸太を幅広の特徴あるマエビキノコで角材や板に挽く職人をいう。このあたりでは伐採もコビキがしたのである。

次に、コカシた場所をチョウバ（丁場）にして、規格どおりの長さにタマギリ（玉切り）する。玉切りした丸太はリンギ（作業台）に乗せてカスガイ（鎹）で固定してから、コバキリで枕木の形に荒削りし、ハツリヨキで枕木に仕上げた。イカイ（大きな）木はマエビキノコで縦に二つにも、三つにも小割りしてから、ハツリヨキで仕上げた。小割りの仕方を間違えると、損の出ることがあった。

このあたりでは、ヤドウグ（民家で使う建築材などを挽く）のコビキは、一日いくらの日役であるが、枕木のコビキ仕事は一丁いくらの出来高払いであった。これだと仕事をすればするほど銭になるので、作業能率が上がった。そうしなければならないほど、枕木の数が多かったのである。その反面仕事を急いで、数を優先させて雑な仕事になりかねない。そのためにも、コビキを監督する請負師が必要だった。

枕木は鉄道省に買い取ってもらうとき、鉄道省の係員による検査がある。クサレの入った枕木は無論のこと、規格外でも金にならなかった。枕木の規格は、長さ七尺で、断面が四寸五分に六寸五分角が目安となり、さらに一等と二等にわかれる。

一等は、両端から一寸五、六分内に入ったレールの乗る部分が正角で、厚さが四寸三分以上あるもの、二等は、同じ部分で角が少し丸くてもよく、厚さも四寸一分以上あればよかった。一等と二等では当然のことながら、金額に差がある。

そこで、請負師は一等ができるだけ多くとれる木取り方法をコビキに教えた。

たとえば、クリの木をできるだけ根元から伐採し、細くなって二等しかとれないツジ（木の先をいう）の部分を少なくする。根元にクサレがある場合には、クサレの部分がなくなるまで少しずつ丁寧に切り落とし、無駄が少なくなるよう教えた。

さらに、請負師の役目に、一本だけ遠く離れていて、作業条件が著しく悪いためコビキが行きたがらないような仕事があった。そして、コビキがそれぞれ何丁つくったかを、帳簿につけていった。コビキの請負師が帳簿に記載した枕木の数と、山や川の状態を考え合わせて、キダシの請負師は一丁いくらで請け負うかを決めるのである。

クリは虫がつきにくいこともあって、伐り旬《しゅん》はいわなかった。しかも、何万丁と多く出すため、雪の多い冬の一時期を除き、コビキは年中山に入って仕事をした。

それほど数が多くない山では、米吉翁がコビキの請負師を兼ねることもあり、枕木専門のコビキだけでなく、ヤドウグ（建築材）のコビキに米吉翁が教えることもあった。ヤドウグをこしらえるコビキなら、ジゲ（地元）にもたくさんいたからである。

コビキ用具曼陀羅

アサリツチ（鋸の目立て用）

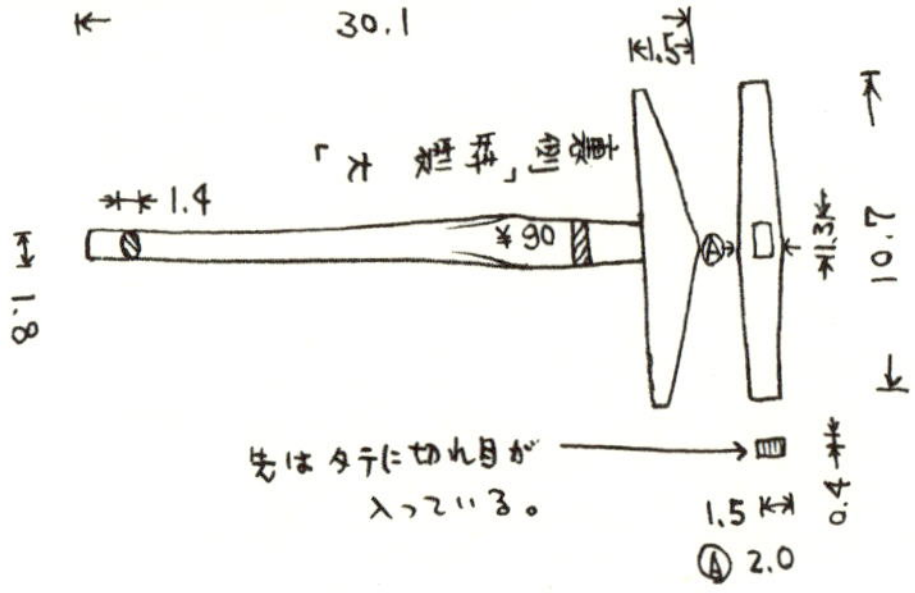

カワムキ

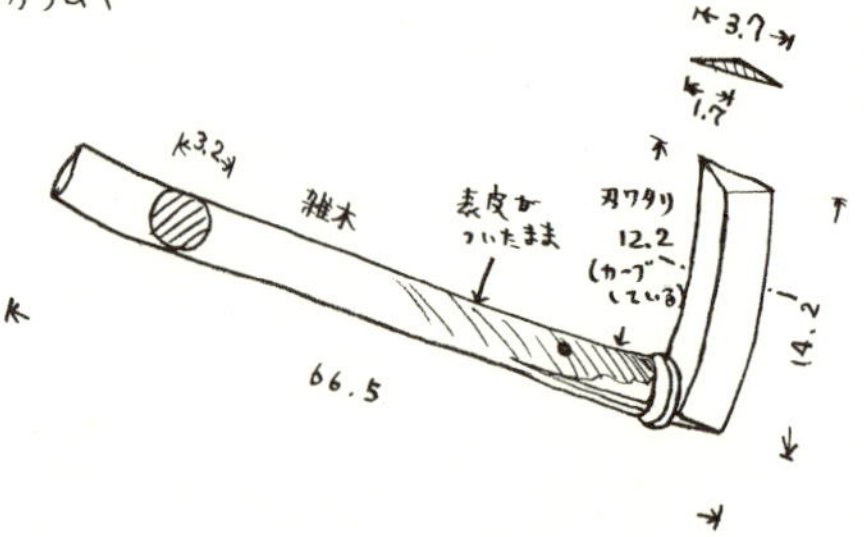

ヤスリ（鋸の目立て用・洋ヤスリ使用）

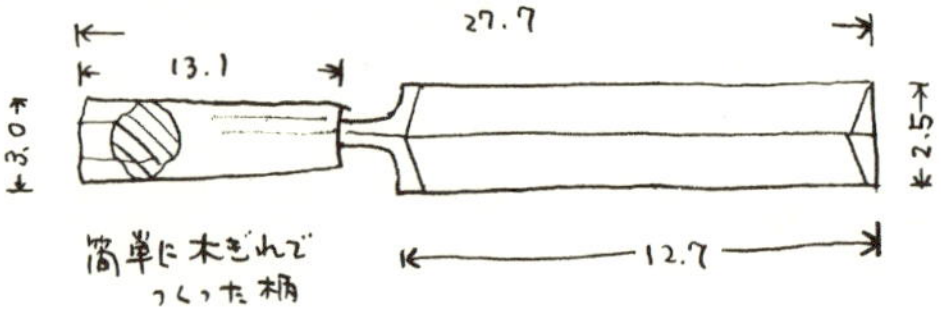

カワムキ

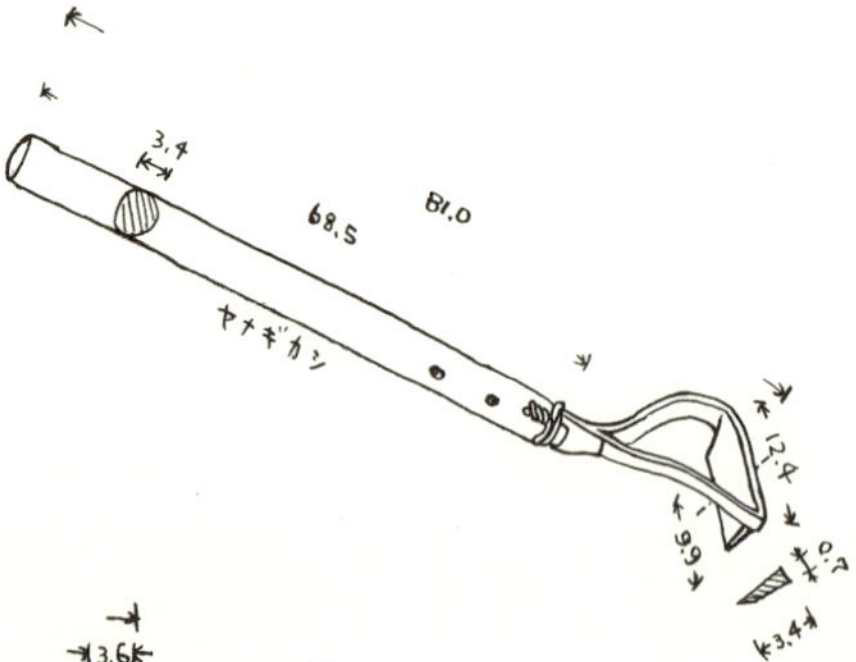

ハツリヨキ（仕上げ用）・ハザヤ付

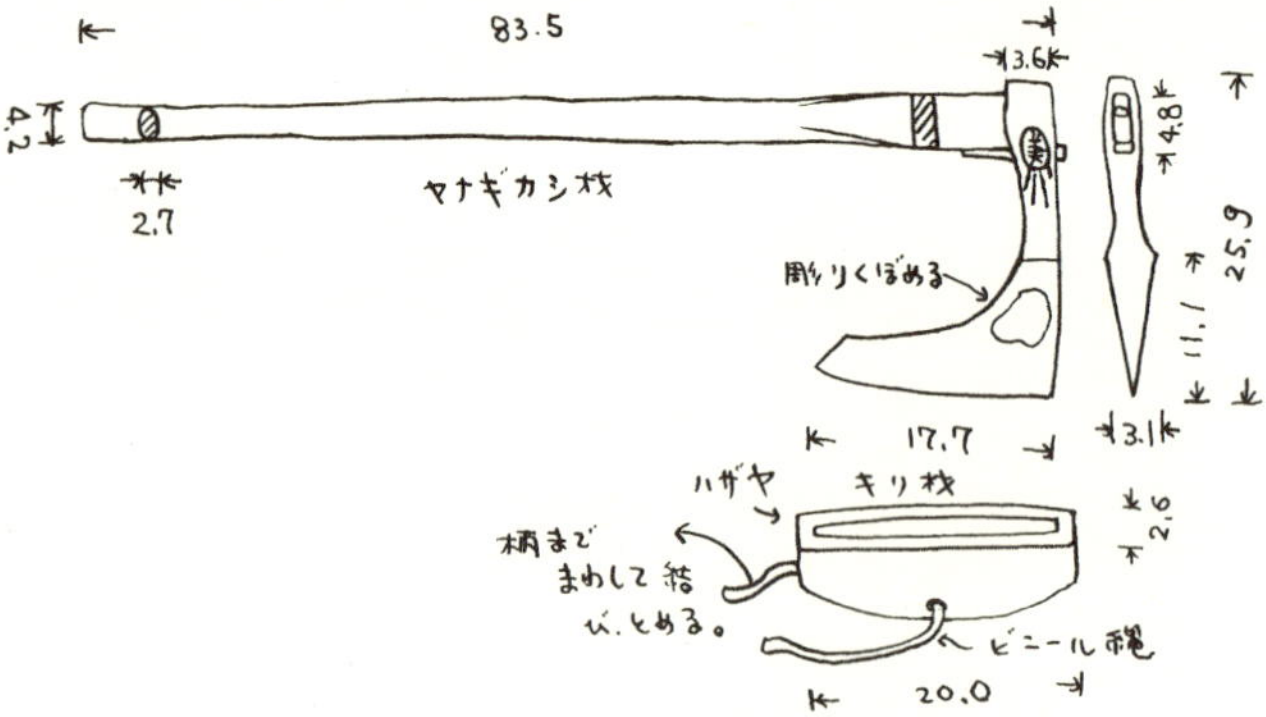

コバキリ（荒ハツリ用）

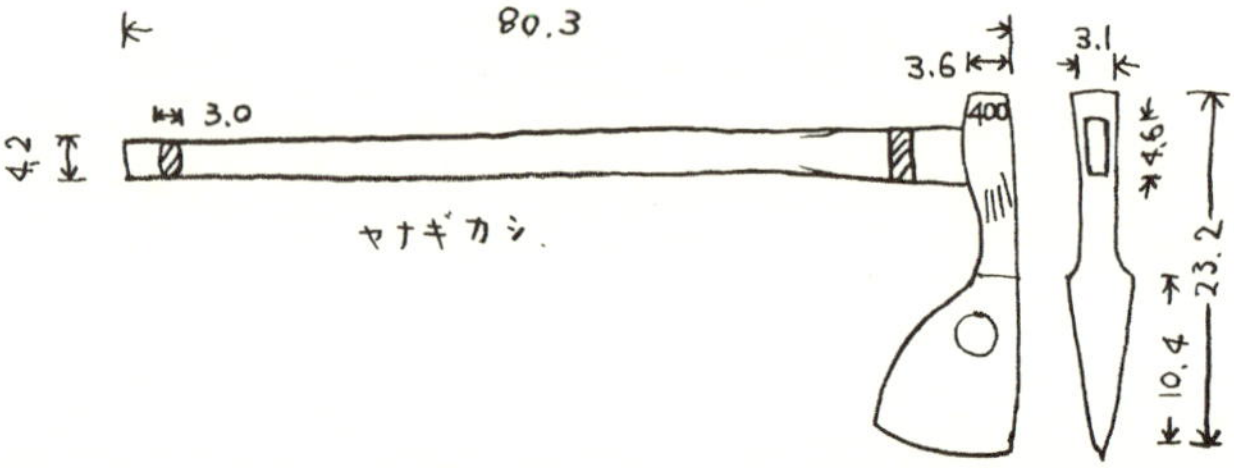

伐採用・ヨコギリノコ（刃二尺）

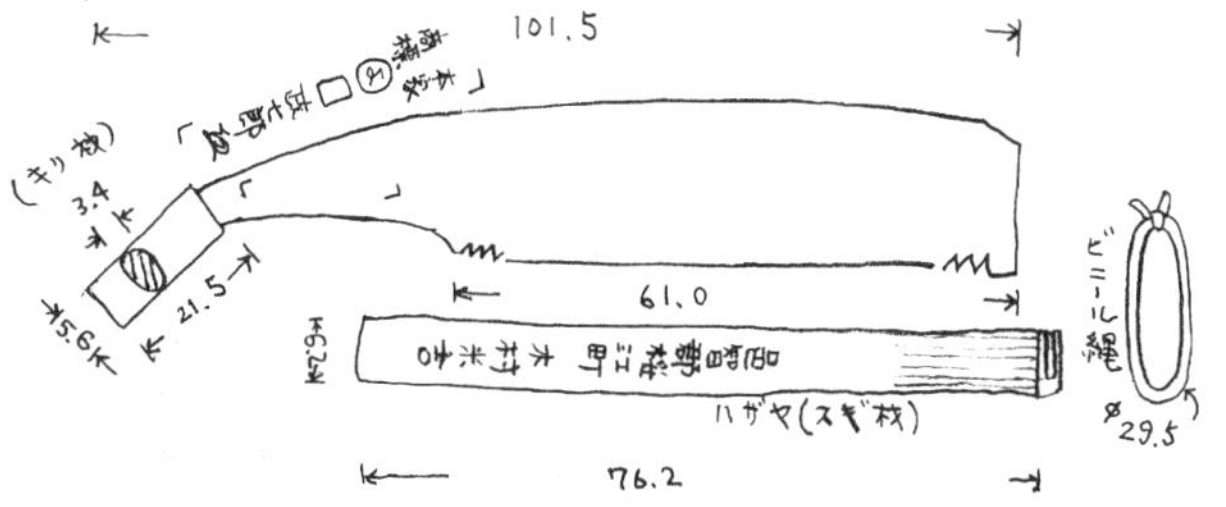

歯の数 56. 厚さ 0.2と厚い.

マエビキノコ

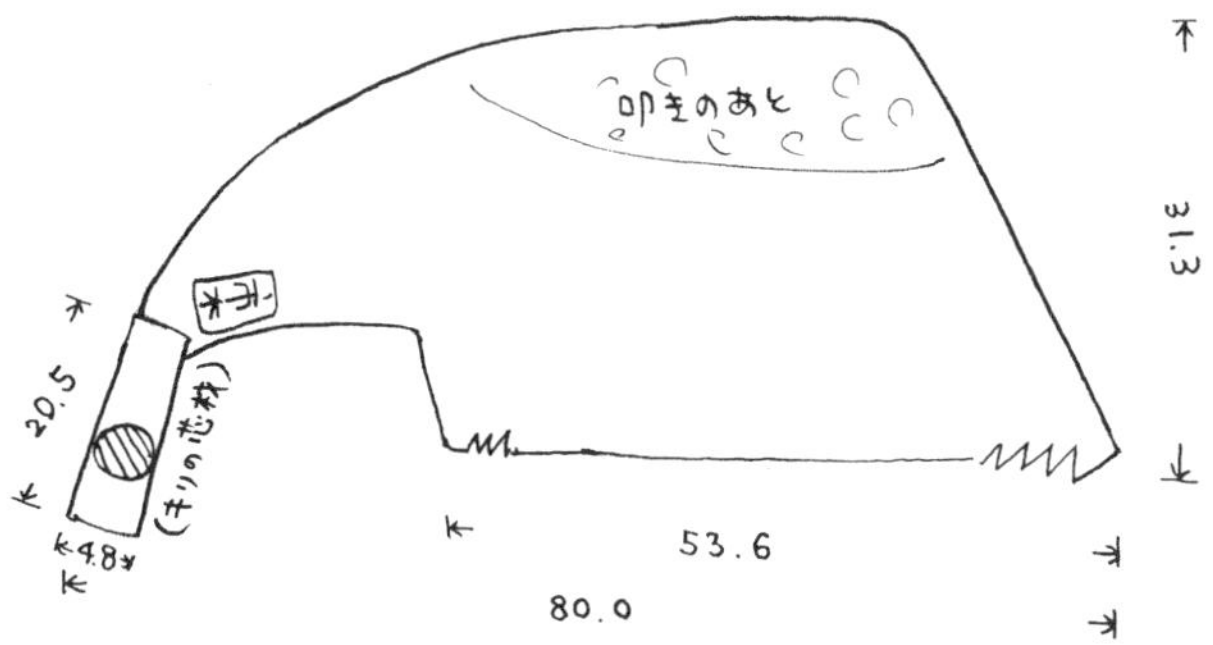

歯の数32枚・チョンガケナシ・厚さ0.22

市木に、マエビキを売り、歯の焼きつけをする店があった。

カスガイ（枕木ハツリ用）

コビキ専用のカスガイで瑞穂町高原の鍛冶屋がつくった。

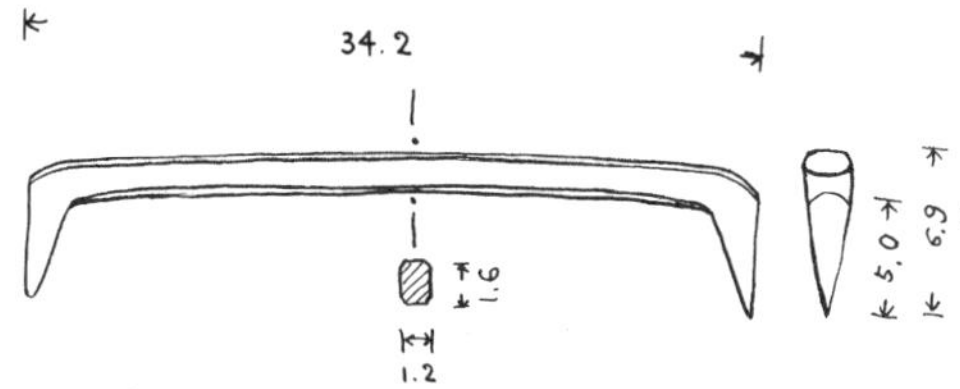

先の角度がノサでもカギでもうまく木にくい込まない。

ヤ（伐採用・大形）

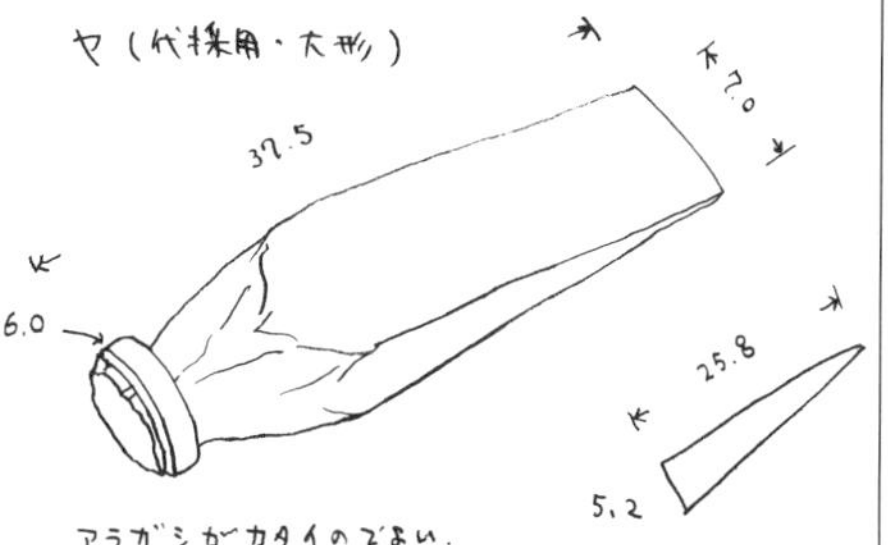

アラガシがカタイのでよい。

均一な厚さに削ってつくるのがコツである。

二本から、大きい木の時は4.5本も使う。

米吉翁の家の縁側の前に並べた、翁が使ったキダシ用具（前方）と、コビキ用具（後方）

●コヤ暮らし

大きい山だと、二〇人も、三〇人ものコビキが山に入り、一年も二年も仕事が続く。それほど大きい山でなくとも、五、六人で仕事をするときは、山にコヤ（小屋・泊小屋）を建てて仕事をした。小屋は上が又木になった柱を使った掘立小屋で、屋根と壁はササであった。一〇人ぐらい泊まる小屋で、一〇畳ぐらいの広さがあった。窓はめったにつくらず、入口はムシロを吊るしただけである。床は枕木を敷き並べ、その上にムシロを敷いた。小屋の中に大きなユルリ（囲炉裏）をつくり、毎日火を焚くので、煙で燻《いぶ》されて小屋も丈夫になり、建て方次第では二、三年は何ともなかった。

サブイヨ、サブイ、火をたかにゃあ、寝られん。

雪の降るときにゃの、朝起きると布団がみな雪になっとるけにねえ、雪吹きこむけえ。頭に毛布や着物をかずいて寝るけどなあ。朝起きると布団を、パッコン、パッコンはねるんじゃ。寒いところでないと、クリがないんじゃけえ。

太い木をぶちきって、一晩じゅう火を焚くのよ。小屋のネト（近く）にどんな木でもあるんじゃけえ。生木じゃが、三、四本あわせるとよう燃え、火の勢いもちがったの。

山での食事は、小人数の場合は一番若い者がつくる。といっても、山のことでおかずといっても、味噌とコウコ（漬物）ぐらいしかない。まだ暗いうちに起きて、飯を炊き、汁をつくって皆を起こす。そして、食べ終わると弁当を持って出かける。弁当のおかずも、味噌を詰めていくぐらいのものであった。小屋で魚を食べたのは、出雲で仕事をしたとき、干しタラを持ってあがったことが一度あるくらいだった。干しタラは塩辛かったが、うまかったという。

もっとも、おかずが少なかった分、コビキやキダシは、飯をよく食べた。

だいたい山では一升飯食いよったなあ。わしが親方のときには、一升飯食わにゃあ、つまらんといったもんだ。

わしが若い頃、この近くで枕木をつくっていたときじゃが、朝一升炊いた飯を一回で食べて山に行き、昼飯を食べずに仕事したことがあったなあ。弁当持っていくのが、面倒じゃったからの。おもしろい男よの。

シゴトシの数が多くなると、食事をつくり洗濯などをするカシキ（炊）を雇う。カシキは米吉翁の頃にはたいてい年増女で、米吉翁は一人役以上の金を払っていたという。

一〇人もおりゃあ、飯がこわいとか、やをいとか、汁があまいとか、からあとか、何をいうかわからん。そのときカシキに権利持たしときゃあ、

「いらんこというな、文句あるならいんで（帰って）かたいめし食え」

いうことができるけにねえ。

気丈なカシキのものいいは、よほどひどい（強い）ものであったらしい。

山には、商売人に味噌と漬物を樽で運び上げてもらう。帳面につけておいてもらい、請負師が後でまとめて払いに行った。

なお、大きい山ではコビキの作業が半分ぐらいすすむと、キダシがキオロシ（木下ろし）の準備で山に入るためキダシの小屋を建てる。山には、一号・二号・三号・・・と、小屋が建ち並んだのである。

●熊と山人

火を焚いていることもあって、小屋の付近に動物が寄ってくることは少なかった。カシキが飯の残り物を捨てたのを、ときどきキツネやタヌキが食いにきたぐらいで、悪さをすることはなかった。しかし、山では動物と出会う機会は多かった。

山に熊はおらんかったか、と?

熊はおるよ、そがな山じゃあ。熊がおっても、かまいさえせにゃあ、熊ぐらい素直なものはない。人間にさわるような熊はおらんけえ。あんたんとこぐらいにおっても、ヒョイヒョイと逃げらあ。わしらあ、いっつも出会いよった。

イノシシも多い。いなげにすりゃあ、さでかかってくる。そいじゃが、熊ほど人間にたち寄らん。熊は近寄ってきやあせんが、逃げんけえ。

そいじゃが、熊が腹あこきゃあ、イノシシよりゃあひどいけえ。座っといて食いつかん。ヤーット、人間をひとのみに・・・。

そがあに大きいか、と?

大きなよ、あんた。そおだなあ、立ったいゃあ、二メートルを超すものがおる。この辺の山の低いところにゃあおらん。ここから、九里ぐらい入った、広島県との県境の冠《かんむり》山《やま》あたりまでいきゃあおる。

山で働くシゴトシにとって、だいたいにおいて動物は愛すべき存在であった。そうした動物観は、山里の中でつちかわれたものでもあったようだ。

わしの婆さん(戸河内の実家の祖母)がな、こまあ婆さんじゃったがな。クリ拾いに蓑笠《みのかさ》を着て、遠いとこへよう行かんけえ、近くの山へ行ったんだ。ホボロ(小さな竹籠)をさげて、クリを拾い、ホボロが一杯になったいうたら、袋に移しといてまた拾らう。そうしたら、熊が袋のネトに来て、袋のクリを出あてむいで食いよる。婆さんがクリを移しにいきゃあ、上えスルスルと逃げて、木に登って下を見よる。婆さんが、行きゃあ、またおりて来て食いよる。

「われや、あぎゃあせんこ、ひとりして拾うて食えや。ばあさんが、貯めたやっをあげえにせんと」

とはいうが、婆さんもかまやせん。そのくらいのものじゃあ、熊いうのは、おとなしいものよ。ほじゃけえ、うちら(戸河内)の辺でも、昔からいうのになあ、

「熊あ、一匹とりゃあなあ、七代貧乏する」

いうて、熊はとっとらん。じゃから熊も増えるんじゃ。

この辺のものは熊いうと、恐れるがな、熊いうものは恐ろしいものではない。うちらの方じゃあ、熊にやられたいうもなあ、一人もおらん。

そりゃあ、親類にも猟師がおりよったがな。わしの親父が、

「熊やなんかは、とるじゃあなあ、とるじゃあなあ」

といいよったがな。そいでも一年に一七匹、一八匹もとりよるんじゃけえ。ほいじゃが、死ぬときにゃあなあ、夫婦づれで、若うて、難儀して死んだあな。

「猟師をするけえ、あげなめにあおうが」

と親父がいいよった。

ほりゃあ、熊はかわいいもんよ。

●次は、キダシが

コビキがクリの立木付近でつくった枕木を、キダシは雪が降る前に山道まで出しやすいところへ、三〇〜一〇〇丁程度まとめておく。奥山で雪が六尺も積もるようなところが多く、あとで見つけやすいよう、近くの木の皮を剥ぐとか目印を付けておいた。

雪が積もると農家に頼んで、枕木を流せる川辺まで一丁いくらで集めてもらう。一丁ごとにトチ（金輪）を打ちつけ、綱で雪の上を引っ張り下ろす。何十人もの人が同じ雪道を引き回すので、自然と道ができたという。川端につくと一〇丁一並びで、交互に棚に積み上げておく。一〇丁一並びを、一棚と数えた。

三月になり、雪がとけてユキシルが出て、川の水が増えてくると、いよいよキダシの本番である。筏師が江津まで輸送するため筏に組む小田の浜までは、枕木をばらのままキダシが流すのである。雛節句の餅

を食べてから流したこともあり、桃の花が咲く時分が多かった。

八戸川《やとがわ》では、桜江町の町境を少し川上に上ったところに戸川《とがわ》（旭町）という集落があり、その上流と下流で枕木の流し方が違っていた。

戸川から上流は水量が足りず、枕木で川にモンピ（井堰《いせき》）をつくって流し送った。水を堰き止めるための仕掛けをシガクといい、堰き止めた水の力を利用して流した。

シガクは、枕木を川幅一杯に並べ立て、隙間に水が漏らないようモケ（コケ）を木のヤで叩きこむ。最後に土を入れると、ちょうどダムのようになる。そこから、枕木一二、一三本を丸く並べた樋を組み、下の淵か岩のないところまでかけわたす。モンピに水が溜まり、水嵩《かさ》が増して浮き上がった枕木を、トビで引っ掛け樋に送り込むと、水とともに上を滑り落ちる。これを順次繰り返して、枕木を流送するのである。

ちょいと水でも増えたいうたら、おもしろいものよ。チョイチョイ、チョイチョイと、なんもせんでも流れよる。

と、いうことになる。もっとも、「千所ありゃあ、千所みなちがう」ともいい、一カ所として同じ組方のシガクはなく、それぞれの場所に合わせて考えながら組むには、経験が必要であった。また、シガクに使った枕木も崩しながら流すため、できるだけ少ない本数で、崩しやすく組まなければならなかったのである。

戸川から下流の小田の浜までのおよそ二里（約八キロ）の間は、井堰をつくる必要はない。かわりに灌漑用の井堰が五カ所、橋が数十もあり、こうした構築物を壊さないように流す苦労があった。川でのキダシの時期は、稲の収穫が終わって田の準備がはじまるまでの冬期と限られ、あらかじめ県への届け出が必要だったのも、農業用水と時期が重ならないためである。そして、警察や役場の職員が、キダシの作業現場まで見にきたのである。

井堰には上流と構造は異なるシガクをつくり、いためないよう保護した。井堰自体も、今より壊れやすい簡単なつくりだったからである。

橋は木橋で、橋脚にモグレ（からみ）ついた枕木はすぐにはずさないといけなかった。上手のキダシは、一、二本を動かすだけですぐ崩すことができたという。

また、浅瀬の石の多いところでは、枕木が留まらず自然に流れるように、ウツをつくる。ウツは、石と石の間に枕木を渡し、とどかなければ枕木をつないで使って水を堰《せ》いて、ミズスジ（水筋）をつくるのがウツである。石がなくても、枕木を置き、上に枕木を重ねあわせて置けば用の足りることもあった。ウツが取りつけられない場所では、キダシが岩に飛び移るなどして、トビを使って流した。

このように、シガクやウツを最初につくり、先頭で行くキダシを監督する人をキバナセンドウといった。キバナセンドウのほかに、ナカセンドウ・キジリセンドウ（アトセンドウ）の三人の監督がいて、先・中・後の三班を指揮したのである。

ナカセンドウは、枕木の流れとともに進み、枕木が正常に流れるよう世話をする。

キジリセンドウは、最後に下り、シガクやウツを崩しながら、枕木が一本も残らないよう流す役割である。

「キダシの仕事は、星から星」

といった。暗いうちから起き出し、夜道を帰るまで仕事をするという意味である。

何万丁と流すと、一里半以上も枕木が続くことになる。そのため、キダシも二〇人は必要である。上から次々流れてくるので、キダシは作業中は勝手に休息をとれず、昼食以外は休めなかった。昼食時と、作業の終わりは、トビグチを上に立ててかざし、次々仲間に知らせていった。

まだ寒い時期で、服に氷が氷柱《つらら》のようにぶらさがり、動くたびにガラガラと音がした。こうした、過酷ともいえる作業のため、キダシには足腰の達者な若者が多かったという。

米吉翁は、川での流送について、

流すのは人が流すんじゃねえ、水が流してくれるんじゃけえなあ。水が素直に流れりゃあ、木も素直に流れる。

という。そして、この言葉の意味がよくわかる者でないと、ショウヤ（ヤラスロウ）にはなれないという。ショウヤは、それぞれの班の責任者であるセンドウになる資格を持つ人で、年のいったベテランがつとめ、賃金も一割は高かった。

小田では川に井堰をつくって枕木をとめ、川原に積み上げる。そこまででキダシの仕事は終わり、以後は筏師の仕事となる。

●キダシのモノと技

キダシにとって最も重要な道具はトビグチ（トビ）である。

米吉翁が若い頃にはワタリヒヨウ（キダシと同じ意味）が、土佐・岐阜・信州などから、「やしのうて

キダシ用具曼陀羅

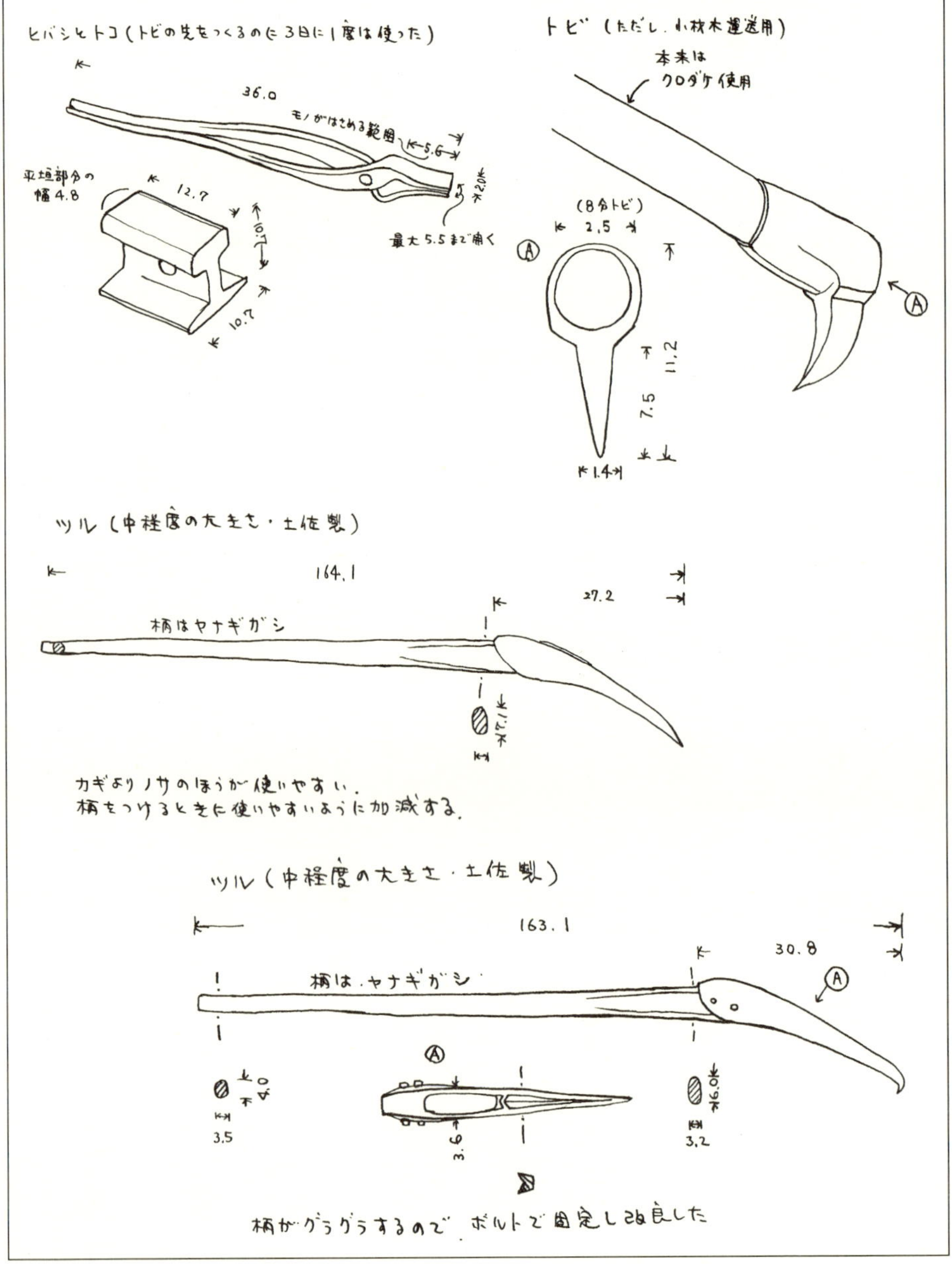
ヒバシとトコ（トビの先をつくるのに3日に1度は使った）
36.0
モノがはさめる範囲
5.6
2.0
最大5.5まで開く
平坦部分の幅4.8
12.7
10.7
10.7
トビ（ただし、小枝木運送用）
本来はクロダケ使用
（8分トビ）
2.5
11.2
7.5
1.4
ツル（中程度の大きさ・土佐製）
164.1
27.2
柄はヤナギガシ
カギよりノサのほうが使いやすい。
柄をつけるときに使いやすいように加減する。
ツル（中程度の大きさ・土佐製）
163.1
30.8
柄は、ヤナギガシ
3.5
3.6
6.0
3.2
柄がグラグラするので、ボルトで固定し改良した

やんせ」とキダシの請負師を訪ねてきたものである。そのワタリヒヨウが、ただ一つ持ってくる道具が、ベントウゴウリに入れたカギ（トビグチ先端の金属部分）だった。

トビグチのカギの大きさはヒツ（柄をとおす穴）の直径で決まり、一寸と八分とがある。キダシは一寸のカギを使い、八分は炭焼きなどがもっぱら使った。八分だと、トビグチの柄にするクロダケ（真竹）が細くなり、力を入れると折れるからである。

ただ、同じキダシのトビグチでも、使う場所が山と川で柄の長さに違いがあった。山で使うトビグチの柄は一尋《ひろ》に五分を加えた長さで、短めと決まっていた。柄尻を手で持って後ろに引いたとき、人に当たって危険がないようにしたのである。

川で使うトビグチの柄の長さは、二尋から二尋半と長めである。長いトビグチの柄を川に突き立て、水の上を飛び越えて岩伝いに移動したり、対岸に渡るのに使った。キダシは滑りやすい石の上を歩くことが多く、川では黒足袋の上からワラジを履いていた。

キダシは一人が乗れる筏を組んで、川中でからまった枕木をはずすこともあった。八戸川では、戸川の農家でハデボ（稲掛け）に使うよくヒタ（乾燥）杉丸太を買い、長さ二間に切り、四、五本並べてフジカズラで筏を組んだ。

また、ハデボを使わず、枕木を筏がわりにすることもあった。

枕木でも六丁ありゃあ、どこいでも乗っていけよった。ロクチョウいうてな、六丁の枕木を並べ、一方を浮かせるように四分六のあたりに斜交《はすか》いに一本枕木を乗せ、その上に立つ。前が浮くようにして、スーッと瀬を流れおりる。トビで舵はとれた。

これだけでも、サーカスの曲芸のように思うのだが、おもしろ半分、修行半分で、わざとより危険な乗り方に挑戦したという。

雨が降って奥から水でも出て、ガラガラ流れるときには、傘をさして橋から地下の人がみんな見よる。

わしもやりよったが、人が見とる思いゃあよけいのこと、六丁でも五丁にする。五丁を四丁にするんだ。そうすると、今度は沈みゃあせんか、こりゃ、沈むで、沈むでというように、みんながおもしろがるんじゃ。沈んでみりゃあええがの、まくれてみりゃあええ、流れてみりゃあええ思うんじゃ。あたりまえにな、二人乗ってもせわないようなものに乗ってもおもしろうない。そうよにして、みな達者になるんじゃ。

いたずらで、ハデボでつくった筏に乗っていても、川幅の広いところになると、端を踏み込んで横に回転させた。

丸太の流送では、一本丸太に乗るくらいは、キダシなら誰でもみやすい（簡単な）ことであったらしい。

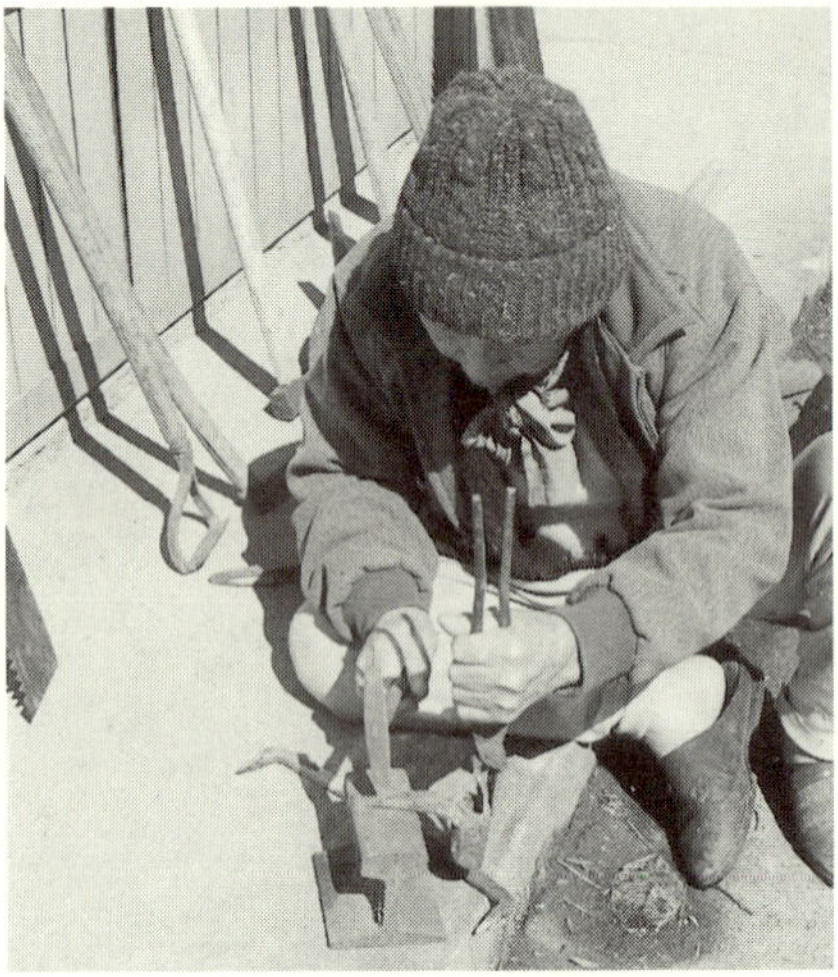
トビグチのカギの先の修理を
再現する米吉翁（1991）

少し難しいのはフミアワセという乗り方で、スキーのボーゲンのように、二本の丸太の前を合わせ、後ろを開いてバランスをとりながら下る。左右で木の太さに大小があるからバランスがとりにくい。一本丸太の上を自由に歩けるくらいの力がなければ、フミアワセはできなかった。

深い淵のところでは、ケンタ（一間の長さ）の丸太に乗り、横に回すことは誰でもできるので、縦に返すことがある。端を踏み込み、トビを使って回転させ、素早く駆け登るのである。ここまで達者な人はちょっといなかった。無論、米吉翁はできるから、いうのである。

●キダシ唄

山で木を曳くときには、皆で力をあわせて作業しなければならない。そのためにキダシのなかで熟練したものが、キダシ唄を歌った。

キダシいうのはなあ、朝から晩まで仕事はせんでも、音頭をとることで一人《にん》（一人前の賃金）以上もらうんじゃけえ。歌うものはな、力あ入れられんけえのお。木にカギ（トビグチを形だけ）かけとくだけじゃ。

〽おーらあ、やれやれえ
　おーらあ、さいたこいよお

声がよおて、一日じゅうおもしろいことをいう。娘がとおりゃあ、

〽こんなあ、ねえちゃんは、腰巻ゃきれいなどお

ちゅうようなことで、見たようなことで、木遣りを歌うんじゃ。みんながはずんで引っ張るようなことを歌うんじゃ。

朝から晩まで仕事をするんじゃけえ、黙って木を引っ張るようなことあせん。そんなときゃあ、遠くに娘、子供がいても、みな集まる。ほりゃあ、にぎやかなものよ。

また、キダシ唄は調子を合わせるだけでなく、次の作業の手順や内容を皆に承知させる役割もある。

いかい（大きい）木の場合にゃあ、

〽しょおがつう、かみだなあ

　はなもちゃあ、あげたあどお

というのにあわせて、端をあげてずらしていくんじゃ。

こまあ（小さい）ものやってもな、こまあものをやる調子があるんじゃ。

〽コロコロこいよ、もひとつこいよ

　もひとつこいよ、もひとつねがやれえ、よいとおこいよ

というように、こまいものはこまあものの音頭があるんじゃ。

〽じんたの昼寝でえ、ねかやりこいよ、ねかやりこいよ

というときには、よこしに、コロッコ、コロッコまくってくる。こんだあ何にしょうやあというて、いちいち相談することあないんじゃ。

あんたらにこがいにいうても、真実あ、わかるまいがのお。自分がキダシになってから、ほうか

いのおとわかるんじゃ。

会話を交わして打ち合わせしなくても、作業は唄によって次々と進んでいく。作業にリズムが生まれ体が動き、お互いの意思が一つに合わさっていくのである。しかも、即興のおもしろい詞が歌われ、作業の厳しさを忘れさせてもくれる。唄はキダシにとって、疲れをいやし、連帯感を生みだすなくてはならない知恵だった。そして、私たちが想像する以上に多くの役割を果たしていたのである。

キダシの心意にまでおよぶ話になると、私の理解はおぼつかなくなる。しかし、米吉翁の唄声に聞きほれながら、キダシ仕事の奥深さや仕事の喜びの一端が、私にも少しわかりかけてきたように思えたのである。

竹籠を丸太にみたてて、ツルの使い方を再現する米吉翁（1991）

●最後は、筏師

枕木一万丁は、四月頃から一カ月ぐらいかけて筏に組んで江津まで流した。

まず最初に、親指大の曲がっても折れにくいイカダカズラ（フジカズラ）を山に採りに行く。自分で使うカズラは、自分で選んで取ってきたのである。枕木の筏を組むには、枕木の幅の狭い方を縦に二〇丁並べ、カズラをおいて、その上から八番線を丸めて釘のようにして打ちつけて固定する。

太田川上流の戸河内では淵と瀬が続く急流で、木に穴をあけてカズラを通して木と木を固定する。江川は流れが緩やかなので、穴をあけずに打ちつけるだけですませた。江川ではこれを四〇連つなげる。

筏のハナ（先端部）は、前を狭く、後ろを広げて組む。早瀬ではハナを上に浮かせて、淵にもぐりこまないようにした。

枕木筏は、一人で乗る場合と、二人が乗る場合があった。小田からは一人で乗ることが多く、サキに筏師が乗る。二人の場合はサキとアトに分かれ、サキがカイで方向を変え、アトがナガサオを持つ。筏師は八戸川河口の小田や今田のフナコ（川船の船頭）に頼んだ。ベテランのフナコは川の水筋を知り、櫂《かい》や棹《さお》もあつかえるため筏にも乗れたのである。

早朝に小田を出発し、午前九時頃には江津に着けるようにした。午前一〇時を過ぎると、河口から海風が吹いて上流に押し戻され、着岸できなくなるからである。順調なら、約二時間の行程である。

枕木筏は上荷として荷物を乗せて運ぶことはなかったが、ノセだけは特別だった。ノセは、長さ五尺と普通より二尺も短い枕木のことで、三五（サンゴウ）ともいい、炭鉱のトロッコの枕木などに使った。

江川河口に筏が近づくと、見当をつけて早くから岸に寄せる準備をする。川幅が広くなる河口では中央の流れが速くなり、急には岸に寄せられないからである。筏は今の江川橋から少し下ったところにつけ、筏の中央部と最後部の二カ所を岸に固定する。ここまでが、筏師の仕事である。

山から一万本の枕木を流しても、江津までの間で失われるのはせいぜい数十本だった。それぐらいなら、枕木師も大目に見て損失した枕木についてとやかくいわなかった。

あとは、問屋の丸通が陸揚げし、その場でハイダテする。ハイダテは横一列に枕木を並べ、鉄道省の検査官が等級を決めて、刻印を押していくことである。一等は丸、二等は四角の刻印で、合格しない枕木はハネという。合格品は、そのあと駅まで運ばれ、丸通によって鉄道省に送られた。

ハネは、ハネだけを専門に扱う仲買がいて、おもに九州の炭鉱に売られた。炭鉱では、安いハネが出るのを待っていて買った。

枕木は元手になる資金は必要だが、無駄になるものが少なかった。しかも、鉄道省に売る枕木は元手の何倍もの値段で売れ、枕木師の儲けは大きかった。米吉翁も無事に江津に枕木を運んだ後、枕木師に料亭に呼ばれ、芸者をあげて遊んだことがあったという。

3　山と海をつなぐ川の文化

●なぜ、神棚に大木札が

米吉翁の自宅をはじめて訪ねたときから、座敷の神棚に幾枚も祀られた大きな木のお札が気になっていた。このお札は讃岐の金毘羅さん（香川県仲多度《なかたど》郡琴平《ことひら》町鎮座の金刀比羅宮）の一体一万円もする大木札で、江戸時代から霊験《れいげん》あらたかでよく知られたお札である。

海難にあったとき、船乗りが拝んで金毘羅神の加護を得て助かったという霊験譚《れいげんたん》や、助かったお札に海難時の情景を描いて奉納した海難絵馬《かいなんえま》の図柄などにも、大木札はしばしば登場する。その大木札と、山で働く米吉翁との関わりが気になっていたのである。

米吉翁は最近まで毎年金毘羅さんへお礼参りに行き、今も大木札だけは毎年金刀比羅宮から郵送してもらっている。第二次世界大戦後間もない頃、山仕事の途中の事故で死にそうになったとき金毘羅さんに助けられてから続いているという。

事故は、桜江町で山から電柱丸太を下ろす作業中に起きた。電柱丸太を積み上げているとき、台にしていた丸太が突然はずれ、米吉翁はその丸太で岩と岩の間に撥《は》ね飛ばされて、腰や腕に大怪我《おおけが》をした。しかし、もし丸太に撥ね飛ばされていなければ、崩れた電柱丸太の下敷になって死んでいたのである。

そのとき、米吉翁は日頃から信仰する金毘羅さんの加護により助けられたと受け止め、以前にも増して深く信仰し、讃岐の金毘羅さんにお礼参りするようになる。

金毘羅さんは海の神として一般には知られている。金毘羅は本来梵語《ぼんご》のクンピーラで、鰐魚（ワニ）を意味し、もともとインドにおいても水との関わりの強い神である。それが、日本に伝わり、在来の竜神信仰と習合し、水神として信仰され、なかでも海上守護神として知られるようになった。その全国的な広がりは伊勢信仰と並び称されるほどなのである。

ところが、金毘羅信仰が、なぜ近世以後の短期間にこれほど全国に広まったかについては、明確とはいえない。私は、金毘羅信仰についてのこれまでの調査から、大きく三つの道筋とその伝播者を考えている。

上＝座敷の神棚の天井に並ぶ、金毘羅さんの大木札
下＝讃岐の金刀比羅宮本社から郵送されてきた大木札を見る米吉翁
（いずれも、1991）

三次市街松原公園の川岸に立つ、文政2年（1819）の金毘羅常夜燈（2001）

なかで海上信仰の広がりについては、優れた航海術をもち全国各地で活躍した瀬戸内の廻船と船乗りのはたした役割の重要性を考えている。瀬戸内の船乗りが物資や文化とともに金毘羅信仰を全国に運び、広めたのである。当時最大の、流通および情報手段でもあった海上輸送による伝播なくして、金毘羅信仰の急速な広がりは考えられないのである。

また、近世期は、大阪・江戸といった大都市を中心に、それまでの局地的航海から全国各地の港を結ぶ遠距離の海上輸送が飛躍的に発展した。以前から、局地的航海を加護する海の神は各地に存在したが、新海上輸送時代にふさわしい霊験あらたかな全国的な海の神の登場が求められていた。それが、近世海運の大動脈である瀬戸内航路に祀られた、金毘羅だったのである。

さらに、海の道は川の道と結ばれ、水運交通網が発達する。江川でも河口の江津は日本海廻船の要港であり、ゴウガワブネ（江川船）で物質が上流に運ばれた。甚四郎翁や和太郎翁が語るように、江川船運は物資輸送の大動脈として重要だったのである。

さて、金毘羅さんは、全国の川船船頭や筏師の間でも広く信仰されている。江川流域の金毘羅信仰については十分に調査していないが、桜江町でも江川船の川戸の船着場を見下ろす高所に金毘羅さんの祠《ほこら》が祀られている。『川に生きる』によると、金毘羅信仰は上流域の方が盛んだったようで、金毘羅さんの祠を川沿いに祀り、明治時代には船の安全を願って金毘羅祭が盛大におこなわれていたという。江川流域の金毘羅信仰も、物質とともに川を介《かい》して広まった可能性が高いのである。

●異なる生活感覚と水の文化

さて、米吉翁の郷里の戸河内では、川や山の仕事に従事する者は、みな金毘羅さんを信仰していたという。海と川に、山が加わるのである。

米吉翁の活動範囲は広く、

「わしゃあ、山でも町でも、歩かんとこあないけえ」

というように、船頭・筏師・山仕事の人々だけでなく、町場や港町などでも幅広く交流した。米吉翁の生きざまは、金毘羅信仰がダイナミックで急速に展開する、海・川・山に生きる人々の生活様式や交流のあり方を教えてくれるのである。

それでは、海・川・山に生きる人々に共通し、金毘羅信仰を受けいれる基盤となったものは何だったのだろうか。

三次市で川が合流し、江川となる（2001）

米吉翁の怪我は、腰の打撲と、腕に細竹が突き刺さり血が吹き出した、今も生々しい傷痕が残る大怪我である。しかし、米吉翁は怪我によって金毘羅神を疑うのではなく、怪我ですんだのは金毘羅さんのおかげだとかえって信仰は深まったのである。生きるか死ぬかを基準とするほど、当時の山仕事は厳しく、厳しさゆえに金毘羅信仰は人々の心をとらえたのである。それは山ばかりでなく、「船板一枚下は地獄」といわれた海や川を生業の場とする人々と共通する危険感覚であったといえよう。そして、同時代の農業を中心として暮らした桜江町の人々とは異なる生活感覚といえよう。

それを水にあてはめていうなら、灌漑水利などを通して静的・間接的に関わった農民に対し、水を追いながら生死をかけて動的・直接的に関わった海・川・山に生きた人々の生活様式や生活感覚の違いといえよう。さらには、それぞれの文化を基盤とした、信仰観の違いといえよう。

和太郎翁は水との関わりにおいて両方を経験したまれな人物だが、米吉翁の仕事ぶりや信仰観と比べると、基本的に違いがあるように感じる。それは、両者の個性というよりも生まれ育った風土、太田川上流域と江川下流域の水の文化の違いといえるのかもしれない。

●次は、山へいこう

米吉翁は経験豊富で、話の内容や、その語りも魅力的である。米吉翁をよく知る和太郎翁も、

「私は米吉さんのように、うまく話せませんわ」

というほどである。ただし、自分から話すときはよいのだが、型にはまった質問に答えることは、はじめ

から好まなかった。それでも、当初は辛抱強く答えてくれていたが、キダシの技などの確信部分になると、

「どおせ、わかりゃあせんじゃろうのお」

ともどかしくなり、ついには話をやめてしまった。請負師の忍耐強さより、職人の気性の激しさが表に出たのである。キダシの絵画資料などを用意して、説明を受けようと努力したが、言葉で技を説明し、伝えることは難しく、嘘《うそ》も入りやすい。「そうまでして調査する必要がどこにあるのか」と、米吉翁の沈黙がそう私に問いかけているかのように思えた。まさに、米吉さんの主張は、正論なのである。

役場からの紹介なので一応は信用され、お付き合いしていただける。ただし、それもはじめだけで、あとは調査者の技量や問題意識が問われるのである。しかも、調査は回数を重ねるほど内容が深まり、伝承者のプライバシーにも触れざるえない。

米吉翁が途中で話をやめたので、私も質問をやめた。すでに、川や山の仕事で使った道具を調べさせてくれる約束ができていたので、作業工程順に並べて、一つ一つ観察しながらスケッチと計測をはじめた。幸い道具はよく残っていたので、道具を通して、せめて翁の仕事ぶりを理解しようと思ったのである。

結果として、道具の観察や記録化は、私が山仕事についてどれほどの理解力を持ち、何を知りたいと思っているのかを米吉翁に示すことになった。渡りの職人が、親方のところに厄介になるとき最初におこなう、腕試しと同じである。

私が道具の観察と記録をはじめたので、米吉翁は薪で風呂を焚く準備をはじめた。ただし、私が道具を

並べた縁先のすぐ横に、風呂焚き場がある。腕のよい職人ほど道具を大切にし、道具への思い入れも強い。私が道具をじっくりと観察し、記録までとりはじめたので、気になった翁はノートをのぞきこんできた。そこで、スケッチを見せながら、以前調査した近畿地方の山村での山仕事の調査体験を話した。

ふたたび、米吉翁との山仕事の話がはじまった。具体的な道具を前にしながら受ける説明は、私にもわかりやすかった。米吉翁も私の山仕事についての知識と、なにを問題としているかがわかり説明しやすそうだった。

ただし、道具をとおして基本的な技は理解できても、実際の作業現場を見たわけではない。キダシは、そのときどきの場面にあわせて柔軟に対応し、モノと技に工夫をこらし、危険と対処していた。翁の頑固ともいえる激しさは、安易な妥協がゆるされない仕事の中でつちかわれたのである。

そして、帰路につく私に、

「次きたときは、山へいこう」

と、米吉翁からいってくれた。山の話は山でなければ伝えられない、これも正論である。本気になって教えてやろうと、思ってくれたのである。

その次、山行きの準備をして桜江町を訪ねると、米吉翁はすでに帰らぬ人となっていた。

共同調査から

水と生活文化の発見

1　水と生活にどうとり組んだか

●桜江町を歩く

一九八九年の夏休みも終わりに近い八月一六日から二四日まで、私は愛知大学生四人と島根県邑智《おおち》郡桜《さくら》江《え》町をはじめて歩いた。桜江町企画課内の「水の文化研究会」から、「水」をテーマとした民俗調査の依頼を受けたからである。

最初の二日間、私たちは研究会代表の山崎禅雄氏や企画財政課の三浦正典氏と、車で桜江町を見てまわった。「水」と「生活」という大きな枠組の中からテーマを絞り込むため、桜江町の自然（水環境）と生活文化を知る必要があったからである。

桜江町は日本でも十指に入る大河、江川《ごうかわ》が中央を流れ、八戸川《やとがわ》・小谷川《こたにがわ》などの支流が集まる谷間の町である。最初は桜江町を高いところから俯瞰《ふかん》するため、役場所在地の川戸《かわど》から江川をはさんだ対岸のテレビ塔

テレビ塔の山からは、江川やすぐ下の川戸は見えない。左方山裾に八戸川、中央の手前に小田、奥に今田の水田が広がる（1989）

が立つ山に上った。この山は桜江町のほぼ中央に位置しているが、川が蛇行し、山々は低いが急峻で、谷は深くきざまれ全体は見通せない。耕地はわずかで、川沿いの河岸段丘上の畑と、川が合流する平地に水田がひらけていた。

次は谷筋を歩いた。谷沿いにもわずかに山田があるが、イノシシ避けのトタンやビニール板、電線を張った柵がいたるところにめぐらされていて、イノシシ、ウサギ、鳥の被害が多いという。道路整備の遅れた後山《うしろやま》地区は、早くに平地へ移り住み、民家や耕地が放置されていた。谷間の村々の厳しい現実がうかがえた。

谷筋を登るにつれて民家は途絶え、道は険しさをます。谷道を登りつめると地蔵などを祀る峠があり、峠が隣町との境になっていた。峠を越えると景観は一変し、なだらかな平地に水田がひらけている。桜江町の谷筋の道は行き止まりではなく、準高原の旭《あさひ》町・金城《かなぎ》町・江津《ごうつ》市・川本《かわもと》町・石見《いわみ》町につながっている。桜江町は江川水運の港であり、日本海に面する江津港と結ばれている。高原の雨水が集まって小川となり、江川に合流するように、高原の村々の豊かな産物は峠を越えて桜江町に集まった。反対に生活物資が桜江町を経由して村々にもたらされた。桜江町は川を仲介とする物資の集散地だったのである。

上左＝炭焼きでうるおった後山地区も、谷間の水田は荒れている（1989）
上右＝後山の谷を登りつめた峠では、地蔵堂が迎えてくれた（1989）
下＝準高原の豊かな生産物が、川港である桜江町に運ばれた（1989）

桜江町を広く見て歩くため、谷筋をさかのぼり周辺の町を迂回《うかい》して、ふたたび谷筋を下ることを繰り返した。そして、谷筋を下ると江川に行きあたる。江川沿いの河岸段丘では桑や茶、野菜の栽培が多い。かつて江川沿いの村々は二年に一度の割合で水に浸かり、恒常的に水害を被った。ただし、濁流は上流から肥沃な土砂を運び、川越《かわごえ》特産のゴボウなどが育つ土壌を生みだした。江川は川床が低く灌漑用水として利用できず、河岸段丘上の水田はポンプでの揚水により昭和三〇年過ぎにはじまる。江川という大河を望みながら、江川沿いの村の多くは畑作で暮らしてきたのである。

桜江町内の水を追って歩くと、水環境の差が生活様式の違いに結びついているように思えた。江川沿いの田津《たづ》・渡田《わただ》など河岸段丘部は畑作地帯、江川の支流八戸川沿いの今田《いまだ》・小田《おだ》の平坦部は水田地帯、谷筋の集落は半農半林業地帯、物資の集散地川戸は町場となっていた。水環境は桜江町の生活を考える、基本的な枠組となっていたのである。

●地域でテーマ考える

今回は桜江町に入る前から、水との関わりで、石積み・川漁・船運・水害・生活用水などのテーマを用意していた。いずれも私が瀬戸内や畿内で、追求してきたテーマである。

なかで、水害は、水害常襲地帯の桜江町の地域性から欠かせないテーマで、負のイメージしかない水害に地域の人々がどう向かいあって暮らしたかに興味があった。家を中心とした生活用水は、家庭排水の汚染が社会問題となっていて、今日的テーマとしてどうしてもとり組たいと考えていた。

上＝準高原を迂回して、ふたたび深い谷間を川まで下る（1989）
中＝江川沿いの河岸段丘は川辺の竹薮の内側に畑や、新しい水田もある（1989）
下＝川越特産のゴボウは、水害がもたらした恵みである（1989）

はじめに二日間歩いたのは、地域の状況を知ると同時に、用意したテーマでの調査の可能性に見通しをつけたかったのである。水と生活の一端をかいま見たにすぎないが、川と谷の織りなす自然環境と生活様式は、いずれのテーマとも対応しそうに思えた。

三日目から、テーマと結びつきそうな地域を選び、分担を決めてフィールドワークをはじめた。地域を歩いて生活にふれながら、フィールドで検討し考えることにしたのである。

学生とのグループ調査は、翌年の冬にもメンバーが若干入れ替わり継続した。グループ調査は二回で終わり、それぞれがテーマを深めるまでには至らなかった。ただし、私たちはフィールドに恵まれ、多くのよき伝承者と出会った。私たちはその日の調査内容を毎日深夜まで報告し、相互に検討し、データを共有するとともに、問題を見つけて翌日の調査にそなえた。

「自分の住んでいるところより、桜江町の方が詳しくなったような気がする」

という、一人の学生の言葉はこの間の事情をいいえている。そして、私一人でのその後の調査を考えたとき、桜江町の水と生活について、学生との話し合いの中で気づかされたことは大きな財産となったのである。

2　二つの水害

●エとタテミズ

桜江町では一般に江川をオオカワ、その支流をコガワという。さらにコガワに流れるコタニをエゴやサワなどと呼び分け、川の合流する場所をデアイという。こうした呼び分けは、川と谷が桜江町の歴史や生活と深く関わっていることを物語る。

私たちの調査で最も頻繁に話題に上ったのは水害の話だった。桜江町内では、「エ」と「タテミズ」という、タイプが異なる二つの水害がある。「エ」はオオカワや、コガワとのデアイに、「タテミズ」はコタニを中心とした水害である。

「エ」はバック・ウオーターの意味で、江川特有の地形が原因になっている。江川の特色を『三十年のあゆみ』は次のように説明している。

江川は中国地方最大の河川で、上流は広島県で四〇〇〜五〇〇メートルの準平原や丘陵地を流れて三次盆地に集まり、下流の島根県に入って江川となり急峻な山間渓谷を流れ、江津で日本海に流れこむ。その流れは、上流では勾配が三〇〇分から七〇〇分の一で、部分的には九〇分の一の急流もあるが、下流では一〇〇〇分から一六〇〇分の一と緩やかになっている。

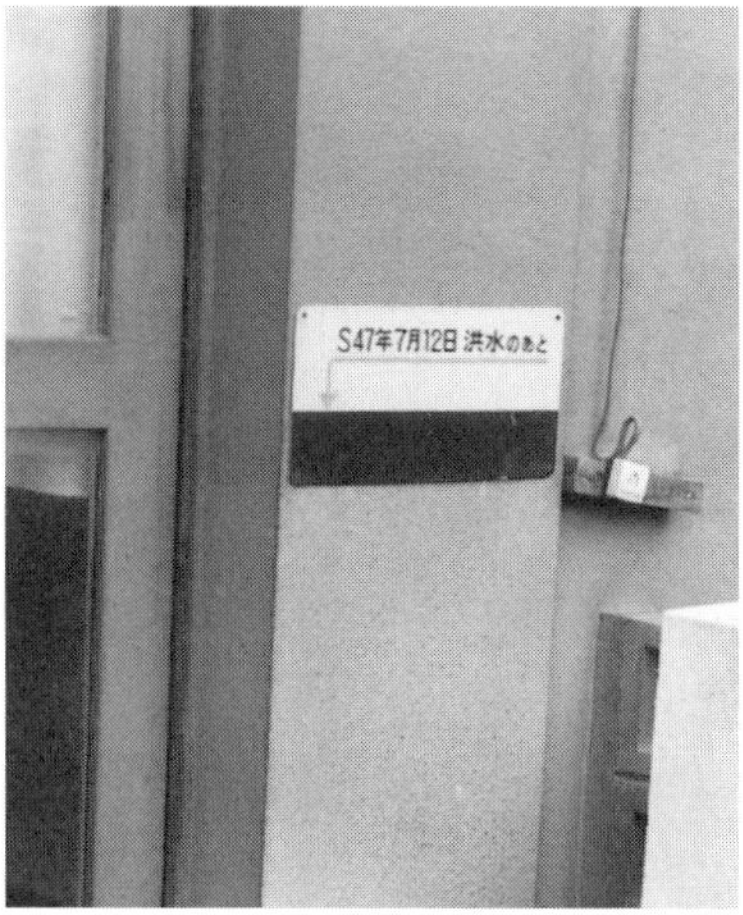

川戸の民家の玄関右脇に付けた「S47年7月12日洪水のあと」のプレート（1990）

つまり、江川は流域面積が広いため上流域から大量の水が流れる。ところが、桜江町を含む下流は川幅が狭いうえに川床が緩やかで、大量の雨が上流域に降り、満潮となると、江川の水位が八戸川・小谷川などの支流よりも高くなる。さらに、コガワの増水した水も、デアイで江川の流れにはね返されて逆流する。「エ」の範囲が江川と八戸川・小谷川のデアイを中心とした川戸・小田・今田・谷住郷《たにじゅうごう》と、江川沿いの川越地区一帯に限定されるのはそのためである。

「タテミズ」は「エ」とは対象的に、背後の谷奥からの鉄砲水や土石流による水害である。突発的に起こり、予測がつきにくい水害といえる。

●エの水位による空間構成

江川沿いの「エ」がくる地域では、「エ」の水位を基準として生活空間が構成された。屋敷地全体を石垣を築いて嵩上《かさあ》げするときは、過去に経験した「エ」の水位を基準としたのである。昭和一八年水害の「エ」の水位まで石垣を高くした市山《いちやま》の笹尾病院は、以後今日まで浸水を免れている。

民家の床下は人がかがんで通れるほど高くして、「エ」の浸水に備えた。高い床下は浸水後にたまったドベ（泥）を掃除するのにも便利だった。床板は釘づけしなかった。床板が水を吸って膨張してはぜることを防ぎ、水害後は床板を外して、床下の乾燥を速めたのである。

また、水害にそなえて日頃から母屋の二階に貴重品や、外出着・客布団などを風呂敷で包んで家財道具などとともに置いた。蔵のある家は、蔵に貴重な家財道具を置くこともあった。水害時の避難小屋を高台に建て、布団、衣類、味噌を置き、いつでも避難できるようにした家もあった。さらに、仏壇の下に車をつけたり、小型にして水害時にすぐ運び出せる工夫もした。

農作物を植える場所と種類も、水害を想定して決めることが多かった。冠水に強いサトイモ、トウモロコシなどは低い畑に、弱いサツマイモ、ジャガイモ、マメ類は高い畑に植えた。

「エ」は雨の降り方で予知でき、少しずつ水嵩が増えるので浸水まで時間があり、避難するまでの間に準備することもできた。

「エ」がくるときの雨は、「滝のように」とか、「バケツでうつしかけるように」とたとえられ、降り方から違った。その雨音が止んで静かになった後、江川の川面が白く泡だって、こんもりと盛り上がる。「エ」はこうして下流から緩やかに押し寄せ、一時的にたまるが、またゆっくりと引いていった。

その間に、男性は仏壇を運び、畳を積み上げ、家財を二階へ上げるなどの整理をする。女性は雨水を溜め、飯を炊いて食事をつくり、水害後のために籾《もみ》を搗《つ》いた。なかには、大水になると軽いスイカは浮いて根こそぎ流れてしまうからと取りに行く人もいた。

いよいよ、水位が増すと母屋の二階に逃げ、家にいるのも危なくなると二階の窓から船で避難する。そんな時にはアユトリさんがアユトリブネで助けにきてくれた。アユトリブネは川漁だけでなく、水害時の避難船として利用することもあった。

昭和一八年の水害では、一晩のうちに小田の七、八軒の民家がシモからカミに流されて移動した。当時は草葺きの家が多く、家ごと水に浮いたのである。この水害以降、瓦葺きの家につくりかえることが増えたという。「エ」は地域の生活が変わっていく、契機ともなっていたのである。

寺院や神社、墓地は、水害の及ばない高い場所が選ばれている。神仏を水害から守るためであるが、水害時には社寺が避難場所ともなった。社寺は日々の平安を願う精神的支えであり、非常時には生命を守る実質的役割を担う場所となっていたのである。

昭和一八年の水害では、渡の浄蓮寺の縁側に災害にそなえて各家から持ち込まれた味噌壺、漬物樽が並び、盆栽なども置かれた。ところが、境内には鶏も避難させていたので、その盆栽の芽を食べてしまったという。

昭和四七年の水害はこれまでにない大水害で、人々が避難していた渡の八幡宮では拝殿近くまで、川戸の妙見《みょうけん》神社では石段を数段残すところまで水が押し寄せた。それでも、人々の生命は守られたのである。

さて、押し寄せてくる「エ」の動きが止まり、あたりが落ち着いてくると、はやくも後始末がはじまる。「エ」で苦労するのは大水が運んでくるドベの後始末である。ドベは、どす黒く、ヌルッとした微粒の泥である。ドベはそのままにしておくと、白く乾いて落ちなくなる。そのためヒキミズ（引き水）に変わると、大忙しで掃除をはじめてかき出した。

「ドベに浸かるのは、ツマラナイ」

と、よく聞いた。ドベに浸かると、畳や布団は使えなくなる。

谷住郷では、昭和四七年の水害の後、嫁入り道具の箪笥《たんす》一杯の着物をなげた（捨てた）人もいた。道が捨てた畳や布団などで一杯になり、歩くのが困難になったほどである。また、水が引いたあとの川には黒くなるほど人がたかり、ドベのついた食器や着物を洗っていたという。

家屋敷だけでなく、水害後は田畑の復旧もはじまった。昭和一八年の水害後の田畑の復旧は、難行する。

上＝水に浸かった痕跡を今に残す、川越の渡の土蔵（1990）
下＝川越の渡の寺の石垣は民家と比べても一段高く、避難場所となっていた（1990）

江川と八戸川が合流する志谷は、集落ごと高く嵩上げした（1989）

当時は、人がスンドリで土砂をすくい、石を拾ってモッコに詰め、これを土手まで運んだ。土手には一メートル角の木箱が置いてあった。一箱いくらの請負い仕事で、復旧工事は災害後の生活をたてなおすのに役立った。ただし、昭和一八、一九、二〇年の三年間は、計六回の水害が襲い、戦争中で人手がないうえ、やっと除去した土砂が、水害のたびに元の状況にもどってしまった。

女子学生の須貝さんが、水害で水に浸かったときトイレはどうしたのか女性に尋ね、

「屋根の上から、川に向かってするのよ。うまく隠しながらね」

というあっけらかんとした答えに驚いたという。まわり一面水浸しの中では当たり前ともいえるが、トイレで苦労したという答えを予想していたからである。

また、桜江町で水に関する言葉に、エ・ドベ・イリエ・エミズ・ユトイミズ・クロニゴリ・ヤマセ・ヤマセミズ・タテミズ・ヤマヅエ・山がフク・川がコエル・川がフクレル・水がスワルなどがあり、驚いたという。言葉の多さにみられる桜江町の人々の水に対する観察の確かさが、水害とのつきあいの根底にあ

り、水害に慣れていると実感したという。

災害であるはずの「エ」の話に、暗さだけでなく明るさが感じられるのは、こうした知恵の蓄積があるからである。また、現在は堤防も高くなり、集落全体を嵩上げするなど、以前ほど「エ」を恐れる必要がなくなった安心感もある。さらに、昭和四七年の水害で有線放送施設が水に浸かって機能しなかった反省から、最近では全戸に無線の受信機が設置され素早く情報をえられるようになってきている。そして、今は「エ」よりも土砂崩れなどの「タテミズ」の水害が増えている。

「エ」が来る地域では隣家も同じという連帯意識があった。

「一人でないで、泣かんですむ」

という言葉がいいあらわしている。また、避難していると、差し入れや水害見舞が周辺から届いた。谷住郷へは奥の谷地区から見舞が届き、渡田では石見町日和から握り飯の差し入れがあった。「エ」が来る川沿いの地域と、谷奥や背後の高原の村々とは水害を通じてもつながっていた。

地域を超えた連帯意識が生まれるほど、「エ」は大災害だったのである。

3　川と谷の石積み

●棚田と屋敷の石積み

桜江町では、棚田や屋敷の石積みを注意して歩いた。

私は瀬戸内や志摩を中心に、耕地や屋敷の石積みを中心に調査したことがある。調査地域が西日本にかたよるのは、私のおもなフィールドが西日本であったのと、西日本に石積み文化が発達しているからである。学生の加藤君の郷里は中部地方の岐阜県の山間部であるが、棚田の石積みはあまり見たことがなく、広島から桜江町までのバスから見た、中国山地の石積みの棚田が印象的だったと話してくれた。

瀬戸内地方に顕著な石積みの棚田は土畦の棚田と比較すると、水田の管理や収量、作業効率など多くの利点がある。土畦だと水が土砂を内部からおすため崩れやすいが、石積みは水を排水して崩壊を防ぐ。土畦より石積みだと法面の傾斜を急で、高くでき、水田の耕作面積を広くし、矩形にできるので、犂耕《すき》などの作業を容易にする。水と土の双方をコントロールできる石積みの利用はことに水田では有効だったのである。

ただし、山陰地方の石積み調査は今回がはじめてなので、桜江町内の石積みを加藤君に広く歩いて見てもらった。桜江町では谷間の棚田の石積みと、川沿いの屋敷の石積みに見るべきものがあることがわかった。

谷間の棚田の石積みでみごとなのは、谷地区の上谷、市山の引谷、長谷東《ながたに》である。

上谷はコタニの水を灌漑利用する棚田に見られ、急斜面にみごとな石積みが築かれている。ただし、瀬戸内に比べ桜江町では石積みの棚田でみごとなのはわずかで、比較的新しく築かれたものが多かった。地形的に谷が狭くて棚田の規模が小さいこと、桜江町の石が風化しやすく石積みに適さない石英流紋岩が多いことも関係していそうである。

上＝上谷のみごとな棚田も一部は植林にかわっている（1989）
中＝屋敷を2段の石垣で嵩さ上げした市山の民家（1989）
下＝高床式にして嵩上げして、床下を駐車場に使う（1989

谷間の石積みに比べ、川沿いの屋敷の石積みには印象に残るものが多かった。それらは「エ」のおよぶ地域に集中し、水害常襲地帯の川越地区の田津では屋敷の石積みの高さが揃い、景観としてまとまりが見られた。生命や財産を守る屋敷の石積みが耕地より優先するのは当然のことで、桜江町の川辺の暮らしを屋敷の石積みは象徴的に物語っていたのである。

また、田津の谷田悟さんによると、三江線の線路の高さは大正八年の水害の最高水位を基準にしたという。ただし、昭和一八年の水害はそれを越えたので、悟さんは自宅の屋敷の石積みを一八年の水位より高くした。ところが、昭和四七年の水害はその石積みをも越えたという。

昭和一八年と昭和四七年の水害は、明治二六年とあわせて「三大水害」と呼ばれ、桜江町でも歴史的な大水害であった。決して経験知による水位設定が誤っていたのではなかったのである。

●作間稼ぎから出稼ぎへ

谷田悟さんによると田津では石を割る人はコワリシ、石を積む人をイシク、墓石などを彫る人をセッコウと呼び分ける。桜江町でイシクが多いのは川越と市山という。悟さんのいう川越と市山は、昭和二九年に桜江町に合併される以前の川越村・市山村で、市山村は現在の市山・今田・江尾・後山である。

桜江町でイシクが多くなるのは、二つの大きな工事が続いたからである。はじめは、江津市と広島県三次市をつなぐ江川沿いの三江線の鉄道敷設工事で、大正一三年に着工される。次が、戦後すぐにはじまる河川の災害復旧工事であった。

左＝石積みの多い上谷の農家は、自分でゲンノウを使い石を整形する（1990）
右＝上谷で石垣を積んだり修理するのに使う、テコ（左側）とゲンノウ（右側）（1990）

ただし、二度の工事とは関係なく、以前から農閑期に作間稼ぎのイシクが川越地区にいた。こうした地元のイシクによって、屋敷の石積みは積まれたのである。

福田さんは田津の坂根（屋号中久屋）家の桂石、高橋さんは坂根（屋号上横階）家の屋敷の石積みなどを積んだ。また、正泉寺の石積みもこの二人が分担して築いた。悟さんはこの二人の石積みを手伝いながら技術を覚え、自宅の屋敷の石積みを築いたのである。

悟さん宅の石積みは道路の拡張工事で解かれたが、マクレイシを使って積んだ。マクレイシは山に転がっているヤマイシ（山石）のことで、川から拾ってきた石はカワイシといった。悟家に限らず、川越の水田や屋敷はマクレイシを使ったイモヅキが多かった。

はじめは作間稼ぎであったイシク仕事は、二つの工事以後次第に専業化する。

川越でイシクが多くなったのは、三江線の敷設工事で石積みがさかんに築かれはじめる大正末頃である。田津でも河崎さんと本山さんが小学生頃から、福光《ふくみつ》から来ていたイシクの平田さんを手伝い、卒業後は弟子入りして、三江線工事の石積みで活躍する。福光は墓石などの石材の産地として知られたところである。

市山村では、月ノ夜の山崎さんが農業のかたわら石積みをしていた。今田の地主であった、湯浅家の屋敷や客殿の石積みも山崎さんがついたものである。市山村ではイシクは今田の長尾に多かった。長尾の枕ノ滝山から三田地、川戸の水神付近にかけてアオイシがあり、三江線の敷設工事や災害復旧工事の間知石として山から割って出した。長尾では、はじめはコワリシが多かったのである。

長尾のイシク湯浅修造さんが、イシクになったのは第二次世界大戦中の水害復旧工事がきっかけであった。八戸川沿いの小田・今田・長尾の田畑は、昭和一八・一九・二〇年と三年続いた水害でイシガラとなっていた。ちょうど、宮本常一は水害後の昭和二一年九月に市山をおとずれていて、そのときの見聞を『村里を行く』の再版に追記として書いている。

この谷間のいたましい風景に涙がとめどなくながれた。山と山との間をながれる川のつくった帯のようなほそい谷の平地の、目に見る限りが、一面の砂原小石原になっているのである。（中略）この谷の人々は三年もの間をどのように生きついて来たのであろうか。戦争のさなかのこととて、その被害について大きい声すらたてることもできないで生きてきた人々の生活は悲惨の限りであった。

戦後、田畑の災害復旧工事がはじまり、八戸川の護岸などの石積み工事がさかんになる。イシクの賃金が人夫の四、五倍と高かったので、市山村でイシクになる人が増えた。修造さんもその一人である。はじめ修造さんは兵庫県赤穂から来たイシクの水谷さん親子のテモト（手伝い）をしていたが、のちには長尾出身の佐藤さんの弟子となる。三江線工事と同じく江川や八戸川の護岸工事には、奥行き一尺二寸のインニと呼ばれるアオイシの間知石がおもに使われた。石積みには、石積みの裏側にコンクリートを入れるネリヅミと、入れないカラヅミがある。川によって築き方を違え、長尾の宮ノ谷川はカラヅミ、煤谷川はネリヅミである。

カラヅミでも親方について修行したイシクが積めば、石がかみあって丈夫である。宮ノ谷川の石積みは修造さんがカラヅミで築いたが、昭和四七年の水害にもびくともしなかった。修造さんは石積み技術に自信はあったが、それでも水害のあと気になり、

「どういう顔してるか、すぐに見に行った」

という。

あるとき、石積みの裏の土砂が流れて空洞になっているのにもかかわらず、石と石のからみだけで崩れずに残っている自分の築いた石積みを見て、胸が一杯になったという。

修造さんは昭和二六年頃まで桜江町内の河川堤防を中心に築いてまわったあと、大阪府や山口・兵庫県、さらには九州へと出かける。イシクはどこに行っても大切にされ、「石屋さんか、神さんか、天皇陛下の申し子か」といわれた。以後、正月と田植え前後、そして秋祭りの間だけ家にいるという生活が、セメン

ト・ブロックが普及しはじめる昭和四六年頃まで続いたのである。

棚田や屋敷の石積みは、地元の器用な人が自然石を使って築いていた。それは、自らの生活を守るための地域に根ざした生活技術といえる。そこに、三江線工事や河川災害復旧工事が続き、よそから来た専門のイシクが間知石を使った石積み技術をもたらした。地元の男のなかには、手伝いをしながら覚えて専業イシクとして地元で働き、工事終了後は出稼ぎに行くようになる。

桜江町におけるこうした石積み技術やイシクの展開は、近代以降の日本の石積み文化の大きな流れにそったものである。日本中に出稼ぎイシクとしてその名を知られ、修造さんもいっしょに仕事をしたという、以前調査した志摩の波切《なきり》のイシクの場合も同じだったのである。

4　谷間の生活と水

●生活用水にみる川上と川下

生活用水のフィールドには、小谷川に沿う谷間の谷地区を選んだ。

谷地区では中央を流れる小谷川をホンカワと呼び、ホンカワに沿って道が通り、田畑が開かれている。ホンカワに両側の山からコガワが流れ、コガワ付近に家が点在する。谷地区の水害は家の裏山が崩れる「ヤマヅエ」や、ホンカワでの「タテミズ」による耕地の被害がある。「エ」と比べると局所的で、大きな災害とはならなかった。

谷地区は現在もほとんどの家がコガワや井戸の水を利用し、桜江町でも数少ない水道のない地区である。桜江町内では昭和三〇年頃まではコガワや谷水が生活用水として利用されていたが、それ以後水道に変わっていく。谷地区は水清き谷間にあり、桜江町でも伝統的な生活用水の利用を考えるにふさわしい場所だった。

谷が東西に伸びる谷地区では、川の南側が山陰になる。こうした日当たりの悪い場所をシノトという。谷地区では古くは日陰となる南側に道が通り、家も多かったという。それがいつの頃からか日当たりのよい北側斜面に家が多くなったという。シノトとなる南側に建つ民家は畳もよくクミタ（腐る）といい、居住環境としてはふさわしいとは思えない。ただし、シノト側は水が得やすかったといい、屋敷地選定の条件として水の便を優先させたのかもしれない。

また、同じホンカワ沿いでも、上流と下流で水事情は変わる。谷地区は字名でも上流から上谷《かみだに》・中谷《なかだに》・下谷《しもだに》と呼ばれる。上谷から順に家庭における生活用水の出入り（収支）をみてみたい。

コガワの水をパイプで水甕まで引いて、夏はスイカを冷やす上谷の民家（1989）

上谷の平田芳一家では、裏山にコガワの水を溜めるタンクをつくり、パイプで家まで引いている。冬期はパイプの中の水が凍るため、夜間は少しずつ水を流す。流し忘れてパイプが破裂したときは、家の横を流れるコガワの水を利用する。パイプ以前は竹をつないで、家のハンドウ（水甕《みずがめ》）まで引いていた。竹は鉄棒で節に穴をあけたが、綺麗にあけられずゴミが溜まりやすかった。

山水が枯れたときはホンカワに汲みにいくこともまれにはあった。ホンカワの水は枯れることはなかったが、一度だけ灌漑用水が不足したことがある。ただし、水田の水管理がむしろ丁寧となって、稲は豊作だったという。

生活排水はコガワに直接流す。風呂の落とし水も流すが、以前は下肥に混ぜて肥料にしていたという。

上谷の平田サメ家では、一軒で裏山のコガワに大小五つタンクをつくり、パイプで家まで引いている。家から見えるところに大小二つタンクがあり、上の小さなタンクで濾過し、下のタンクに水を溜める。タンクにゴミなどが詰まると掃除に行くが、貯水量は行かなくてもタンクの余り水が流れるパイプを家まで引き、水があるかないかが判断できた。

生活排水はホンカワまで排水路を引いているが、ホンカワに流れこむ前にしみこんでしまう。

上谷の釜瀬園枝家では三軒が共同でコガワの水を一つのタンクに溜め、パイプを引いて使っている。共同利用のため朝の洗濯時間が重なったときなど、水が切れて不便に感じることもある。

雨が降ると谷水が濁るので、大雨が降りそうなときはバケツに水を汲んでおいた。間に合わなかったときは、バケツに汲んだ上澄みを使っている。冬にパイプが凍ると昼頃まで水が出ず、隣家に水を貰いにいくこともある。

生活排水は家の横を流れるコガワに流す。コガワにはえた草や砂で、ホンカワまでには多少はきれいになっているという。風呂の落とし水も、以前は下肥に利用していた。

中谷の早弓ノブ家では古くはホンカワの水を汲んできて、五斗入りのハンドウに溜めて使っていた。近くにコガワがなかったからで、早弓家の隣と向かいの家もホンカワの水を利用していた。昔はホンカワの水はきれいで、生活排水が流れる前の早朝の水を汲んだ。水汲みは朝一番の仕事で、冬の雪の時期を除けば四時に起きて汲んだ。水甕一杯の水では一日がまかないきれず、夕方に風呂の水といっしょに汲みにいった。

ところが昭和一二年に川上の家から腸チフスの病人が出て、川下の人が感染してしまった。以来ホンカワの水を飲むのはやめ、井戸を掘って利用した。井戸の水は水質がよくなかったので、昭和四〇年頃に五軒で上流のコガワから水を引いてタンクに溜め、共同利用しはじめた。タンクは四畳半ほどの大きさがあり、上方に濾過用の小さなタンクがある。パイプで引いた水は、室内の台所・風呂・洗面所・手洗いの四カ所と、屋外に泥落とし用として二カ所に蛇口を取りつけ利用できるようにしている。

年一回のタンクの掃除や、パイプなどの修理はみんなでおこなう。施設修理の積立金をはじめる話が、最近出ているという。

ノブさんは今も「寒《かん》の水」を利用している。二十四節気の寒の間に汲んだ水を、五升入りの瓶に溜めておいて、盆の団子をつくるときに米をさらすのに使うのだという。寒の水でさらした米は虫がつかず、味もよいという。以前はどの家も寒の水はとっておいたという。

生活排水は排水路を通って、コガワに流れる。風呂の落とし水は以前は肥溜の中に流し、肥料として利用していた。追肥をオイゴエ、本肥のことをマキゴエといった。

下谷の岡本義男家は、五軒が共同でコガワの水をタンクに集め、パイプで分配する。以前は個人で家の裏のコンクリートのタンクにコガワの水を引いて使い、洗濯はホンカワに持っていっておこなった。

下谷の岡本唯一家ではコガワの水が少なく、余り水を一度井戸に溜めて、モーターで汲み上げて使用している。

下谷では井戸を掘って、手押しポンプで水を汲み上げていた（1989）

下谷の岡本マツヨ家ではコガワの水を引いていたが、出なくなって個人で井戸を掘って使っている。ヤマミズ（山水）を使っていた頃は、水が不足がちで風呂は三日に一回しか沸かせず、洗濯もホンカワでおこなった。

下谷でも、生活排水はコガワに流している。

同じ谷地区でも上流は水が強く（豊富で）、下流より水に恵まれていた。

上谷では生活用水について不自由はなく、谷水は美味く、水道料金を払わなくてもふんだんに水が使えたため、水道など必要ないという。

下流ではコガワの水は不足がちで、ホンカワや井戸水も使った。水質の点でもよいとはいえず、水道架設の必要性が語られている。

生活排水がホンカワに直接流れ込むのは昔も今も変わらない。ただし、化学洗剤などの普及や農薬の利用で、川の汚染を心配する声が下流では聞かれる。水質、水不足、排水の汚れなど、下流ほど深刻に受けとめられている。

さらに、水に対する上流と下流の意識の違いを際立たせたのが、河川改修である。

昭和一八年にはホンカワの流路が変わるほどの水害があり、昭和四七年の水害後に今の堤防が建設される。以前の川端には水害時の水勢を和らげ、土砂の流失を防ぐために竹を植えていた。その竹藪や水田だったところを潰して川幅を広げ、堤防も石積みからコンクリートにした。

この河川改修により冠水した川辺の耕地が、安心して耕作できるようになった。さらに近年は水害対策として砂防堤がコタニに築かれ、屋敷地も水害の恐れは少なくなっている。

しかし、一方では川の浄化力や、川魚などの動物をはぐくむ機能が失われた。

谷に住む一人の老人は、昔のホンカワは草が繁り、川砂があり、石積みの間からは清い水が湧き、きれいだった。アユやウナギもたくさんいて、カニをとってカニ団子をつくって食べたものだという。

下流でホンカワの水を飲めたのも、川自体に浄化力があったからである。浄化力が改修で失われたことで、下流ほど水は汚れ、川に対する意識の差も拡大しつつある。

上流と下流の水をめぐる利用や意識の差は、谷地区に限ったことではない。川の上流と下流の利害の対立は程度の差はあれどの川でもあったはずである。問題はその差がより大きくなる方向に進んできたことで、その背景にある近代の川の管理技術と思想が問われるのである。

●社会と結びついた水利用

谷地区には地縁的家連合として講組と隣保組がある。講組は葬送儀礼の手伝いをおもな役割とし、上谷・中谷・下谷と一致している。ただし、上谷は昭和一七、八年頃までは、上下二つの講組に別れていた。それが、上が九軒、下が七軒と減少し、手伝いの人数が足らなくなって、中間の家が双方を手伝わなければならなくなる。それでは不公平になるので、二つ合わせて一つの講組とした。講組は一軒から男女にかかわらず、二人は手伝いに出たという。

隣保組は上谷二組、中谷一組、下谷二組の五組ある。以前は八組あったのが、戸数の減少で五組になった。区長から隣保組の組長に連絡がいき、行政の伝達機関となっている。また、日常生活を円滑にするための、田植え、コウゾシ（コウゾの皮剥き）、水車なども、隣保組を単位におこなうことが多かった。

谷地区は山に現金収入を依存する割り合いが高く、ほとんどの家がアブラギリやコウゾ、ミツマタの栽培をしていた。昭和一八年の水害で被害を受けるまで、下谷を中心にアブラギリが最大の商品産物で、山を焼いたあとにアブラギリを植えていた。ただし、アブラギリは収穫まで各家でおこなった。

田植えはテマガエで、組内の相互協力が原則である。田植え組以外を手伝う場合は、一手間（日当）が大正時代で六、七〇銭、昭和二〇年代の終わり頃は一五〇円だった。ただし、谷地区では水田が狭く、実

上＝谷地区は山でアブラギリを栽培して現金収入にしていた（1989）
下＝下谷でアブラギリの実を拾うのに使った竹籠（1989）

中谷のホンカワを利用した水車の跡（1989）

際は組内の四、五軒で組むことが多く、女性も一人役と認められた。また、田植え組が水車仲間と重なることもあった。田植え組によって、作業に遅れを出さずに生産が安定し、谷地区一斉の田植え後のドロオトシを祝うことができた。

コウゾやミツマタは三月頃刈って、中谷では共同の皮剥き小屋でコウゾシをおこなった。コウゾシに使う蒸釜や蒸籠も共有であった。

水車はホンカワの井《い》堰《せき》の近くに隣保組でつくったり、コガワに個人や数軒が共同でつくることもあった。下谷では水車を組内の一〇軒ほどでつくったほか、「ナメラタニ」「オオヤマダニ」などのコガワに個人や数軒で水車をつくっていた。

組の水車小屋には鍵をかけ、一日交代で使ったあと鍵を家々でまわした。水車の多くは昭和一八年の大水害で流され、戦争中は以前のダイガラなどを使っていたが、戦後は精米機に変わっていった。

中谷の水車は一斗搗きの臼が二つあり、米や麦のほか、サツマイモも粉にした。大麦は水を加えて三度搗きにした。最初に荒皮をとるため搗くことをアラヅキといった。渇水時には水車の羽根に水があたるよう水路を高く囲って水位を上げたり、五年周期で修理をするなど維持管理の必要性から組内で協力したのである。

桜江町では組を中心とした地縁組織が支配的で、本分家といった同族的結びつきは薄くなっている。上谷の平田芳一さんは戦前の話として、正月と盆に本家と分家が相互に挨拶に訪ねたが、上下関係はなかった。正月は五〇銭か一円ほどを持っていき、雑煮餅で迎えられたという。結婚式では一族から世話役の亭主を選ぶが、本家がなるとは限らないという。中谷の原田家でも分家が本家に正月と盆の挨拶に行ったのは、明治時代のことだという。下谷の岡本姓の家は谷地区に六軒あり、正月と盆に互いに挨拶するが、本家分家の意識は薄く、近頃は嫁方との関係が密になる傾向にあるという。谷地区では同族を示す言葉も忘れられていた。

戦前は、桜江町には小作地が多く、地主の小作人に対する権限は大きかった。親類への挨拶まわりの前に、小作人は元旦から地主のところへ挨拶に行き、雑煮をよばれたという。

●葬儀におけるケガレと水

講組の葬送儀礼における役割については、江尾《えのお》の上ノ原《うえのはら》の長谷川利太郎さんの話でおぎなっておきたい。

江尾には上ノ原・下ノ原・日和並《ひわなみ》・糸谷《いとたに》の四組あったが、戸数の減少で日和並と糸谷は今は一つになった。隣組も九組あったのが、今は八組と減っている。江尾は曹洞宗・真宗・浄土宗檀家が交ざるが、宗派は講組の構成や機能に反映しないという。

江尾の水路で水遊びする子供たち（1990）

葬送儀礼には死者の家族や親類はほとんど関与せず、講組を中心におこなう。死の連絡を受けると講組の中から亭主役（世話人）を決める。亭主役はその家の事情に詳しい年長者で、講組からでる手伝人の役割りを決めて仕事を指示する。

そして、サタ（沙汰人）に死を親類に知らせるよう指示する。死んだときのサタは二人一組と決まっている。

コマワリは、おときの汁に使う豆腐や、野菜煮やあんかけに入れるアゲ・麩・サトイモ・ゴボウや、酒や醤油、葬列で履くカミオゾウリ、死者に着せる着物を縫うための晒《さら》し木綿、棺桶などの買い物をする。さらに僧侶の案内などもコマワリがする。

チョウバ（丁場）は買物帳や香奠帳《こうでんちょう》をつける役で、三人ぐらいは必要であった。

ツボホリは墓穴を掘る役で、二人以上が原則である。あらかじめ講組の中で順番が定まっており、ツボホリ札をまわすか帳面につけた。墓穴は葬儀の午前中に掘り、掘りにくい場所は前日からはじめる。友引にあたったときには、午後に掘る。ツボホリは講組で所有するハッピを着て穴を掘り、終わると手足やハッピ、道具をきれいに洗い、家に帰って着替えてから葬儀に参加した。

以上の男の手伝人だけで、一五人ぐらいは必要だった。

おときの用意や給仕役は、みな講組の女性がおこなった。葬儀では日常使っている食器はすべて片付けて使わない。おときに使う膳や碗は寺で借りて使っていたが、後には講組で購入した。講組の道具は葬儀のあった家で次まで保管するが、水害にあいやすい家があたると安全な家がかわりに預かった。

女の手伝人をババカタといった。ババカタは、ツボホリが墓穴を掘っているところまで食事を運んだ。なお、この食事は残っても持ち帰らず、捨てることになっていた。

死ぬとすぐ神棚の前に半紙を貼った。死者の頭を北に向け、顔が西を向くようにした。死んだら魔がさすといって、紋付きなどの晴着を逆さにかけ、上に刃物を置いた。肉親は枕元を離れないようにといった。

死者の晒の着物は子供が縫い、糸の始末はしなかった。親類で湯盥《ゆかん》や頭の毛そり、晒の着物を着せ、納棺をし、末期の水で口をぬらした。

出棺は座敷より出すが、野辺送りで棺を担ぐのもツボホリの役であった。墓でも西に顔を向けて埋《い》け、参列者が少しずつ土をかけた。

埋葬後、ノガエリ（野返り）して家に入るときは、水と塩で身を清めた。手伝人など講組はおときをよばれたが、ツボホリは上座に座った。そして、初七日、四十九日にはツボホリに膳と引出物が届けられた。

江尾では伝染病で亡くなった人以外も、一〇年程前からすべて土葬から火葬になった。墓地は各家ごとにあり、共同墓地はない。水害を意識して、墓はすべて山手にある。

死が確認されると、死の穢《けが》れを回避しようとする。サタやツボホリが複数なのも、日常の食器を使わないのもそのためである。また、講組は家族・親類にかわって、穢れの役を分担する。ツボホリは最も穢れが強く、だからこそ丁重に扱われた。穢れを回避することで家族の共同体への復帰を容易にし、共同体全体の安定をはかろうとしたのである。

江尾で炭焼きがさかんだった頃には、

「葬式に行って御飯を食べるとオカマサン（炭窯）にばちがあたる」

といって炭がうまく焼けなくなるとか、

「お産をすると炭焼きに行けない」

といった。産や死の穢れが生業にも影響をおよぼすと考えられていたのである。

穢れによる規制が大きいだけに、水による清めは重要な意味をもった。死者の湯灌や末期の水、講組の手伝人の墓穴掘りや埋葬のあとの水による清めの間隔は、江尾だけでなく日本人ならばだれでも理解できるのである。そうしたなかで講組の膳碗の管理や墓地の選地についての配慮は、水害地域である桜江町特有の水に対する感覚といえそうである。

●残された課題

「日本は水社会」といわれる。

日本は豊かな水に恵まれ、生活文化のすべてに関わる重要な要素だということである。たとえば、日本民族の文化的基盤の一つに稲作文化があり、水利慣行などを通して水社会を説明することも多い。そして、川の水を管理する技術や、水の配分を通して家や地域社会をみることは魅力的である。私たちも地形や灌漑形態の異なる今田と谷地区で、水利慣行について考えたいと思った。

今田の水田は三〇町歩あり、八戸川端にまとまっている。明治四四年に耕地整理組合ができ、島根県下でも三番目に早い大正三年に耕地整理を完成させた。

今田の灌漑用水は八戸川からトンネルを掘ってとる。トンネルの取水口の上には今田水神の神木である大ケヤキがうわる。トンネルから引いた水は中央を真っ直ぐ流れる水路によって左右の水田に灌漑される。水路は整備されて水不足もなく、水路の管理も、水田所有者でつくる水利組合の役員を中心に春の溝清掃と夏の排水路清掃をおこなっている。

谷地区の水田は二つの方法で取水する。ホンカワのところどころに井堰を築いて、イデ（水路）で川の両側の水田に水をまわしてミズアテする。上谷だけで三カ所もの井堰があるのは、水田がカゴタ（小石混じりの田）で水持ちが悪いためである。

谷地区で灌漑用水を分配するためにつくられた装置（1989）

もう一つは、山裾のコガワ掛かりの水田で、面積が狭いコクボ（小坪）で、棚田になっている。水が不足しがちで、さ

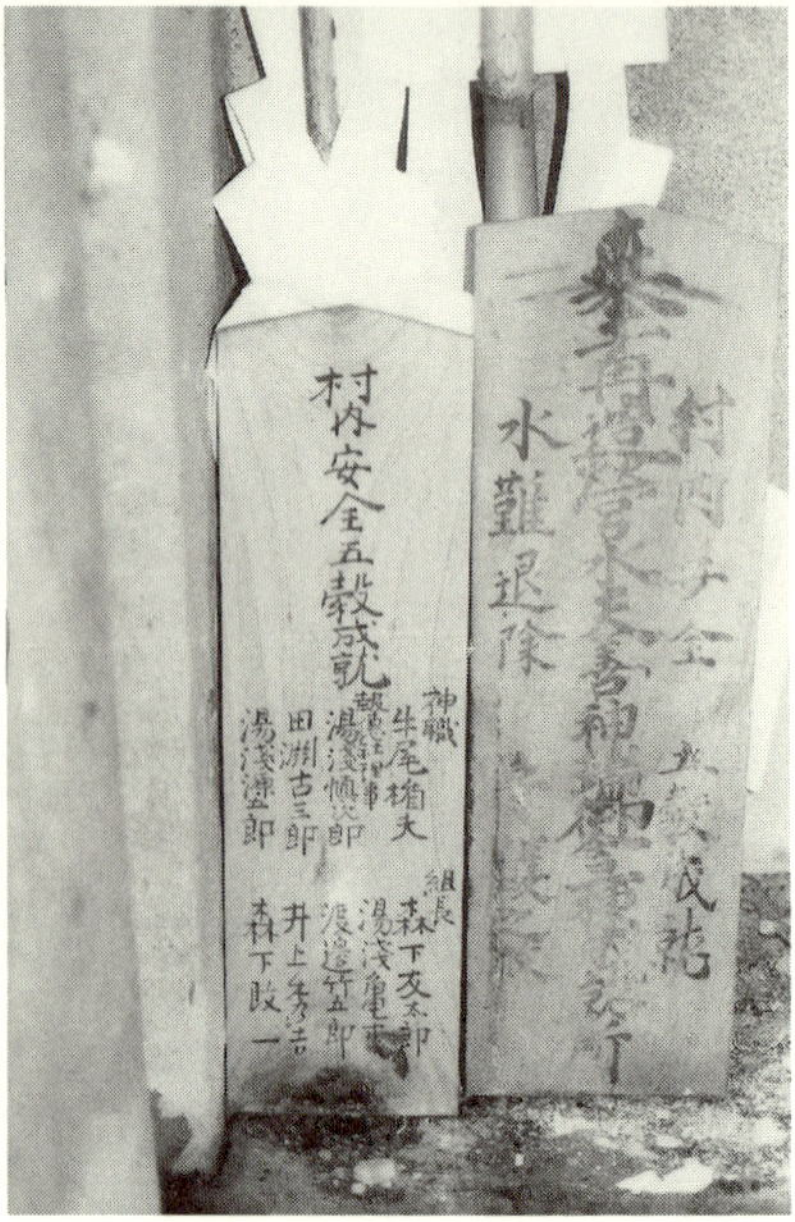

右上＝今田の水神は町指定天然記念物のエノキが神木（2001）
右下＝今田の水神の祠のなかに祀られた祈祷札（1989）
左上＝たくさんの御幣が供えられた田津の水神（1989）
左下＝深かく静かな淵にやどる志谷の水神と御幣（1989）

らに冷たい。冷水が直接苗にあたらないよう、水をまわすヒヤリドメも必要である。さらに、反収はイデがかりの水田が三石、後者が二石と少ないうえにイノシシの被害にあいやすく、最近ではつくる人も少ない。

こうした、川や谷の水利からみた利用形態のちがいを通して、家や地域社会をみることは魅力的なテーマであった。ただし、そのためには一枚一枚の水田の水の流れを確かめて歩く基礎的な作業が必要で、一人ではとうていおこなえなかったのである。

水利とも関連して、今田をはじめ各地の川や谷の端に祀られる水神も気になった。田津では七月一日がドロオトシと水神祭りで、木に御幣をさして祀りチマキで祝ったという。現在は夏前の子供の水難祈願がおもになっているが、農耕とも関わっていたのである。さらに、水神は船運など、水と関わる多くの人々からも信仰されてきたという。調査までにはいたっていないが、水神などにみられるように水は精神文化とも深く関わっている。

水と関わる生活文化のすそのは広く、奥深いものがある。ことに、桜江町は水と生活の関わりを考えるフィールドとして優れていた。そのなかで、私たちが調査できたのはごくわずかで、残されたテーマや課題は大きいのである。

あとがき

個人への関心がたかまり、ライフヒストリーが注目されている。

文化人類学では都市民のパーソナリティー調査でライフヒストーが注目されている。民俗学でもライフヒストリーに注目する業績が、見られるようになった。

もっとも、民俗学におけるライフヒストリーへの取り組みは、戦前のアチック・ミューゼアムからの出版物にも見られる。宮本常一先生の『河内国滝畑左近熊太翁旧事談』は、今回の調査で座右に置いた著である。それが継承されなかったのは、民俗学がムラを対象に民族性や地域性の解明に関心があり、個々人の生きかたについての関心がうすく、その評価も定まらないままおざなりになっていたためである。さらに、ライフヒストリーの調査研究には、克服すべき課題も多かったのである。

私は、これまでにいく度もライフヒストリー調査を試みたが、すべて中途で断念せざるえなかった。調査者側の問題として、ライフヒストリー調査の適切な手引き書がなかったこと、伝承者が生きた時空間を理解するには、その背景にある時代性や地域性の幅広い理解も必要である。一人の伝承者から繰り返し聞き取りする時間的制約があり、相互の出会いのタイミングも重要となる。伝承者だけではなく家族や地域民の理解や協力も不可欠である。魅力的だが中途半端には取り組めないのが、ライフヒストリー調査なのである。

また、近年はプライバシーが問題となりやすく、個人や地域の情報は慎重にあつかわなければならない。調査者側から話者のプライバシーに立ち入ることを回避する傾向すらみられるのである。

今回は、はじめから和太郎翁のライフヒストリー調査を目指したのではなく、終わってみるとそうなっていたということが幸いしたのかもしれない。対話による共同作業を続けいているうちに、和太郎翁の生い立ちまで話が広がっていったのである。そして、ここまで対話が長く続いたのは、和太郎翁が関心を持って語る経験と、私が瀬戸内地方や畿内地方で調査していたテーマとが重なることが多かったからである。そのため、私は他地域と比較しながら和太郎翁に問いかけ、語りの内容も理解することができたし、和太郎翁も具体例による問いかけには答えやすそうであった。むろん、私にわからないことも多く、幾度も問いを繰り返したが、和太郎翁は実に辛抱強くわかるまで語り続けてくれたのである。

かたわらにいて和太郎翁を見守る、奥さんのツネヨさんの存在も私にとっては心強かった。また、ときに話題となるご家族の話から、対話にご理解をいただいている雰囲気が伝わってきたこともありがたかった。

桜江町では和太郎翁以外にも多くの伝承者と出会い、多くのことを教えられた。本巻ではその一部しか紹介することができなかったが、和太郎翁の語りと基層部分でつながっていて、和太郎翁の世界を理解する助けとなることが多かった。つまり、和太郎翁が語る水の生活誌は、桜江町の人々が共有する地域文化を背景としていたのである。

本調査は桜江町企画課内の「水の文化研究会」から委嘱され、役場の全面的な支援を受けた。研究会代表の山崎禅雄先生にはそのつどご教示を受けたし、事務局の三浦正典・三谷卓良氏には事務をご担当いただいた。本巻は、桜江町あげての篤い支援に支えられてできたのであり、桜江町の水の生活文化を掘りおこす作業に参加できたことは、私にとっては大きな喜びであった。

刊行にあたって水の世界を視覚的に伝えるため、多くの個人や関係機関に写真のご提供を受けた。また、出版に際してお世話いただいた武蔵野美術大学教授田村善次郎先生、こころよく出版を引き受けていただいた八坂書房社主八坂安守氏、編集の労をとっていただいた中居恵子さんに感謝申しあげたい。

最後に本出版は愛知大学文学会の出版助成を受け、手軽な価格にすることができた。先輩・同僚に感謝する次第である。

主要参考文献

●地域の歴史と民俗について

・『那賀郡誌』那賀郡共進会展覧会協賛会、一九一六
・『邑智郡誌』邑智郡誌刊行会、一九三七
・『新修島根県史通史編一考古・古代・中世・近世』島根県、一九六八
・『新修島根県史通史編二近代』島根県、一九六八
・『桜江町誌』上・下巻、桜江町、一九七三
・『続邑智郡誌』続邑智郡誌刊行会、一九七六
・『川本町誌歴史編』川本町、一九七七
・『邑智町誌』下巻、邑智町、一九七八
・山口覚「江川船と船乗りたち」『山陰民俗』三六号、山陰民俗学会、一九八一
・『江の川の漁労』（全三巻）みよし風土記の丘友の会、一九八四〜一九九一
・宅野幸徳「江の川下流域の漁労習俗」『山陰民俗』四五号、山陰民俗学会、一九八五
・「水の話シリーズ」一〜七七（『広報さくらえ』二八四〜三六一号、一九八九〜一九九六）
・『水１０４。』一〜八号、桜江町企画課水の文化研究会、一九九〇〜一九九七
・『八戸川の流れ』八戸川漁業共同組合、一九九〇
・『三十年のあゆみ』建設省浜田工事事務所、一九九二
・天野勝則『アユと江の川　―川漁師の語り』中国新聞社、一九九六
・山崎禅雄『水の力――折々の表情』淡交社、一九九六
・『川に生きる　江の川の漁労文化Ⅱ』広島県立歴史民俗資料館・江の川水系漁労文化研究会、一九九七
・幸田光温「江の川水系の和船の比較研究」『研究紀要』第一集、広島県立歴史民俗資料館、一九九七

・『聞き書き　江の川物語』江の川水系漁労文化研究会、一九九九
・『聞き書き　江の川物語』第二集、江の川水系漁労文化研究会、二〇〇〇
・『川に生きる　江の川流域の漁労用具』広島県立歴史民俗資料館・江川水系漁労文化研究会、二〇〇〇
・『重要有形民俗文化財　江の川流域の漁労用具』広島県立歴史民俗資料館、二〇〇一
・原田隆雄「江の川の高瀬舟復元記録」『研究紀要』第三集、広島県立歴史民俗資料館、二〇〇一

●フィールドワーク・生活誌・生活史について

・宮本常一『河内国滝畑左近熊太翁旧事談』アチック・ミューゼアム、一九三七（『宮本常一著作集』三七巻、未来社、一九九三）
・中野卓編著『口述の生活史…或る女の愛と呪いの日本近代』御茶の水書房、一九七七・『日系女性立川サエの生活史　―ハワイの私・日本での私』御茶の水書房、一九八三など
・鳥越皓之・嘉田由紀子『水と人の環境史　琵琶湖報告書』御茶の水書房、一九八四
・中野卓「生活史研究について」川添登編『生活学へのアプローチ』ドメス出版、一九八四
・米山俊直・橋本敏子『生活学のプラクシス　―生活史による「新大阪」の研究』ドメス出版、一九九〇
・L・L・ラングネス、G・フランク、米山俊直・小林多寿子訳『ライフヒストリー研究入門　―伝記への人類学的アプローチ』ミネルブァ書房、一九九三
・印南敏秀「フィールドワーク」『愛知大学文学論叢』一〇四号、一九九三
・印南敏秀「フィールドワーク（2）」同右一〇七号、一九九四
・鳥越皓之編『試みとしての環境民俗学　琵琶湖のフィールドから』雄山閣出版、一九九四
・中野卓・桜井厚編『ライフヒストリーの社会学』弘文堂、一九九五

初出一覧

平田和太郎翁の語り

プロローグ　新稿

第一章　和太郎翁の川の世界1・船頭　「特集・江川船と船頭ぐらし・平田和太郎翁の語る川の文化」（『水104。』四号、一九九三）に加筆修正した。

第二章　和太郎翁の川の世界2・川漁　「古老の語り・川へいくのが、いよいよ好きで・平田和太郎翁1・2」（『水104。』七・八号、一九九六・一九九七）を大幅に加筆修正した。

第三章　和太郎翁の山の世界　「タケコギもヤマリョウ」は「古老の語り・タケコギ・平田和太郎翁」（『水104。』五号、一九九三）に若干加筆。その他は新稿。

第四章　和太郎翁の里の世界　「水害とつきあう」は「古老の語り・水とのつきあいも、上手になるんですなあ・平田和太郎翁」（『水104。』六号、一九九四）に一部加筆修正した。その他は新稿。

第五章　和太郎翁の知恵をたずねる　新稿。

エピローグ　「江川を船で下る」は「江川をくだる」（『広報さくらえ』三〇四号、一九九一）に加筆修正した。そのほかは新稿。

同時代に生きた人々

第一章　江川船頭大屋甚四郎翁　「古老の語り・江川船頭大屋甚四郎翁」（『水104。』一号、一九九〇）を、和太郎翁との比較を考慮し若干項目を組み変え修正した。「明治生まれの律儀さ」はフィールドワークの状況を説明するため新しく書き加えた。

第二章　キダシ木村米吉翁　「古老の語り・キダシ木村米吉翁1・2」（『水104。』二・三号、一九九一、一九九二）を加筆修正した。「次は、山へいこう」はフィールドワークの状況を説明するため新しく書き加えた。

共同調査から

水と生活文化の発見　「水の話（町を歩いて）」一・二、（『広報さくらえ』二八四号・二八五号、一九八九）は一回目の共同調査の報告。須貝愛子「エがくる」（『広報さくらえ』二九一号、一九九〇）、加藤賢吾「石積みと水害」（『広報さくらえ』二九二号、一九九〇）、和田実「水と社会生活」（『広報さくらえ』二九三号、一九九〇）は二回目の共同調査の報告。全体を再構成し、大幅に加筆修正した。

（注）桜江町でのフィールドワークの考え方は、以下の論文に発表している。
・印南敏秀「フィールドワーク」（『愛知大学文学論叢』一〇四号、一九九三）
・印南敏秀「フィールドワーク・2」（『愛知大学文学論叢』一〇七号、一九九四）

愛知大学『文學会叢書』発刊に寄せて

文學会委員長　　安　本　　博

平成８年11月に愛知大学は創立50周年を迎えることができた。文學会は、昭和24（1949）年の文学部開設を承けて同年11月に創設されているので、創立50周年を迎えた大学の歴史と足並みが揃っているわけではないが、ほぼ半世紀の足跡を印したことになる。

この間、文学部や教養部に籍を置く人文科学系教員がその研究成果を発表する場としての『文學論叢』を編集し発行することを主要な任務の一つとしてきた。平成８年度末には第114輯が上梓されている。年平均２回を超える発刊を実現してきたことになる。

研究成果発表の機関誌としては、着実な歩みを続けてきたと自負することができるだけでなく、発表された研究成果の中には斯界でそれ相当の評価を受けた論文も少なからずあると聞き及んでいる。

世の有為転変につれて、大学へ進学する学生が同世代の40％を超えるほどになり、大学を取り巻く環境の変化に促されながら大学のあり方も変わってきた。数十年前には想像だにできなかったいろいろな名称の学部が、各大学で設立されている。研究の領域が拡大され、研究対象も方法も多面的になった反映でもある。愛知大学でも世界に類例をみない現代中国学部がこの４月から正式に発足する。そして来年度開設にむけて国際コミュニケーション学部が認可申請中である。かかる大きな時代の変容の只中で、国立大学では教員の任期制の強制的導入が指呼の間に迫っているとも伝えられる。

顧みれば、世界のありようが大きく変わる中で、学問それ自体、あるいは大学それ自体のありようが問われる、といったようなことは既に昭和40年代に経験したことである。

当時先鋭な学生によって掲げられた主要なテーマの一つでもあった「大学解体」が、それこそ深く静かに形を変えながら進行しつつあるのが、大学のおかれている現状だと言ってもよいのかもしれぬ。

かかる変化の時代に愛知大学文學会叢書の刊行が実現したのは、文学会の、すなわち構成員の活動範囲における画期である。この叢書は奔放な企画に基づいている。一定の制約は設けているが、評議員たる構成員の関わるあらゆる領域、分野、あるいは種類、形態の学術的研究成果の発表が叢書刊行の主目的である。

世の変化を映しつつも、世の変化に動じない、しかし世の中を変えるような研究の成果が毎年堅実に公表されて、叢書刊行の意義が共有されればと祈っている次第である。

平成９年３月

●著者略歴
印 南 敏 秀（いんなみ・としひで）
1952年 愛媛県新居浜市生まれ。武蔵野美術大学卒業。
現在 愛知大学経済学部教授
日本民俗学・日本民具学

著書：
『金毘羅庶民信仰資料集』全3巻（共著・金刀比羅宮社務所, 1982～84）
『瀬戸内海の海人文化』（共著・小学館, 1991）
『瀬戸田町史 民俗編』（共著・瀬戸田町役場, 1998）
『豊川流域の生活と環境』（共著・岩田書院, 2000 ）
『京タケノコと鍛冶文化』（編著・長岡京市教育委員会, 2000）
『瀬戸内諸島と海の道』（共著・吉川弘文館, 2001）
『東和町資料編 石風呂民俗誌―もう一つの入浴文化 』（東和町役場, 2002 ）

水の生活誌　　愛知大学文學会叢書Ⅶ

2002年 3月25日 初版第1刷発行

著　　者　印 南 敏 秀
発 行 者　八 坂 安 守
印刷・製本　モリモト印刷（株）

発 行 所　（株）八 坂 書 房
〒101-0064 東京都千代田区猿楽町1-4-11
TEL.03-3293-7975 FAX.03-3293-7977
郵便振替口座 00150-8-33915

ISBN 4-89694-490-9

索　引

民俗語彙を中心に、一般用語も含めて収録した。
地名索引は、用語と別にして、最後に収録した。

【ア　行】

【カ　行】

【サ　行】

【タ　行】

【ナ　行】

【ハ　行】

【マ　行】

【ヤ　行】

【地　名】